墨香财经学术文库

国家自然科学基金面上项目（71672024）
辽宁省教育厅高校基本科研项目（LJKMR20221950）研究成果

U0656639

# 社会支持对员工工作-家庭增益影响的实证研究

## Empirical Study on the Influence of Social Support on Employees' Work–family Enrichment

秦迎林　著

东北财经大学出版社　大连
Dongbei University of Finance & Economics Press

**图书在版编目（CIP）数据**

社会支持对员工工作-家庭增益影响的实证研究 / 秦迎林著. —大连：东北财经大学出版社，2024.11. —（墨香财经学术文库）. —ISBN 978-7-5654-5366-3

Ⅰ.D669

中国国家版本馆CIP数据核字第2024BN1889号

东北财经大学出版社出版发行

大连市黑石礁尖山街217号　邮政编码　116025

网　　址：http://www.dufep.cn

读者信箱：dufep@dufe.edu.cn

大连永盛印业有限公司印刷

幅面尺寸：170mm×240mm　字数：233千字　印张：16　插页：1
2024年11月第1版　　　　2024年11月第1次印刷
责任编辑：王　莹　王　斌　　责任校对：赵　楠
封面设计：原　皓　　　　　版式设计：原　皓
定价：82.00元

　　本书得到了国家自然科学基金面上项目"工作-家庭增益与个体繁荣互动螺旋上升机制研究：边界弹性和正念的积极影响"（71672024）、辽宁省教育厅高校基本科研项目（LJKMR20221950）的资助，特此感谢。

# 前言

　　移动互联网、大数据、云计算等新技术的产生以及全球化竞争的加剧，给企业的日常运营和长远发展带来了新的挑战。在这种新形势下，每一个处于转型时期且经历着组织变革的中国企业，都应思考如何使员工保持旺盛的精力和高效的工作状态。随着人口结构和工作特点等因素的改变，工作和家庭领域也发生了很大变化，随之而来的是工作压力日益加重，越来越多的人面临着如何兼顾好工作与家庭责任的挑战。如何平衡好工作和家庭之间的关系，已成为当前人力资源管理领域中亟待解决的难题。有鉴于此，本书以资源保存理论、角色累积理论和情感事件理论为理论基础，深入剖析社会支持与员工工作-家庭增益之间的关系，研究工作繁荣的活力维度和学习维度对员工工作-家庭增益的双重中介作用机制，以及主观幸福感作为调节变量所发挥的边界作用。

　　本书采用问卷调查法收集整理了来自上海、江苏、河北、四川等省市的85家企业的1 131份有效问卷，以工作繁荣为中介变量，以主观幸福感为调节变量，构建了一个有调节的中介模型，对社会支持影响员工工作-家庭增益的内部机理和边界条件进行了实证研究。

本书运用统计软件对研究模型中的变量进行了研究假设的依次检验，得出如下研究结论：

第一，社会支持对员工工作-家庭增益具有显著的直接影响效应。进一步地，社会支持的3个维度（上级、同事和家庭支持）对员工工作-家庭增益均具有直接影响效应。

第二，工作繁荣在社会支持与员工工作-家庭增益之间具有部分中介作用。具体来说，工作繁荣的两个维度（活力和学习）在社会支持与员工工作-家庭增益之间均具有部分中介作用。一方面，活力和学习在社会支持和员工工作-家庭增益之间起到联合中介效应；另一方面，活力和学习在社会支持和员工家庭-工作增益之间起到联合中介效应。

第三，主观幸福感能够调节工作繁荣与员工工作-家庭增益的关系。换言之，对于具有不同主观幸福感水平的员工而言，主观幸福感对其工作-家庭增益的影响程度是存在显著差异的。具体而言，生活满意感在活力与员工工作-家庭增益关系中具有正向调节作用；积极情绪在活力与员工工作-家庭增益关系中具有正向调节作用；消极情绪在活力与员工工作-家庭增益关系中具有负向调节作用；生活满意感在学习与员工工作-家庭增益关系中具有正向调节作用；积极情绪在学习与员工工作-家庭增益关系中具有正向调节作用；消极情绪在学习与员工工作-家庭增益关系中具有负向调节作用。

由于作者水平有限，书中难免有疏漏和不妥之处，恳请专家和读者批评指正。

秦迎林

上海工程技术大学管理学院

2024年8月

# 目录

1 绪论 / 1

  1.1 研究背景 / 1

  1.2 研究意义 / 3

  1.3 研究目标与结构安排 / 8

  1.4 研究框架与技术路线 / 11

  1.5 研究方法及创新点 / 13

2 理论基础与文献综述 / 16

  2.1 理论基础 / 16

  2.2 社会支持文献综述 / 25

  2.3 工作-家庭增益文献综述 / 30

  2.4 工作繁荣文献综述 / 35

  2.5 主观幸福感文献综述 / 41

  2.6 国内外相关研究总结 / 44

  2.7 本章小结 / 46

**3　基于案例研究的理论模型构建 / 48**

　　3.1　案例研究方法 / 48

　　3.2　案例企业简介 / 54

　　3.3　基于案例分析的构念与内涵 / 58

　　3.4　基于案例分析的理论模型构建 / 69

　　3.5　理论模型的提出 / 75

　　3.6　本章小结 / 78

**4　实证研究设计 / 79**

　　4.1　变量测量与量表选择 / 79

　　4.2　预调研 / 85

　　4.3　正式调研 / 98

　　4.4　共同方法偏差检验 / 106

　　4.5　本章小结 / 106

**5　社会支持对员工工作-家庭增益直接影响效应研究 / 107**

　　5.1　社会支持对员工工作之于家庭增益影响的直接效应 / 108

　　5.2　社会支持对员工家庭之于工作增益影响的直接效应 / 112

　　5.3　社会支持对员工工作-家庭增益直接影响效应的对比分析 / 116

　　5.4　本章小结 / 122

**6　工作繁荣对社会支持与员工工作-家庭增益关系的中介作用研究 / 124**

　　6.1　工作繁荣对社会支持与员工工作之于家庭增益关系的中介效应 / 125

　　6.2　活力对社会支持与员工工作之于家庭增益关系的中介效应 / 127

　　6.3　学习对社会支持与员工工作之于家庭增益关系的中介效应 / 132

6.4 活力和学习对社会支持与员工工作之于家庭增益关系的
联合中介效应 / 137

6.5 工作繁荣对社会支持与员工家庭之于工作增益关系的中介
效应 / 144

6.6 活力对社会支持与员工家庭之于工作增益关系的中介效应 /
147

6.7 学习对社会支持与员工家庭之于工作增益关系的中介效应 /
151

6.8 活力和学习对社会支持与员工家庭之于工作增益关系的
联合中介效应 / 156

6.9 本章小结 / 162

7 主观幸福感对工作繁荣与员工工作-家庭增益间关系的调节
作用研究 / 164

7.1 主观幸福感对工作繁荣与员工工作之于家庭增益间关系的
调节作用 / 164

7.2 主观幸福感对工作繁荣与员工家庭之于工作增益间关系的
调节作用 / 178

7.3 本章小结 / 193

8 结论与启示 / 195

8.1 研究结论 / 195

8.2 理论贡献 / 201

8.3 实践启示 / 205

8.4 研究局限及未来研究展望 / 209

附录 A / 212

附录 B / 214

**参考文献** / 219

**索引** / 247

# 1  绪论

## 1.1  研究背景

移动互联网、大数据、云计算等新技术的产生以及全球化竞争的加剧，为企业的日常运营和长远发展带来了新的挑战。激烈的市场竞争、不断增加的工作压力对员工的工作提出了更高的要求，促使员工为保持自身优势不断投入更多的工作时间和精力。此外，灵活办公的实现，使得员工工作超越了时间和空间的限制，在给工作带来便捷的同时，也造成工作和家庭两个领域相互侵占和挤压，如何管理工作和家庭之间的关系变得日益棘手。因此，如何使员工保持旺盛的活力和高效的工作状态，在工作职责和家庭责任之间获得平衡，是新形势下企业经营发展亟待解决的难题。

随着人口结构和工作特点等因素的改变，越来越多的人面临着平衡工作与家庭双重责任的挑战。工作和家庭作为人们生活中最重要的两个方面，与人们的个体感知、行为表现和目标成就等方面都有着密切的关系。如何解决好、平衡好工作任务与家庭需求间的角色累积与冲突，实现工作与家庭领域间资源相互增益，逐渐成为学者与管理者关注的重要议题。此外，随着积极心理学的广泛应用以及管理界对个体的关注度不断提高，越来越多的学者认为维持积极稳定的心理状态有助于个体在工作场所以及家庭域的成长和发展。因而，在关于工作-家庭域的研究方面，研究的焦点逐步从解决工作-家庭冲突转向实现工作-家庭增益，即工作-家庭域的研究逐步聚焦于工作与家庭领域相互作用的积极影响研究，主要涵盖了工作-家庭平衡（work-family balance）、工作-家庭增益（work-family enrichment）、工作-家庭促进（work-family promotion）、工作-家庭支持（work-family support）等方面。工作-家庭增益，即工作与家庭两种角色之间的相互增益，有助于提高员工工作绩效、工作满意度，对企业经济效益和员工个体成长有着重要意义。Sieber（1974）和 Marks（1977）等率先对工作-家庭增益展开研究，探索两种场景之间的互利视角，突破以往研究中更关注工作家庭领域冲突的局限，主张员工在不同情境中的角色参与和体验能够带来远超于损失的收益。如何平衡好工作任务与家庭需求间的角色累积与冲突，实现工作与家庭领域间资源相互增益，对人们的身心健康和职业发展、企业的竞争力持续提升具有重要意义。资源保存理论是研究家庭-工作增益最常用的理论之一，它强调了资源之间是具有互补性的，为解释工作与家庭之间的相互增益关系提供了坚实的理论基础。目前学术界对家庭-工作增益给予了基本一致的概念界定，从已有研究中能够看出个人特质因素、工作环境因素以及家庭生活因素都会对个体的家庭-工作增益产生影响，同时员工的身心健康以及其在工作和家庭中的表现也会影响家庭对工作的增益。但是，现有研究大多关注的是工作所能够给家庭带来的增益，鲜少关注家庭能够对工作产生的增益，相对忽视了工作-家庭增益是一个双向作用的机制。工作与家庭对现在的员工来说都很重要，家庭上的支持能够让员工更加全身心地投入到工作中去，使得员工能够以一种放松欢快的心情去处理工作上的事务，进而实现组织目标。因此，进一步加强企业对员工家庭-工作增益的人力资源管理探索是具有重要实践意义和理论价值的。

社会支持（social support）可以减轻工作压力、情感诉求等工作要求的负面影响，甚至可以降低工作倦怠。良好的社会支持不仅能够提供充足的资源和能量补偿工作与家庭领域的资源损耗，从而缓解个体所面临的压力和冲突带来的消极效应，有利于个体的身心健康；还能够推动个体通过投入时间、寻求资源等方式改进完成工作任务的方式，进一步提高工作效率和创新绩效，有利于个体克服职业倦怠，对个体职业成长和组织整体效益都有着积极作用。Luk 和 Shaffer（2005）以及 Fu 和 Shaffer（2001）的研究表明，社会支持能够有效调节压力与工作-家庭领域冲突之间的关系。上级支持作为工作资源对缓解员工工作压力、处理多重角色冲突和提升员工幸福感具有关键作用。来自同事的社会支持通过帮助员工按时完成工作任务，有效降低了工作负荷对工作紧张的影响。家庭支持有助于缓解员工工作和家庭方面的压力，有效降低不同角色冲突，促进员工生活满意感的提升。综合上述分析，本书认为社会支持对工作-家庭增益有着积极的正向作用。

互联网技术的迅猛发展及移动终端的大量普及，使得人们工作域与家庭域的边界呈现出模糊化、动态性等新特点。换言之，工作域与家庭域呈现出不断交叉、融合的态势。如何在工作域与家庭域中通过适当的社会支持增益个体资源、提升个体工作繁荣、推动员工工作家庭双增益，对于员工、企业和社会的和谐发展至关重要。因此，本书基于资源-增益-发展模型和资源保存理论，从积极心理学视角出发，探讨工作繁荣在社会支持和员工工作-家庭增益路径间的中介效应，同时拓展研究主观幸福感（subjective well-being，SWB）在其中的边界作用，以期进一步补充并丰富社会支持对员工工作-家庭增益影响的研究体系，同时也为组织领导者在管理实践中有效促进员工工作-家庭增益提供有价值的参考和启示。

## 1.2  研究意义

### 1.2.1  理论意义

尽管已有研究对社会支持的影响因素、作用机制进行了较多探讨，也关注了工作-家庭增益的积极影响和驱动因素，但对两者之间的相互作用机制缺乏一定的深入研究。本书通过分析员工工作-家庭增益的影响因素和形成机制，改进以往研究仅聚焦于工作资源带来的溢出效应，突破单纯强调工作或家庭领域单方面增益的思维定式，为促进个体平衡工作、家庭双重角色提供新的切入口。基于此，本书的理论意义在于：

（1）关注社会支持的理论研究，验证了社会支持有助于提高工作繁荣并促进工作-家庭增益

已有研究表明，社会支持是个体从外部获取资源的有效途径，有助于推动员工积极心理与行为表现，即社会支持提供的资源补偿越多，个体越能够利用资源增强工作中"学习"与"活力"的表现。因此，本书基于资源保存理论，通过阐释、验证社会支持多个维度与员工工作-家庭增益之间的关系，弥补了目前学术界研究中工作-家庭增益这一积极结果变量探讨匮乏的缺陷。现有研究聚焦于社会支持在工作领域中发挥的重要作用，对其在家庭领域的研究较少，而家庭作为员工重要的场所之一，对员工的生活体验和行为态度有着重要作用。以往研究认为家庭资源比工作资源对工作-家庭增益影响更大，本书突破了以往研究的理论视角，基于资源-增益-发展模型，以工作繁荣作为中介变量，具体构建了"社会支持（上级、同事以及家庭支持）—工作繁荣（学习与活力）—工作-家庭增益"的资源增益与发展的路径机制，将对社会支持的研究从工作领域拓展到了家庭领域，进一步完善了上级、同事以及家庭3个维度的支持对个体的影响研究。

（2）拓展了工作-家庭增益的相关理论研究，为工作与家庭领域资源的双向增益提供新的研究视角

工作-家庭增益的现有研究框架尚未完善，仍有可以改进和拓展的空间，尤其是其驱动机制和边界效应的探讨相对较少。本书通过对工作繁荣的中介作用机制和主观幸福感的调节作用机制的研究，力图从上级支持、同事支持和家庭支持的社会支持视角着手，为企业促进员工工作繁荣、提升员工工作-家庭增益提供一种有效的管理思路与解决方案，从而实现企业的可持续发展。研究表明工作与家庭领域是相互关联、彼此影响的，工作场所的资源会推动家庭生活的变化，家庭领域获取的资源以及面临的困境也会对工作表现产生巨大的影响，存在相互溢出效

应。本书从资源-增益-发展模型出发，讨论了工作环境、个体因素等共同作用、影响员工个体工作表现，进而对家庭领域产生增益的效果，加深了对工作-家庭增益影响因素和形成机制的理解，响应了部分学者对增强工作与家庭领域间作用的研究的提议，也为后续关于工作家庭关系的研究提供了新的视角和思路。

（3）拓展了工作繁荣的影响因素探究，进一步完善了其驱动机制和作用路径

已有研究更关注的是领导个人的风格、特质等个体因素对员工在工作场所繁荣状态的影响。组织环境是个体工作繁荣状态表现的重要场所，个体只有融入具体的组织情境才能更好地实现个体繁荣以及工作和家庭领域的繁荣。社会支持作为重要的组织情境因素，有助于员工增进工作上情感和能量的投入，达到工作繁荣的状态，进而推进员工工作与家庭间的平衡。工作繁荣的社会嵌入模型表明，积极的组织特征与个体资源有助于提高个体的专注度和主动性，能进一步增强个体工作繁荣状态。本书立足于社会支持的多个维度（上级支持、同事支持、家庭支持），从员工的个体状态具体探讨了工作繁荣在社会支持和工作-家庭增益间的中介作用，拓展了工作繁荣的理论研究。因而，本书不仅回应了有关学者关于丰富工作繁荣驱动因素的呼吁，也为工作繁荣的结果变量研究提供了理论借鉴。

（4）揭示了主观幸福感的边界效应

主观幸福感是员工个体层面上对企业绩效产生影响的重要因素，能激发员工维持积极行为的意愿，使其愿意主动应对工作困难与瓶颈，最终有可能创造持续稳定上升的绩效。作为积极心理学中的重要研究内容之一，主观幸福感不仅能够提升个体心理健康水平、社会功能表现以及生活质量，同时也是实现员工工作繁荣与家庭发展的重要基础。本书对于主观幸福感的研究一方面突破了现有研究仅围绕工作-家庭增益等客观产出而忽视了幸福感等主观效用的现状，响应了姚柱、罗瑾琏、张显春（2021）加强主观幸福感研究的倡议；另一方面通过将既有社会学和心理学领域的理论知识融入主观幸福感的研究，进一步拓宽了幸福感研究的理论范畴。此外，本书还补充论证了主观幸福感的不同维度对工

作-家庭增益产生的效应机制，将主观心理因素引入组织情境与员工行为的研究当中，拓展并丰富了主观幸福感的理论和实证研究。

### 1.2.2 现实意义

增强社会支持使员工保持旺盛的活力和高效的工作状态，兼顾工作的同时赢得工作-家庭的双向增益，对于员工、企业和国家的发展均具有重要的实践价值。本书的理论结果不仅丰富了工作与家庭领域关系的现有研究框架、拓宽了理论思路，也为企业如何有效提供社会支持和高效转化资源利用、增强员工工作-家庭增益提供了可靠参考。

（1）证实了社会支持对工作-家庭增益的显著正向影响，有助于企业构建科学合理的管理实践制度

现有研究表明，社会支持对创业幸福感、学习投入、工作绩效等有着重要作用。新时代员工愈加注重职业生涯规划和工作-家庭间角色的平衡发展，合理维持并增进员工积极状态不仅是企业发展的助推器，同时也是员工发展进步的必要因素。科学、系统、规范的社会支持制度体系有助于企业更好地培养员工，从而可以有的放矢地给予相应的支持性资源。个体的社会支持来自其所处的社会网络和关系结构，当个体既拥有家庭方面的资源和情感支持，又能获取上级、同事、朋友等不同社会关系带来的资源支持，那么这种综合性的支持将有助于个体全方位、多层次、宽领域地增强个体主动性行为，有助于个体拥有更多的资源来平衡工作与家庭的角色，促进工作与家庭领域的双向增益。因此，本书有助于企业建设营造支持性的工作环境，重视组织文化的建构，从而通过完善的社会支持体系推动员工获得职业生涯成长和生活质量提升。

（2）验证了工作繁荣这一心理因素的重要意义，有助于增强管理者对激发员工工作繁荣的重视程度

随着经济的快速发展和精神需求的不断提高，企业内员工自我觉醒和自我意识在逐渐增强，更加关注自身职业发展和未来规划。尤其是新生代员工，在进行组织选择时，一个重要的衡量标准就是能否获取与组织共同成长的机会。基于此，员工在工作中能否获得"活力"和"学习"的体验越来越重要。研究证实工作繁荣对于企业持续发展和个体长

远成长具有重要的现实意义，提高个体繁荣状态，有助于增强个体活力表现和工作投入，有助于个体感知积极情绪和良好状态。维持员工高水平的繁荣状态，有助于激发个体潜能，从而利用个体能动性增进绩效和工作表现，实现个体与组织共同发展。因此，管理者可通过丰富社会支持的形式以实现鼓励员工的目的，使员工拥有饱满的工作热情和勇于创新的工作精神，实现"学习"和"活力"双重繁荣状态。

（3）通过对工作-家庭增益的形成路径进行多维度验证分析，有助于员工平衡好工作和家庭领域的要求

个体生活既包括与上级、同事等建立关系网络的工作领域，也包括与亲友形成的稳定的家庭，并且由于技术水平、网络平台的蓬勃发展，两个领域日益密不可分，逐渐相互渗透。对于员工个体来说，工作领域作为实现个体价值和理想抱负的重要情境因素固然重要，但在"家文化"浓郁的中国文化情境下，家庭领域同样重要。工作-家庭增益理论表明工作和非工作经历的协同组合可以使个体获得有价值的情绪资源和实践资源，工作-家庭增益与睡眠质量、个体繁荣、家庭满意度、心理健康有着重要关联，同时，工作-家庭增益也可以有效提升工作满意度。深入研究如何增强工作-家庭增益有助于丰富员工资源，推动员工更具有应对生活困境和投身于多种活动的能力，从而通过拓展个体的能量提高学习能力。本书有助于组织在关注员工职场表现、通过文化制度等方式改善工作环境的同时，意识到家庭领域的重要作用，利用友好家庭文化促进工作与家庭领域的跨界资源流动，最终实现工作和家庭共同繁荣。

（4）验证了主观幸福感对员工的行为有着重要的边界效应，有助于企业响应提升人民幸福感的号召，进而注重增进员工的幸福感

近年来，主观幸福感一直是学术界的热点话题，它不仅对个体的生活体验感、身心健康、人际关系等产生重要影响，也有助于个体增强积极主动的工作状态，提升学习和活力的双重状态，增进个体工作表现，实现更好的绩效水平和个体发展。高质量的主观幸福感有益于生活质量的提升，可以有效改善员工身心状态，有助于提高工作效率，增进工作成果转化，增强工作向家庭领域的溢出效应。员工大多数的时间都在企业中度过，和谐的上下级关系和同事交流有助于员工认为在组织内可以

实现尊重与爱的需要、可以追求自我实现的理想抱负，进而提升主观幸福感。而幸福感提升最终也会反馈在企业价值和长期成长当中。本书从生活满意感、积极情绪、消极情绪三个方面探究主观幸福感在社会支持与工作–家庭增益间的边界效应，既验证了生活满意感与积极情绪的正向调节作用，也检验了消极情绪的负向作用，有助于调动企业采取措施增进员工的积极情绪和生活满意感，削弱消极情绪的作用，进而提升员工工作繁荣状态，强化工作–家庭增益。

## 1.3  研究目标与结构安排

### 1.3.1  研究目标

随着经济水平的提高、技术手段和科技平台的不断完善，工作与家庭领域间的界限逐渐模糊，两个领域间相互渗透，人们在拥有更多机会的同时，也面临着更多工作与家庭等不同生活场景角色要求的冲突与压力。工作形式和发展新态势推动员工更加关注如何正确应对和处理工作与家庭之间的关系。如何使员工保持旺盛的活力和高效的工作状态，是现阶段企业健康发展和员工职业成长亟待解决的难题。工作域与家庭域是员工生活中最为重要的两个核心领域，因此如何利用社会支持使员工保持旺盛的活力和高效的工作状态，兼顾工作的同时赢得工作–家庭的双向增益，对于员工、企业和国家的发展均具有重要的实践价值。本书的研究目标主要包括以下几点：

第一，在充分学习和梳理国内外相关研究成果的基础上，探究在中国企业群体中，企业能否通过提供充足的社会支持增进员工工作–家庭增益，并进一步厘清其内在机理和作用路径。

第二，对研究模型中的社会支持、工作繁荣、主观幸福感以及工作–家庭增益变量进行中国情境下的界定，并给出准确定义以便后续研究的展开。对研究变量的测量维度作系统梳理，在大量文献基础上结合中国企业情境和中国员工特性，选取最符合中国情境的研究变量施测问卷。

第三，通过探索性案例研究的分析过程，在逻辑上系统推导出社会支持、工作繁荣、主观幸福感和工作-家庭增益之间的关系，并且在资源保存理论、角色累积理论、情感事件理论和工作繁荣社会嵌入模型的基础上，结合前文的文献综述，进一步明确变量之间的逻辑关系、构建理论研究模型，为后文研究假设的提出和实证检验提供理论基础和企业例证。

第四，充分学习和运用 SPSS 24.0 和 AMOS 25.0 等数据处理、分析软件，对研究中的调查数据进行分析处理，以便全方位地对数据进行深度分析，剖析其中蕴藏的管理机理。

第五，在变量文献梳理和样本数据实证分析的基础上，依次验证研究模型假设，进一步探究以下问题：①社会支持是如何作用于员工工作-家庭增益作用的，其作用机制是什么？②工作繁荣对员工工作-家庭增益的影响，是否会因员工个体主观幸福感的不同而有所不同？③如何在社会发展中科学地促进员工工作-家庭增益？

### 1.3.2 结构安排

通过对现有文献的梳理和归纳，本书旨在探讨社会支持对员工工作-家庭增益的作用机制，并拓展研究这一作用机制的边界条件。基于研究流程，本书共分为8章，具体结构安排如下：

第1章，绪论。本章首先对研究的背景、理论意义以及现实意义进行了阐述说明，具体廓清研究的主要内容和框架模型，然后明晰了研究采用的方法以及技术路线，并指出了研究可能存在的创新点。

第2章，理论基础与文献综述。本章详细阐述了社会支持、工作-家庭增益、工作繁荣和主观幸福感的概念内涵、前因后果研究、变量测量等内容，并且在厘清现有研究相关结论的基础上，进行了简要准确的述评。

第3章，基于案例研究的理论模型构建。本章采用案例研究方法，选取4家不同行业领域的典型性企业进行半结构化访谈，基于理论分析和案例研究提炼并验证核心构念——社会支持、工作-家庭增益、工作繁荣状态、主观幸福感——的理论内涵及维度，并构建社会支持、工作-家庭增益、主观幸福感、工作繁荣的理论模型，为后文研究假设的提出和实证检验提供理论基础和企业例证。

第4章，实证研究设计。首先确定可靠的量表和控制变量，设计科学合理的问卷，然后采用问卷调查法进行预调研，运用SPSS 24.0检验预调研数据的信度和效度，并在正式调研后利用AMOS 25.0等软件对社会支持量表、工作繁荣量表、主观幸福感量表、工作-家庭增益量表进行信效度检验以及验证性因子分析，具体验证其在中国情境下的量表适用性和准确性。

第5章，社会支持对员工工作-家庭增益直接影响效应研究。一是基于综合性的理论成果，构建社会支持与员工工作-家庭增益的主效应模型，并利用现有研究阐明研究假设，为假设提供理论支持。二是通过问卷调查的方式获取研究数据，并利用数理统计软件对数据进行验证分析。三是对社会支持3个维度的作用进行更加深入的探讨，即上级支持、同事支持和家庭支持分别对员工工作-家庭增益的直接影响效应。

第6章，工作繁荣对社会支持与员工工作-家庭增益关系的中介作用研究。本章首先在现有研究理论的基础上搭建了工作繁荣的中介效应模型，并具体阐明了其作用机制和路径；然后，应用SPSS 24.0和AMOS 25.0软件对路径机制进行检验，主要包括活力和学习两个维度在社会支持（上级支持、同事支持和家庭支持）与工作-家庭增益间的中介效应。

第7章，主观幸福感对工作繁荣和员工工作-家庭增益间关系的调节作用研究。本章首先利用资源保存理论等成熟的理论搭建了主观幸福感的调节概念模型，并基于模型对各研究假设进行了深入详细的分析；随后，在一手数据的收集与整理基础上，利用SPSS 24.0软件检验主观幸福感在社会支持与员工工作-家庭增益之间的调节作用，包括生活满意感、积极情绪和消极情绪3个维度。

第8章，结论与启示。本章主要包括了研究结论、理论贡献、实践启示，并总结分析了研究存在的局限性，阐明了对未来研究的展望。

本书的基础章节为第1~4章，主要是对现有研究背景、研究成果和研究量表的归纳总结和检验；核心章节为第5~7章，主要是对概念模型的详细论述和实证检验，涵盖了主效应、中介以及调节机制各维度的详细作用路径。

## 1.4 研究框架与技术路线

### 1.4.1 研究框架

本书的研究框架如图 1-1 所示。

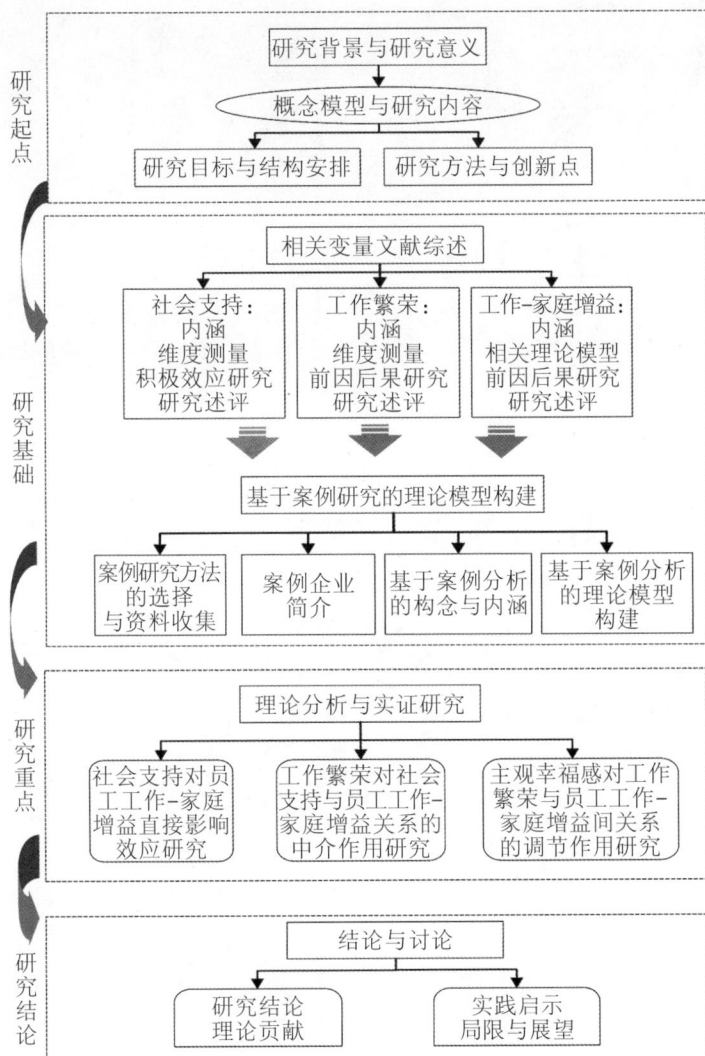

图 1-1 研究框架

### 1.4.2 技术路线

本书的技术路线如图1-2所示。

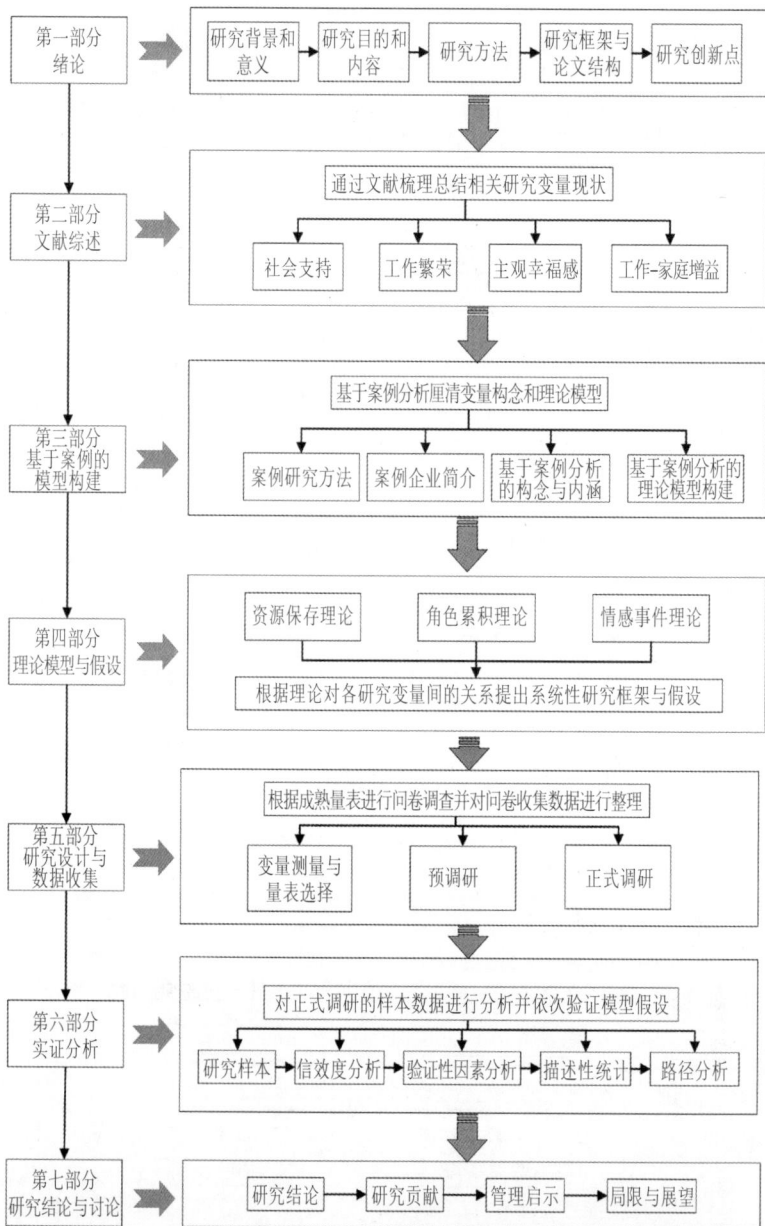

图1-2 技术路线

## 1.5　研究方法及创新点

### 1.5.1　研究方法

本书综合运用了理论推导、问卷调查和结构方程这三种研究方法，梳理了各研究方法的内涵，总结了不同方法的优点或重要性，具体如图1-3所示。

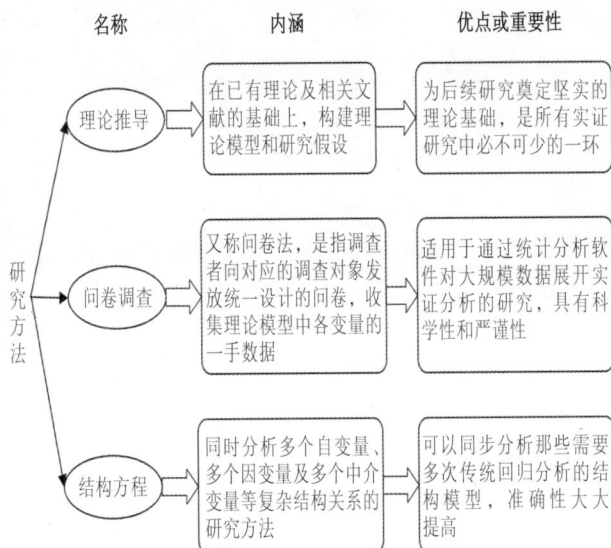

名称　　　　　　内涵　　　　　　优点或重要性

理论推导：在已有理论及相关文献的基础上，构建理论模型和研究假设 → 为后续研究奠定坚实的理论基础，是所有实证研究中必不可少的一环

研究方法

问卷调查：又称问卷法，是指调查者向对应的调查对象发放统一设计的问卷，收集理论模型中各变量的一手数据 → 适用于通过统计分析软件对大规模数据展开实证分析的研究，具有科学性和严谨性

结构方程：同时分析多个自变量、多个因变量及多个中介变量等复杂结构关系的研究方法 → 可以同步分析那些需要多次传统回归分析的结构模型，准确性大大提高

**图1-3　研究方法**

### 1.5.2　创新点

本书在借鉴资源保存理论、资源-增益-发展模型的基础上，以科学的方法对社会支持与工作-家庭增益间的关系、路径机制以及边界效应等展开了深入的探讨，实现了预期研究目标。总体而言，本书在以下方面取得了创新与突破：

第一，深入关注工作-家庭增益这一积极构念，揭示了社会支持与员工工作-家庭增益间的影响关系，弥补了各自孤立研究的不足，进一步拓宽了工作-家庭增益的前因变量研究和社会支持的结果变量研究。

现有关于社会支持与员工工作-家庭域关系的研究主要集中在工作-家庭冲突上，而对工作-家庭增益等积极构念的影响研究尚存不足，对其内部作用机制的探讨更是缺乏。本书从社会支持的三维角度出发，揭示了社会支持是影响员工工作-家庭增益的重要因素，既拓展了社会支持的过程机制研究，也丰富了影响员工工作-家庭增益的前置研究范畴。综合上述分析，在与前人研究对话的基础上，本书对中国本土情境下的社会支持与工作-家庭增益间的作用机制进行理论构建，并通过问卷调查以及一手数据进行变量测量与实证检验，最终构建了"社会支持（上级、同事、家庭支持）—工作繁荣（学习、活力）—工作-家庭增益"的理论路径，提供了工作-家庭增益理论研究的新思路。

第二，本书以资源保存理论为基础，综合运用角色累积理论和情感事件理论，通过理论整合为丰富和拓展社会支持的影响机制研究提供了新的理论应用情境。本书通过文献分析等方式，对资源保存理论、角色累积理论和情感事件理论等核心理论的内涵、应用领域以及相关研究成果进行了归纳与总结，提升了相关理论研究成果的条理性和有效性。本书尝试从"资源-增益-发展"的资源溢出视角探讨工作-家庭增益的驱动因素、形成机制以及作用边界，进一步拓展至新的研究情境与理论逻辑。基于角色累积理论，本书探讨了个体从上级、同事、家庭所获得的支持和资源对其参与工作和家庭角色活动产生的积极影响，突破了传统的角色稀缺假说的研究范式，丰富了角色累积理论在工作-家庭增益领域的应用。同时，本书突破以往采用单一理论对工作与家庭领域间关系探讨方法的局限，综合运用资源保存理论、角色累积理论等理论方法，建构综合性的研究框架和概念模型。基于上述分析，本书在对现有文献进行探索的基础上，提出了一个综合性的研究框架与理论模型，并通过实证检验对研究框架进行了深入验证，研究结果验证了现有理论的科学合理性，也为后续的理论探索提供了更广泛的应用情境。

第三，本书以工作繁荣作为中介机制，将学习和活力两个维度纳入工作-家庭增益的转化机制中，并引入主观幸福感作为调节变量，进一步构建了员工工作-家庭增益促进机制的概念模型，搭建了"社会资源获取（社会支持）—个体资源增益（工作繁荣）——总体资源发展（工作-家庭增益)"的研究框架。以往关于主观工作体验的研究大多仅局限于工作满意度等方面的探索,即从心理满足的视角理解个体的主观心理体验;而工作繁荣作为个体繁荣状态的积极表现形式,为探究个体职业发展和工作进步提供了新的思路,通过激发和促进员工"活力"和"学习"的积极体验,进而加强员工工作领域的资源溢出效应。由此,本书突破了以往的研究局限,将工作繁荣所发挥的中介效应作为现有研究视角的一个有益补充。尽管个体对幸福的理解有所不同,获得和体验到幸福的形式也有所区别,但其幸福水平都可以通过主观幸福感进行衡量。在已有主观幸福感的研究中,较少有学者针对情绪(消极情绪、积极情绪)与生活两个不同维度分别讨论。本书突破以往以主观幸福感作为结果变量的研究思路,将其纳入边界效应,从个体感知的心理学视角出发,探究社会支持与员工工作-家庭增益的边界条件。结合上述分析,本书探析了工作繁荣的活力和学习两个维度对员工工作-家庭增益的双重中介作用机制以及主观幸福感作为调节变量所发挥的边界作用,丰富了工作与家庭间增益的形成机制。

# 2　理论基础与文献综述

## 2.1　理论基础

### 2.1.1　资源保存理论

资源保存理论（conservation of resources theory）也称为COR理论，被广泛运用于组织心理学和组织行为学领域之中。1989年，Hobfoll结合"压力"和"资源"两角度，首次提出资源保存理论。

首先，这一理论对"资源"进行了明确界定，认为资源主要包括物质资源（object resources）、条件资源（conditions resources）、个体特征资源（personal characteristics resources）和能量资源（energies resources）四类，由个体持有，且这些资源的保护、累积及分配情况可以激励员工实现任务目标。个体评判资源价值通常有两种方式（Halbesleben et al.，2014）：一种方式强调，能够被资源化的事物是因为其在自身的文化背景下蕴含着普适性的价值（如身体健康、家庭美满、生活幸福等都是被全社会视为宝藏的资源），这种方式被称为普适性路径；另一种是特异性路径，强调某种资源与个体自身的需求或目标的匹配程度决定了资源的价值。例如，在特定的环境中，一些被人们视为有价值的资源与个体目前的特定需求不相适应（即无助于其实现目标），那么从特异性路径来看，这些事物于个体而言则没有价值。

其次，资源保存理论的基本观点包括了一个基本假设、五项原则和三条推论。

资源保存理论的一个基本假设：

该假设是资源保存理论的核心，其强调个体倾向于通过获取、保持、培育以及保护其资源来适应环境变化和维持生存；同时也可以用这一基本假设来说明人的心智和行为的进化。与其他群居生物类似，人需要为自身利益而奋斗来维护自己的社会地位，但两者之间的区别在于，人类可以通过创造出复杂的工具来为自己的生存增加保障，并且还拥有一套能够在人际交流中使用的成熟的语言系统，这一切都有助于人类个体生存和维持社会关系。由此，个体在面对压力时，一方面会运用自己所掌握的核心资源去减少或者应对压力；另一方面则会进行资源投资以获取新资源，主动构建并维护已有的资源，从而减少未来压力出现的可能性并进行预防。综上所述，个体对于保持已有的资源以及获得新的资源都是非常擅长且感兴趣的，若个体意识到对自身资源的潜在威胁，将会积极采取措施阻止资源损失，即个人必须投入资源以减少资源损失，保护资源或获取资源。进一步地，根据资源保存理论，个体能够利用已有的资源来获得新的资源，从而降低其资源损耗；与此同时，为应对将来可能发生的资源流失，个体倾向于主动构建并维持现有的资源存量。

资源保存理论的五项原则：

原则1：损失优先。这一原则主要是用来说明个体在承受压力时的心理与行动。工作中的资源流失会导致个体产生工作倦怠、抑郁症等一系列生理或心理反应。另外，这一原则也含有激励因素，例如当个体在损耗资源时，会产生焦虑等一系列负向反应，从而会采取一些行为来防止或减少资源被损耗。

原则2：资源投资。这一原则强调的是个体需要持续地对已有的资源进行维护和投资，使其能够快速地从失去的资源中得到补偿，并获得新的资源。这一原则在应激反应中被广泛应用，进行资源投资能够增加自身资源储备，从而能够应对未来应激情境下产生的资源损耗。当个体感到情绪耗竭时，其工作业绩就会降低，但却会增加其对上司和同事的组织公民行为。这是由于在这种情况下，组织公民行为对于员工而言，其工具化的意义更大，员工希望能够迅速地从上司或同事处获取更多的资源（通过社会交换的互惠机制实现），进而帮助他们避免进一步的资源流失。

原则3：获得悖论。这一原则强调的是在资源损耗情境下，补充和增加资源对个体而言是非常重要且有价值的。此时，向本身具有较少资源的个体提供新的资源对于其重新获得资源、提高其承受能力具有非常重要的意义。换言之，对于拥有资源越少的人来说，投入与增加资源对其焦虑与压力的缓解作用就越大。

原则4：资源绝境。这一原则强调的是当个体面对资源即将消耗殆尽的生存环境时，会启动自身的防卫机制，使其呈现出一定的攻击性与非理性。在这种情况下，个体的攻击性、非理性也会激发个体的应激反应，从而起到积极的效果。

原则5：资源车队和通道。这一原则强调的是不管是个体还是组织，他们所掌握的资源都不是孤立的，他们之间的关系就像是一支共同行驶在道路上的"车队"，彼此之间有着千丝万缕的关系。比如，对个体而言，自信、乐观和心理安全感等就是内部关联并存在交互作用的资源，其形成和获得通常来自同样的生长环境。此外，在特定的生态条件下（类似于车队的"通道"），资源始终是存在的，环境条件既能培育和滋养所存在的资源并使其发挥作用，也能使其在发挥作用时受到阻碍、作用受限。这表明个体所处的企业或文化背景，对其资源塑造和维系过程都起到了很大的作用。

资源保存理论的三条推论：

推论1：初始资源效应。该推论强调的是个体的资源存量与其将来遭遇资源流失的概率及其对资源流失的承受能力有很大关系。这一推论的有效性得到了大量实证研究的支持。

推论2：资源损失螺旋。该推论强调的是最开始的资源损耗会产生连锁反应从而导致资源的进一步损耗，且损耗的速度更快，负面效应也更强。

推论3：资源获得螺旋。该推论强调的是初始的资源获取有利于后续的资源获取，不过这种资源获取的增长速度相对较慢。造成这种情况的原因在于，处于资源获得过程中的个体（和组织）在资源投资方面更具优势，但是，相比于资源损耗，资源获取的欲望不是很强烈，其在力度和速度方面都比较弱。

资源保存理论的基本观点如图2-1所示。

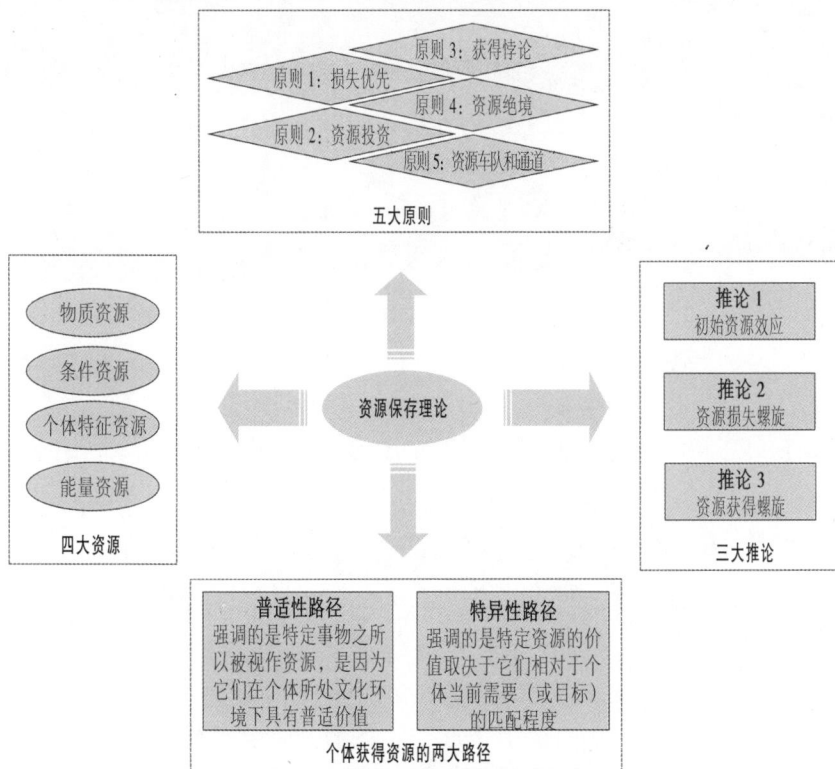

**图2-1　资源保存理论的基本观点**

资料来源：作者依据Hobfoll、Halbesleben等人的文献综合整理绘制。

基于上述分析，资源保存理论为研究工作和家庭关系提供了基础，它试图从压力的角度解释工作与家庭的关系。早期的资源保存理论研究主要集中于个体对资源的保护与获得，而忽视了对资源之间相互作用的研究。各种资源之间并不是孤立的，它们之间有着紧密的联系，就像是一支共同行驶在道路上的"车队";而周围的环境被视作车队的通道,发挥着重大的作用。研究发现,组织仅为员工提供工作-家庭平衡支持政策效果将非常有限,还必须积极营造鼓励和支持员工使用这些政策资源的环境。学者们也呼吁对多种资源间的交互作用以及环境因素的影响给予更多关注。因此,本书选取资源保存理论,以进一步深入探究工作与家庭领域间资源交互的作用,同时有助于为企业以及组织增进员工工作-家庭增益提供有益参考。即组织为员工创造一个有助于其工作-生活平衡的工作环境,既能帮助员工应对日常工作-生活冲突,又能使其通过参加恢复、休闲活动获取新资源,进而更好地进行资源投资,从而增强其工作-家庭增益。

### 2.1.2　角色累积理论

在对工作-家庭积极关系进行研究的历史过程中,发展出了几个具有代表性的理论,角色累积理论(role accumulation theory)就是其一。Siber的角色增强假说(enhancement hypothesis)强调,个体角色绩效所产生的收益,很有可能比角色投资所耗费的资源更多。与此同时,个体还能够从不同的角色扮演中获得幸福感以及组织自尊和地位保障等其他各种资源。Sieber(1974)认为,同一个人同时承担多个角色,而不同的角色经历和经验积累可以产生"扩散效应",换言之,当个体在一种角色中得到了积极的体验时,其在另外一种角色中得到更好表现的可能性会增加。Marks(1977)对这种观点表达了赞同,并在其研究中证实了这一观点。Greenhaus和Powell(2006)总结了三项个体在不同领域扮演不同身份角色的有益之处:第一,工作领域或家庭领域中的相关经验可以使人获得幸福,多个角色所带来的经验积累可以使人身心获益。第二,个体扮演某种角色所积累的经验可以为扮演其他角色提供正面的启示。第三,在工作与家庭双重身份角色的情况下,个体所承受的压力与焦虑能够得到一定程度的缓解,也就是说,不同身份的融合可以有效地降低个体在工作领域与家庭领域中扮演某种角色所承担的压力与焦虑。

过去对工作-家庭关系的相关研究多关注于角色冲突。角色累积理论指出,个人可能会在同一时间内同时从事多个角色,并且这些角色之间可能存在着相互促进的作用。多个角色的积累既有利于个人,也有利于整个社会，当一个人在一个特定的角色中得到积极的经验或表现时，他在另一个角色中也将得到积极的回报。例如，个体既参与工作的角色活动也参与家庭的角色活动能够带来以下三个方面的好处：首先，兼顾工作和家庭两个领域的角色活动能够减少由其中某一领域中某一角色所导致的焦虑与压力。家庭压力与幸福感之间的关系能够被工作质量所调节。例如，当个体具有较高的工作满意度时，面对压力情境其会减小幸福感降低的程度。在多重角色互动中的缓冲作用表明，多个社会角色的融合可以减轻个体因某种特殊角色而产生的紧张和烦恼。其次，通过工作、家庭等领域不同角色的体验，能提高个体的幸福感，并能使个体在身心两方面都得到积极的发展。此外，工作与家庭领域的满意程度对个体的生活满意感、生活质量等都有显著的正向作用。并且，个体在工作领域或在家庭领域中所做的事情，能够为其在扮演其他角色过程中提供经验并产生正向的影响。最后，个体在工作中所获取的如收入、自尊、自信等各种资源能够对其在扮演家庭角色过程中的各类行为产生正向影响。Greenhaus 和 Powel（2006）基于一系列假设，构建了工作-家庭增益双路径模型（如图 2-2 所示）。在这个模型中，能够借助工具路径和情感路径两个角度来阐述工作-家庭增益实现过程。

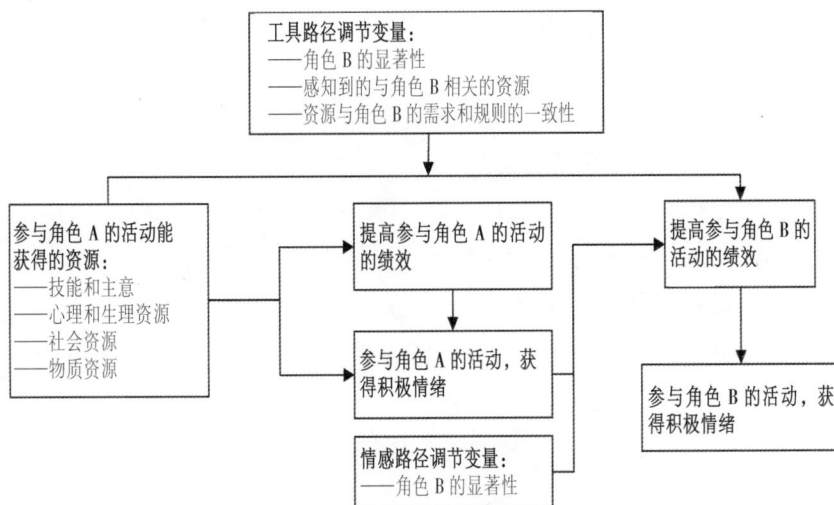

图 2-2 工作-家庭增益双路径模型

资料来源：作者依据 Greenhaus 和 Powel（2006）及相关文献整理绘制。

角色累积理论指出，个体扮演多个角色可以获得好处，且对个体产生的益处远大于角色过载所造成的坏处。具体地，扮演多个角色不仅可以提高个体的安全感、存在感、社会地位和自尊，还有助于个人的财富和声誉的累积，从而树立良好的个人形象。根据角色累积理论，一个人所扮演的社会角色愈多，则说明其对角色的期望愈高，扮演角色的表现愈好，也说明其更容易获得别人的认同，更容易适应社会。一方面，社会角色的数量可以反映个体对其角色期望的满足程度，而对社会角色模式越了解就越可以更好地支撑个人融入社会。另一方面，社会角色可以将个体在社会中的社会地位和社会关系明显地表现出来，它可以将个体的认同感、安全感、存在感等方面的线索呈现出来。综合上述分析，角色的多重性会因角色冲突或角色过载而产生强烈的角色紧张倾向这一假设存在争议。角色积累的好处往往超过它可能产生的压力，从而产生净满足感。工作-家庭之间的积极关系是基于角色累积理论进行构建的，该理论能够帮助我们从一个全新的视角对工作家庭关系进行探讨，即个体在工作-家庭双领域中所扮演的多个角色可以互相影响、相互促进。因此，本书基于角色累积理论来阐释工作-家庭中多个角色之间的资源溢出、利用和转化，以及工作-家庭的双重收益的实现（如图2-3所示）。

### 2.1.3　情感事件理论

情感事件理论（affective events theory）自学术界提出以来，为情绪的相关研究提供了重要的理论视角、奠定了坚实的理论基础。基于情感事件理论可知，通过整合工作环境中能够引发员工各种情感反应的影响因素，可以进一步探讨员工产生的情感反应是否会对其工作情绪和行为表现造成影响及影响的程度。随着积极心理学在学术界的兴起，员工在工作过程中的身心健康问题逐渐引起管理者的重视，以此为背景，学术界对情绪问题的研究内容逐渐深入。在组织行为学领域，情绪研究日益丰富，其中，自变量大多是通过对个体的情感产生影响进而对个体的情绪和行为表现等因变量产生影响，形成一个中介机制。情感事件理论以"组织工作—个体情感反应—个体态度及行为"为传导路径，其中个人的人格特质调节了组织工作和个体情感反应之间的关系。情感事件理论

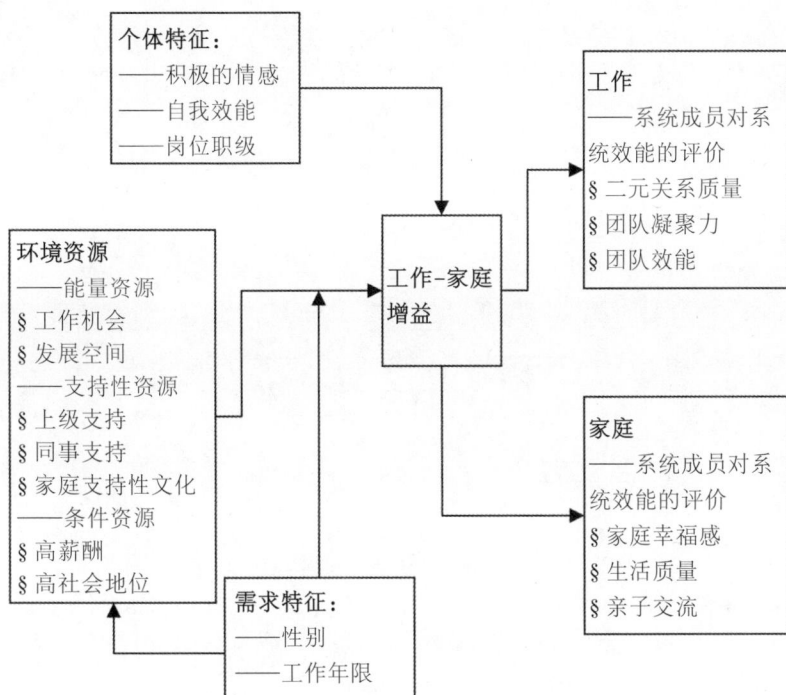

**图2-3 基于角色累计理论的工作-家庭增益模型**

资料来源：作者依据Wayne、Grzywacz等人的文献资料综合整理绘制。

来源于有关工作满意度的相关研究，主要分为三种理论取向：第一，认知判断取向。认知判断取向提出，员工形成的工作满意度主要来自员工将自己出于实际需求所预先设定的标准与其对自身所处的工作环境状况所作出的评价进行比较后得出的结果。其中，个体对工作环境的认知评价主要包括工作氛围、工作内容以及同事关系等。第二，社会影响取向。社会影响取向以认知判断取向为基础，考虑了外部的社会信息因素。社会信息不仅能够直接对员工的工作满意度产生影响，还能够通过影响员工出于实际需求所预先设定的标准和员工对自身所处的工作环境状况所作出的评价，再对工作满意度产生影响。第三，特质取向。特质取向关注了个体的积极情绪和消极情绪对员工工作满意度的影响，而以上两种取向忽视了个体情感特质。积极情绪和消极情绪反映了个体在工作和生活中表现出来的情感倾向，这种类型的情感倾向与工作环境本身没有关系，但会对员工在组织情境下的情感状况产生影响，从而对其工作满意度水平造成间接影响。通过整合工作满意度的以上三种理论取向，能够构建起情感事件理论的结构框架（段锦云等，2011），具体模型如图2-4所示。

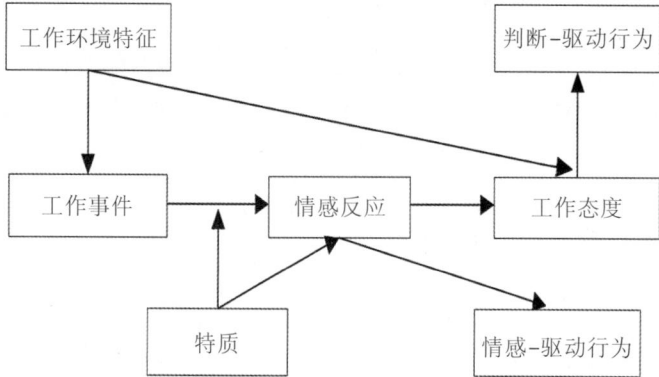

图2-4　情感事件理论模型

资料来源：作者依据 Howard 和 Russell Cropanzano（1996）、Barsade 和 Gibson（2007）、Miner 和 Glomb（2010）、段锦云等（2011）相关研究整理绘制。

如果组织中存在的某项事件能够对员工的目标实现和个人价值提升产生影响，那么该事件即被称为能够使个体产生情感反应的工作事件。情感事件理论探究了员工在组织内经历的不同工作事件、情感反应以及由此产生的态度和行为之间的关系。具体而言，员工的情感反应会受到员工所经历的工作事件的影响，而工作事件又能进一步区分为积极的工作事件和消极的工作事件。一方面，员工的积极情绪是由于在工作过程中体验到的积极工作经历所引发的。相应地，消极情绪是由员工在工作中体验到的消极工作经历所引发。进一步地，员工在工作中产生的积极和消极情绪反应会影响员工在工作场所中的态度和行为。根据情感事件理论的核心观点，组织工作事件与个体的行为态度之间存在个体情感反应的中介机制，积极的工作事件和情感反应能够优化员工在工作中的态度和行为。另一方面，积极的工作事件会激励员工以饱满的状态完成各项任务要求，从而削弱员工的消极情绪反应，有助于员工更加高效地完成工作内容、达成工作目标，进而表现出积极的工作成果和绩效。

基于情感事件理论可知，个体在工作中的某一事件可能会引发个体不同的情感反应，从而影响其态度和行为表现，即构建起了"组织工作事件—个体情感反应—个体工作态度及行为"这一理论路径。由于不同个体的特征存在差异，因此对同一情感事件会产生各异的情绪反应，具体来说，个体的人格特质在引发和传递个体情感反应的过程中起着关键作用。积极情绪（包括快乐、满足、欣慰等）能够帮助个体维持正向、开朗和积极的心理状态，能促进个体眼界的开阔；消极情绪（包括失落、无奈、压抑等）会造成个体情绪的慌张、惊恐和垂头丧气，不利于员工能力水平的表现。据此，个体对工作事件的情感反应决定了其随后的态度和行为。具有积极情绪反应的员工更容易去帮助他人。基于情感事件理论，员工在组织情境中的某项工作事件的经历能够激发其情感反应，从而作用于其接下来的行为表现，不同情感会产生不同的行为影响。

在组织中，领导是引起个体情感反应的重要因素，不同类型的领导方式带来的情绪体验各有差异，例如家长式领导方式在工作中往往能激发员工的正向情绪。然而，辱虐管理等负面领导方式会造成员工消极的情绪的产生。孙旭等（2014）研究发现领导辱虐行为与消极情绪呈显著正相关，傅强（2012）基于情感事件理论，证实了辱虐型领导方式通过员工消极情绪对员工建言行为产生的间接影响。

## 2.2 社会支持文献综述

### 2.2.1 社会支持的内涵

社会支持（social support）一般是指来自社会各个方面提供给个体的精神或物质帮助，这是日常生活中常见的现象。社会学、心理学、医学等学科相继涉足这一领域。心理学对社会支持的研究是在就工作、生活压力对身心健康的影响进行研究的大背景下出现的。国内外学者站在不同的角度对社会支持的定义主要有以下几种：①概念性质方面。Cobb（1976）将社会支持定义为个人的信念，被爱，被重视和被关心作为相互义务的社会网络的一部分。Sarason 等（1986）认为可以把社会支持界定为一种稳定的个体差异变量，而"社会支持感"（sense of social support）被认为是早年关系经历中产生的个体特征。②体互动方面。Kahn（1980）指出个体间相互关心、帮助以及鼓励和肯定就是社会支持。Sulkowski（2001）将社会支持定义为个体在建立一种交互的社会关系后，降低了对压力的应激反应，提高了其适应能力。③资源增益方面。Greenhaus 和 Powell（2006）指出，社会支持（又称社会资本资源）与工作-家庭增益密切相关，其中一方的社会支持可以提升另外一方的生活品质。

社会支持可广泛地被定义为从一个人的社交网络中有价值的人那里获得心理和物质资源，它在压力-应变过程中既具有保护功能，又具有恢复功能。具体来讲：①社会支持在压力感受过程中，起到保护作用。社会支持可以起到缓解压力的工具功能，以及增加压力感知的阈值评估功能，以此减少个体对压力的应激反应。②社会支持在压力恢复过程中也起着适度的作用。具有更多支持网络的个人不太可能将压力源评估为威胁，或者当事件被认为是压力源时，他们能够更有效地应对，从而减轻身体上产生的负面生理、心理影响。

以往学者通过使用经验抽样方法检查与客观测量的心血管健康指标（收缩压、舒张压和心率）相关的偶发性工作家庭冲突，对各种形式的社会支持如何缓解工作家庭冲突与健康之间的关系进行研究。在心理健康方面，Wang 等（2010）指出，社会支持确实在工作家庭冲突与其他健康相关变量之间的关系中起到了一定的缓冲作用：包括同事对工作问题的情感支持以及同事和家人的普遍支持。在身体健康方面，O'Driscoll 等（2004）指出家庭支持可以降低员工家庭对员工工作的干扰。一方面，社会支持是影响工作家庭冲突的关键因素。已有研究发现家庭支持、上级支持、同事支持与工作家庭冲突之间具有显著相关关系。另一方面，社会支持是生活中无形的力量，能够促使个体对生活抱有积极的态度，协助人们克服生活中的困难和挫折。

### 2.2.2　社会支持的前因后果研究

（1）前因变量

由于学者探讨的社会支持类型不同、支持产生的情境不同，已有研究从多个角度探讨了社会支持的驱动因素。基于相关文献，可以从个体、团队和组织三个层面分析影响社会支持的因素。

① 在个体层面，社会支持主要受提供者或接受者的个性特征以及感知和行为上的差异的影响，这种差异会影响到他们所提供或接受到的社会支持的数量及质量。Marigold 等（2014）的研究发现，自尊心高的个体更愿意接受来自他人给予的支持，有助于其重新审视过去经历，并且支持提供者也只愿意为自尊心高的个体提供支持来帮助其释放消极情绪。Miller 等（2017）的研究发现，接受者对关系的关注程度受文化背景影响，会影响个体对社会支持的接受度与感知。

② 在团队层面，大部分研究侧重于团队内部表现状况及交互过程等影响因素。例如，团队成员之间的交换关系（TMX）与成员之间的社会支持存在显著正向关系。

③ 在组织层面，一些研究将重点从支持行为的提供者或接受者的个体特征转移到整个领导-成员关系的特征。例如，领导-成员交换关系、社会分类相似性、社会交换以及社会网络等因素会导致高水平的社会支持。Soltis 等（2013）从社会网络的角度来看，员工在工作流程以及建议网络中的位置决定了员工获得的社会支持数量，包括员工在工作场所具有的正式工作联系以及建立的非正式联系。

（2）结果变量

前人的理论和实证研究表明，不同类型的社会支持对提升个体工作幸福感与积极工作体验具有重要影响。

首先，社会支持在工作需求和工作紧张之间起调节作用，它可以直接协助个体完成工作，从而削弱工作需求与工作紧张之间的关系。Luk 和 Shaffer（2005）、Fu 和 Shaffer（2001）证明社会支持能够调节压力对工作-家庭冲突（家庭-工作冲突）的关系。Greenhaus 和 Beutell（1985）指出，不具备传统性别观念的男性对妻子的支持可以减少妻子的工作家庭冲突。组织家庭支持（organizational family support）属于工作场所的社会支持（workplace social support），是指员工感知到的上级和组织等工作场所资源对其工作过程中积极情绪状态的重视程度，其能够降低员工工作压力与消极体验以及提升员工工作幸福感。此外，还有一些学者提出上级支持可以减少与工作领域需求相关的工作家庭冲突，而家庭支持可以减少与家庭角色需求相关的家庭工作冲突。

其次，社会支持对年轻人的身体、情感、心理健康、社会经济地位和就业适应等方面起着重要作用。从同事获得的社会支持能够协助员工及时完成工作任务，从而有效地减少工作负荷对工作紧张的影响。当上司支持水平较高时，工作要求对工作-家庭冲突的影响削弱，来自上司的各种支持（包括情感支持、工具支持、角色建模和"创造性"的工作-家庭行为）可以减少员工的工作-家庭冲突和家庭-工作冲突，从而增加工作-家庭平衡。已有文献证明家庭支持型主管行为与工作-家庭冲突之间呈负相关关系。

再次，组织的家庭支持氛围在提高员工工作士气和保持员工对组织的忠诚等方面具有重要的作用。Matsui（1992）的研究表明，丈夫提供的支持可以减少因父母角色需求而导致的家庭工作冲突。Aryee 等（1999）指出夫妻间的相互支持可以减少因角色超载而产生的角色冲突。一份以170名企业员工为对象的调查研究显示，员工工作-家庭平衡与家庭支持型主管行为之间具有显著相关关系。在家庭支持型组织环境中，主管行为与工作-家庭平衡之间的关系对员工的工作支持强度要比在没有支持环境下的员工强，同时有配偶支持的雇员要比没有配偶支持的雇员强。家庭支持型主管能够减少员工工作-家庭冲突的水平。

最后，社会支持与主观幸福之间存在显著的正相关关系，并且对主观幸福有显著的正向预测效果。一项来自对多个组织和行业的230名员工的研究表明，在避免工作-家庭冲突和幸福感下降方面，家人和主管的支持以及以问题为中心的应对方式最为有效。

社会支持"前因-后果"整合效应模型如图2-5所示。

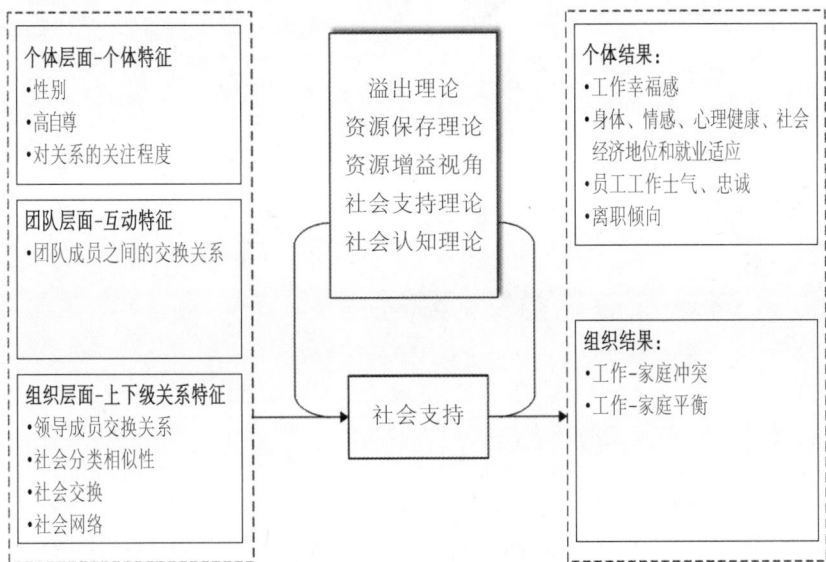

**图2-5 社会支持"前因-后果"整合效应模型**

资料来源：作者依据相关文献资料整理绘制。

### 2.2.3 社会支持相关研究述评

根据对相关文献进行回顾和总结，可以发现，在概念的界定与测量及因果关系的探讨上，对社会支持的研究都趋于成熟，但是，当前研究还存在不足之处。

①社会支持的调节作用有待进一步验证。金家飞等(2014)的研究显示，情境因素的差异导致中美员工在工作支持和家庭支持的调节作用上有不同的表现，在北美样本中，工作（家庭）支持对角色压力和冲突间关系的调节作用不显著，而在中国样本中，工作（家庭）支持的调节作用显著。

②社会支持的研究视角仍待扩展。当前学术界大多以单一视角探讨社会支持与其前因后果变量之间的关系，以工作-家庭双边视角探讨社会支持对个体的影响的研究较少。

③社会支持的结果变量研究不够全面。社会支持能够给员工个人和组织均带来有益结果的观点已得到学者们的一致认可，包括上级支持、

同事支持以及家庭支持的交界面，即工作-家庭界面的结果，但对社会支持的具体作用机制的研究却很少见。特别地，对于社会支持与员工工作-家庭结果之间的关系研究，虽然也有工作-家庭平衡等积极结果的研究，但多数研究侧重于探讨社会支持对工作家庭冲突这一消极变量的影响机制，而对工作-家庭增益这一积极结果变量的探讨却相当缺乏。

## 2.3 工作-家庭增益文献综述

### 2.3.1 工作-家庭增益的内涵

工作和家庭情境是个体的主要活动场所，在日常的工作经历和生活体验中能发生许多对个体的认知、心理及行为表现造成影响的事项和活动，因此其作为个体所处的重要情境深受学者的关注。根据工作-家庭关系的相关理论，工作家庭关系主要被划分为分割、溢出和补偿三种形式，且每种形式都包括正面与负面的双重影响。在研究过程中，有关负面影响（即工作家庭冲突）的探索起步较早，就工作-家庭冲突的研究视角来看，大多关注资源的稀缺性特点，并呈现出多样并继起式发展的特征。其相关研究，主要从角色冲突视角和角色增强视角等领域来探讨二者边界融合的正反面影响，其研究内容趋向积极组织行为学方向，研究设计规范且方法趋同。作为工作和家庭域一个较新的积极构念，当前缺乏关于其前因结果变量、中介机制及边界效益的探讨，尚需开展更加深入的研究。

随着研究内容的深入，学者们围绕工作域与家庭域的联结关系，陆续提出了多个体现两者积极作用的构念，例如，工作-家庭促进、工作-家庭积极渗溢、工作-家庭助长及工作-家庭增益。Sieber（1974）和 Marks（1977）等率先对工作-家庭增益展开研究，探索两种场景之间的互利视角，突破以往研究中关注工作家庭领域冲突的局限，主张员工在不同情境中的角色参与和体验能够带来远超于损失的收益。而后，Barnett 和 Hyde（2001）也指出，因为个体能够对工作家庭中的不同角色参与同时存在较强的认同感，故两种角色并非一定是矛盾的，不同社会角色参与能为个体带来更多的社会支持，进而对个体发展产生有益的效果。Greenhaus 和 Powell 最早明确提出工作-家庭增益内涵，得到许多学者的认可和借鉴。依照 Greenhaus 和 Powell（2006）的定义，工作-家庭增益指的是，个体在其中某一领域的角色参与能促进其另一种角色生活质量提升的程度。本书将工作-家庭界面积极构念内涵进行了总结，如图 2-6 所示。

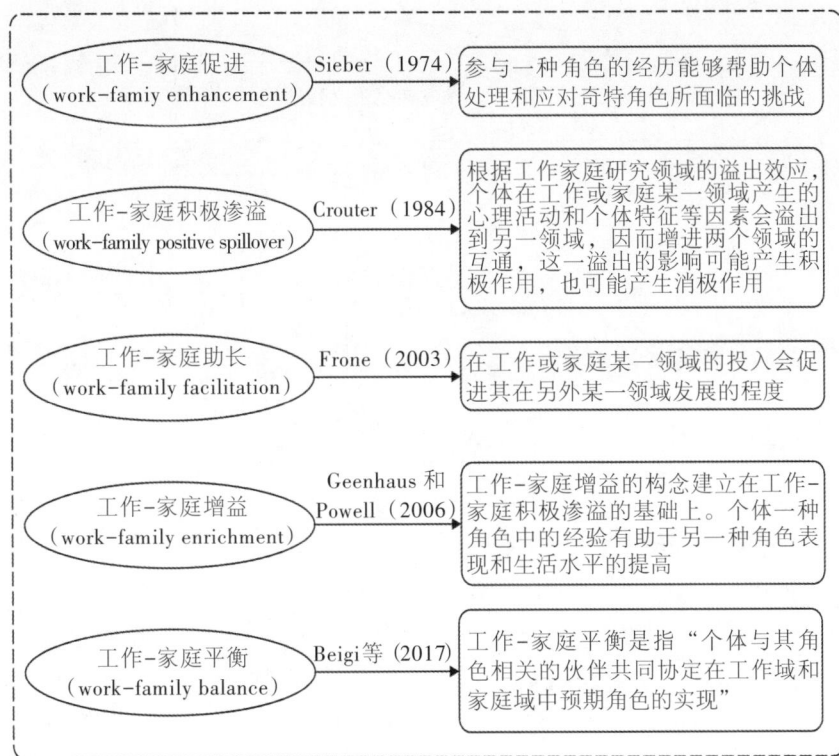

**图 2-6　工作-家庭界面积极构念内涵**

资料来源：作者依据相关文献资料整理绘制。

根据资源保存理论和"资源增强假说"，基于工作-家庭增益的发生机理，学术界建立起修正后的工作-家庭增益双路径模型（如图 2-7所示）、资源-增益-发展模型、工作-家庭增益系统模型等目前最具代表性的研究模型来考察增益发生的作用机理。

角色 A 中所获得的资源：

技能和观点

心理和生理资源

社会资本资源

弹性

物质资源

工具性路径

角色 A 的良好表现

角色 A 的积极情绪

情感性路径

角色 B 的良好表现

角色 B 的积极情绪

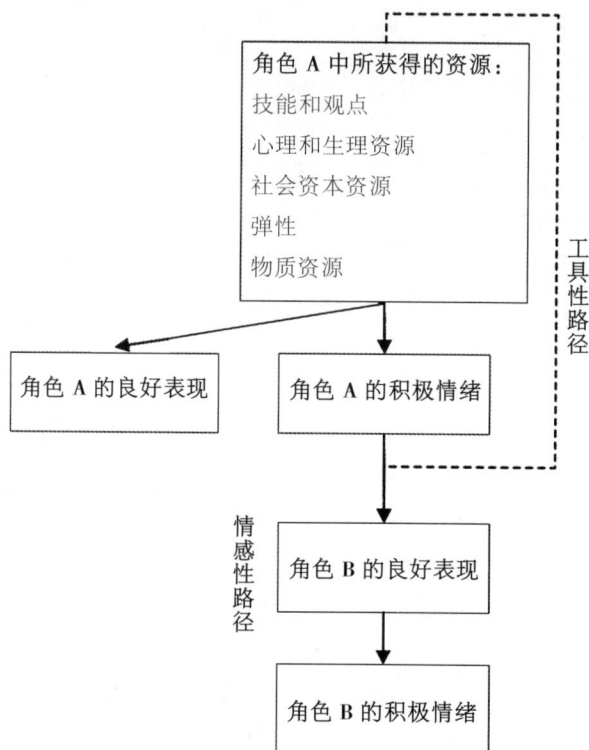

**图2-7 修正后的工作－家庭增益双路径模型**

资料来源：作者依据 Greenhaus 和 Powell （2006）相关文献整理绘制。

依照工具性路径，个体在角色 A 中获得的资源，可以被直接应用到角色 B 上，进而优化角色 B 的行为表现，产生角色之间的增益；情感性路径是指个体在角色 A 中收获资源产生的积极情绪，会影响到角色 B，从而产生角色间增益。工作—家庭增益双路径模型是从个体层面对增益发生的机理进行探讨，建立了两者之间有效的路径链接，具有一定的进步意义，但在研究中忽视了如下问题：个体并不是独立于社会之外的；个体生存离不开社会环境与人际关系，等等。而 Wayne 等（2007）提出的资源-增益-发展模型（如图2-8所示）与工作-家庭增益系统模型则从系统层面解释了工作对家庭增益的发生机理，较为全面地对增益发生的路径效果进行了补充，能够有效地缓解上述问题。

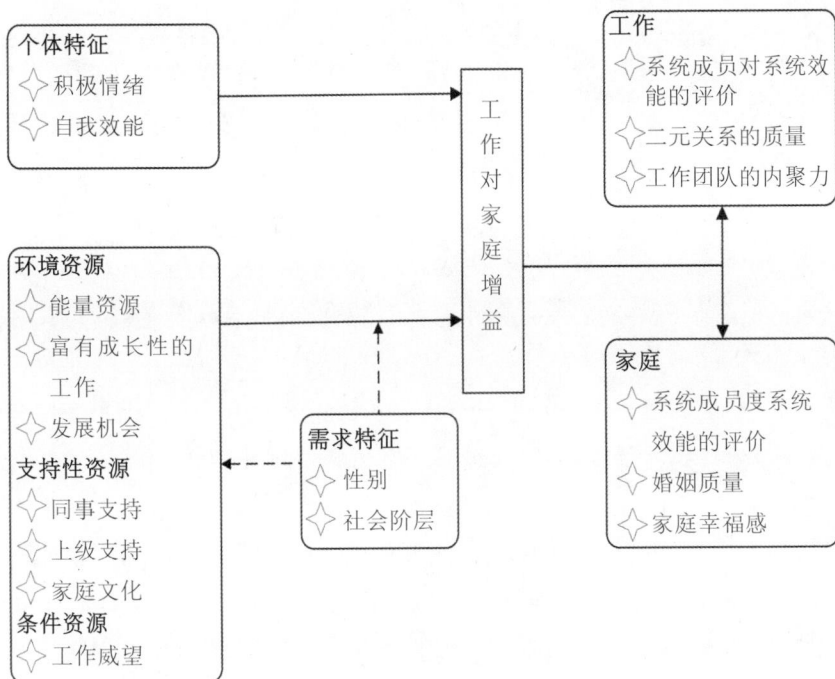

**图2-8　资源-增益-发展模型**

资料来源：作者依据Wayne等（2007）相关文献整理绘制。

### 2.3.2　工作-家庭增益的前因后果研究

研究显示，工作-家庭增益的前因变量和结果变量多来自工作维度而非家庭维度。目前研究中，对工作-家庭增益前因变量的探讨主要集中于三方面：①工作资源方面。例如，工作弹性、工作投入及工作连通行为等。②个体特征方面。例如，工作旺盛感、自我效能感及正念等。③组织特征方面。例如，时间要求和职业鼓励、挑战性工作要求及家长式领导等。同时，结果变量更关注其产生的正向影响，工作-家庭增益与个体繁荣、员工建言及工作满意度等变量呈正相关关系，也有助于缓解员工工作拖延状况。

总的来说，工作-家庭增益的前因变量概括来说包括家庭领域、工作领域及个人三方面：①在家庭视角下，家庭结构会影响工作家庭关系。个体在家庭中获得的资源能够在某些情况下改善员工的工作表现，提高工作绩效水平，实现工作-家庭增益。②在工作视角下，工作特征、社会支持、组织文化通常为较多学者所关注。自我牺牲型领导，组织环境的资源丰富程度，工作过程中获得的知识、技能和能力，工作弹性，工作投入，超负荷工作，以及工作自主性等都影响工作-家庭促进。③在个体视角下，个人特征因素能预测工作家庭关系。人口统计学变量中性别、受教育程度、民族等都与工作-家庭促进水平相关；大五人格是工作家庭冲突的主要预测因素；负面情绪与员工工作家庭关系有一定关联。

工作-家庭增益带来的积极影响被学者广泛关注，因此结果变量多为正向变量，主要包括心理状态和行为表现两方面：①工作-家庭增益对心理状态的正向影响包括积极情绪、满意度等。工作带来的情感维度和经济收益对家庭的积极效益，能够优化家庭关系，缓解个人心理压力，从而增强个人身心健康水平。②工作-家庭增益正向影响个体工作投入和绩效水平。由于个体所处情境的不同，工作-家庭增益与结果变量间的关系会受到多种因素的制约而产生间接影响。例如，个体身份认同和情感性支持在工作-家庭促进与情感承诺、离职意向的关系中具有调节作用。进一步研究发现，工作对家庭产生的增益有助于提升家庭绩效水平。

此外，工作-家庭增益的中介和调节机制研究不足。现有研究的中介效应主要关注组织和家庭情境中的资源流动、个体工作投入、情绪智力及工作家庭关系等对工作-家庭增益所产生的解释机制：①资源作为影响个体心理状态及行为表现的重要因素，也是工作-家庭增益相关研究中的重要中介。工作投入通过角色资源的获取与损失对工作-家庭增益产生间接影响。②工作和家庭间的关系状况会在工作资源与工作-家庭增益间发挥作用。例如，工作资源会通过工作家庭平衡状况影响工作-家庭增益。李志勇等（2011）以工作-家庭促进的中介作用为视角，研究了心理资本与工作满意度、生活满意感的关系。③员工的工作投入与所得会对工作-家庭增益产生影响。工作投入在工作角色资源与工作对家庭增益间发挥中介作用。张光磊和胡广超（2015）则探索了绩效与维持导向人力资源管理子系统通过工作-家庭促进与工作家庭冲突中介影响留职意愿的作用机制。④员工个人的心理因素在解释员工–家庭增益时能发挥重要作用。例如，侯敏等（2014）考察了教师情绪智力通过工作–家庭促进及主动行为对个体工作绩效产生的间接影响。但在目前的工作–家庭领域研究中，未能充分发现边界效应的影响，缺乏调节机制的探讨，且主要停留在性别因素上，未深入探讨工作–家庭增益的内涵及其产生过程和作用机理。

### 2.3.3 工作–家庭增益相关研究述评

自工作–家庭增益构念产生以来，研究人员围绕相关话题展开了多方位的探究工作，通过对增益产生的前因变量展开综合分析，研究影响增益发生的重要因素；对增益发生后的结果变量进行多元探讨，分别从正面和负面两方面分析影响；针对不同的中介变量探究增益发生的过程机制，并寻找多种调节变量展开边界效应研究。因个体活动范围较广，故工作–家庭增益的前因变量的研究内容较为广泛，主要包括家庭领域、工作领域、个人因素三方面（例如，家庭支持型主管行为、上级领导的支持、工作胜任程度、工作弹性和工作投入等），对组织内部的客观因素关注较多，而对组织内存在的具有非正式的、主观性的因素讨论还较匮乏。与前因变量相似，工作–家庭增益的结果变量主要从个体自身的视角出发，关注心理状态和行为表现等影响因素。例如，个体身份认同和情感性支持、工作角色资源获取与损失等内容。工作–家庭关系的中介变量探讨主要集中于个体的主观意愿及行为，包括工作投入、留职意愿、工作绩效及生活满意感等。但较为遗憾的是，学者们对于不同条件下工作–家庭增益的具体作用机理和边界条件的理论研究相对较少，未能充分发掘工作–家庭增益产生并发挥作用的调节变量。

## 2.4 工作繁荣文献综述

### 2.4.1 工作繁荣的内涵

Spreitzer 等（2005）将韧性、蓬勃发展、主观幸福感、心流、自我实现、工作投入、家庭繁荣等一系列相关概念进行了甄别（如图2-9所示），并指出工作繁荣是一个新的研究角度，即个体主动地、自觉地推动自身工作的发展与进步，而不是消极地达到一种满足的状态。与其他概念不同的是，工作繁荣最明显的特点是"学习"与"活力"两个维度有机结合：活力是个体在工作过程中的活跃和热情的状态，学习是个体获得、利用知识与技能建立自信的能力。

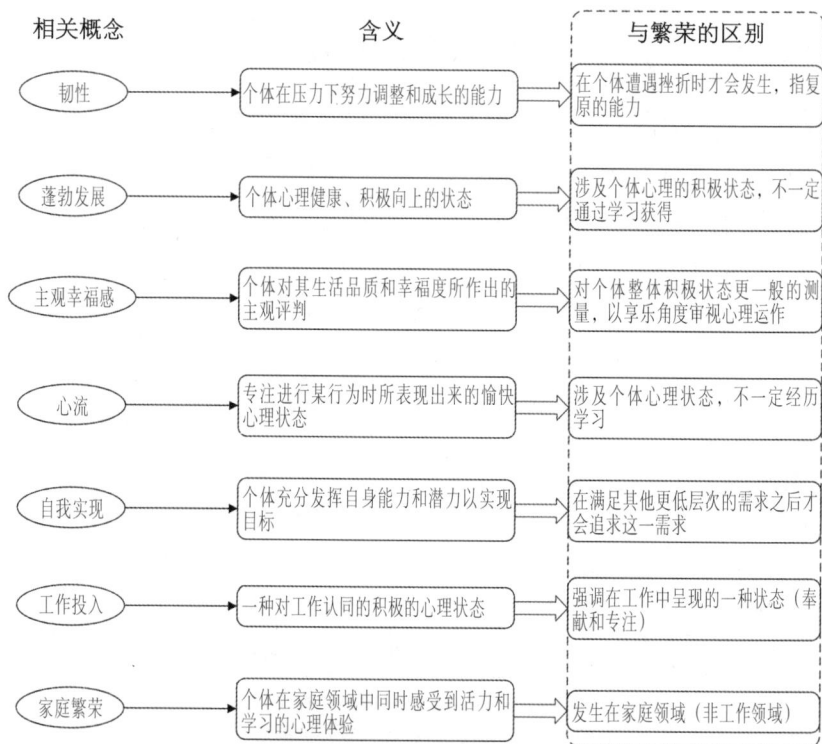

| 相关概念 | 含义 | 与繁荣的区别 |
| --- | --- | --- |
| 韧性 | 个体在压力下努力调整和成长的能力 | 在个体遭遇挫折时才会发生，指复原的能力 |
| 蓬勃发展 | 个体心理健康、积极向上的状态 | 涉及个体心理的积极状态，不一定通过学习获得 |
| 主观幸福感 | 个体对其生活品质和幸福度所作出的主观评判 | 对个体整体积极状态更一般的测量，以享乐角度审视心理运作 |
| 心流 | 专注进行某行为时所表现出来的愉快心理状态 | 涉及个体心理状态，不一定经历学习 |
| 自我实现 | 个体充分发挥自身能力和潜力以实现目标 | 在满足其他更低层次的需求之后才会追求这一需求 |
| 工作投入 | 一种对工作认同的积极的心理状态 | 强调在工作中呈现的一种状态（奉献和专注） |
| 家庭繁荣 | 个体在家庭领域中同时感受到活力和学习的心理体验 | 发生在家庭领域（非工作领域） |

**图2-9　工作繁荣与相关概念对照表**

资料来源：作者依据相关文献整理绘制。

　　基于自我决定理论，Spreitzer等（2005）建立了工作繁荣的社会嵌入模型，考察了工作情境是通过何种机制来促进工作繁荣的，以及个体是如何创造条件来增加活力和学习体验的，据此来研究工作繁荣的产生机制。社会嵌入模型指出组织情境和工作资源能够提升个体内在动机进而影响工作行为，产生工作繁荣。该模型为工作繁荣的产生提供了动态的阐释，也为本书提供了有效参考。社会嵌入模型主要强调任务聚焦、工作开发和与他人联系这三种动因性工作行为方式。Spreitzer 等（2005）认为工作情境和资源都会通过动因性工作行为，对个体工作繁荣产生间接影响，即个体动因性工作行为是工作繁荣的重要中介机制，更将个体动因性工作行为比作工作繁荣的引擎（如图2-10所示）。此外，工作开发能通过优化个体工作内容促使其感受到学习与活力。一方面，个体的工作实践能增进个体与他人的互动，提升信息的储备，并结合多样化方式加深其对实践意义的理解；另一方面，新的知识内容通过与实践的有效结合，时常会带来类似"顿悟"等的积极情绪体验。

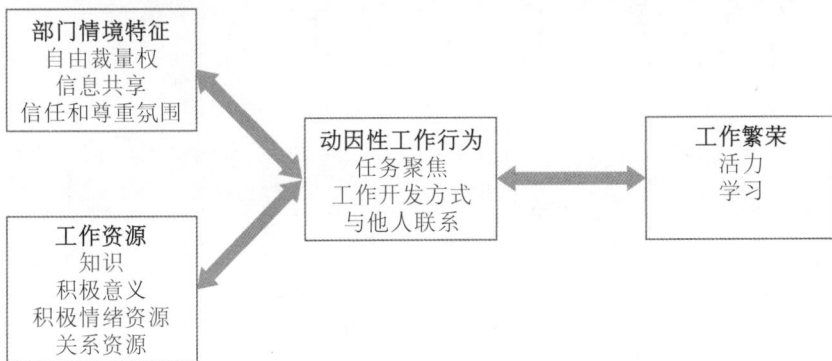

图 2-10　工作繁荣的社会嵌入模型

资料来源：作者依据 Spreitzer 等（2005）相关文献整理绘制。

此外，资源保存理论（conservation of resource theory，COR）指出，个体倾向于获取、保留对其至关重要的资源。具体而言，个体具有偏好保存自己目前所拥有资源的动机以及寻找自身所缺失资源的动机。资源保存理论对员工工作倦怠等问题的主要内部原因进行了解释。为了满足工作需求，员工会将大量资源投入到工作中，从而因资源失衡而产生公民疲劳、情绪损耗、回避反馈、绩效水平低等问题。因此，个体工作繁荣状态的重要前提就是必须充满能量。相关研究发现，在工作中，当为满足工作需求所耗资源超过自身可利用的工作资源时，员工会产生情感损耗，从而对工作繁荣产生不利影响。从资源获取的角度来看，组织通过为员工提供支持，来避免员工在工作过程中产生负向情绪，增加其情绪资源。具体地：①内部资源是员工自身所拥有的资源，有助于员工更好地应对工作过程中的各类工作需求，对资源损失进行弥补。②外部资源是组织所提供的支持资源，能够影响员工行为和工作繁荣程度，避免员工产生大量的资源损耗，使其获得更多资源的增值螺旋，有益于员工良性行为的产生。研究发现，组织中的同事互惠可以促进个体提升工作繁荣，随着组织支持不断增强，员工也会表现出更多的工作积极性；当组织支持减少时，员工会对工作场所的资源投入有所降低。

### 2.4.2 工作繁荣的前因后果研究

（1）前因变量

当前学界聚焦于个体层面和组织层面来研究工作繁荣的前因变量。

① 个体层面。工作繁荣的影响因素主要集中在员工个体的个性特征以及行为能力与动机上的差异。具体如下：

从人格角度来说，当前研究侧重于探讨主动性人格是如何影响工作繁荣的。拥有主动性人格的员工通常具有良好的心态，愿意促进自身发展，实现工作繁荣。

从动机角度来说，研究发现动机对员工工作繁荣具有非常重要的影响。员工把精力倾注于当前工作，并发现认真工作有助于自身提升时，更能促进工作繁荣。自主感、胜任感和关系感是有助于个体心理积极向上发展的重要条件，有助于提高员工工作繁荣。

从能力角度来说，研究表明个体会随着心理资本的增加而加深与他人的合作关系以及倾注更多的精力于工作中，从而增进工作繁荣。

② 组织层面。根据工作繁荣社会嵌入模型和工作中的个人成长整合模型，不难看出工作情境特征和工作资源均是影响工作繁荣的前置因素，两者促进主动行为或满足个体心理需求从而影响工作繁荣。具体地：

就情境特征而言，领导、组织支持和公平、工作特征和同伴均影响工作繁荣。学者们基于自我决定理论、社会交换理论、资源保存理论等对领导方式与工作繁荣的关系进行了相关研究，发现授权型、服务型、真实型、家长式、悖论式领导以及家庭支持型主管都对工作繁荣产生直接或间接影响。

就工作资源而言，积极情绪资源与关系资源影响工作繁荣白天获得的工作资源，有助于员工在晚间工作时繁荣程度的提升。杨洁等（2019）发现了工作繁荣在乐趣活动及同事社交和员工创新中的中介作用。

（2）结果变量

当前研究主要从个人和组织两个角度展开工作繁荣结果变量的相关研究。

① 个人角度，工作繁荣水平越高越有助于提高个体的工作满意度、职业适应力、身心健康与创新行为等。工作繁荣被认为是某种形式的进步感受以及与能力提高有关的研究。当个体处于工作繁荣状态时，他们将积极主动地进行有助于职业发展的活动，从而提高职业适应性。积极情绪状态与发展认知状态蕴含在工作繁荣中，这两种心理状态能够促进员工对自身绩效行为进行有效管理，促进员工自我成长，进而提高个体身心健康水平。工作繁荣提供了丰富的资源促使员工进行自我管理，因此员工会有足够的资源和主动性去努力学习新知识和技能，且正向的情绪状态会提高员工在工作中的幸福感，从而提升工作主动意愿，进而提高其工作绩效。正向情绪会激发员工的创新意愿，并采取具体措施进行创新，从而激发个体创造力。

② 组织角度，研究发现工作繁荣能有效缓解员工在工作中产生的倦怠感，从而促进团队和组织繁荣。相对于那些没能进入到繁荣状态的员工来说，工作繁荣的员工能够在公司中持续地学习和提高自己，能够更好地发现问题、解决问题，能够收集到更多信息，从而推动自身产生创新行为，并最终促进组织效能的提升和组织的繁荣。此外，工作繁荣能够推动成员间信息的交融与整合，拉近彼此间距离，有利于创新想法的产生，从而提升团队创造力。

本书对前期工作繁荣研究中已被证实的前因和结果变量进行汇总后，建立了工作繁荣"前因-后果"整合效应模型，如图2-11所示。

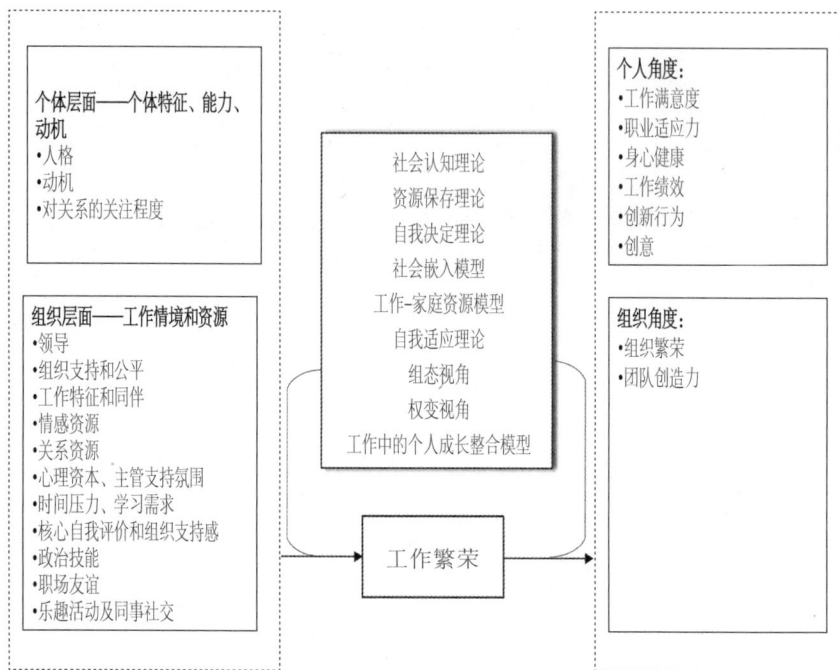

**图2-11　工作繁荣"前因-后果"整合效应模型**

资料来源：作者依据相关文献整理绘制。

### 2.4.3　工作繁荣的相关研究述评

根据对相关文献进行回顾和总结，可以发现，工作繁荣在概念的界定、维度的划分与测量及因果关系的探讨上的研究较为丰富。学者们从个体层面（例如人格、动机、能力）、组织层面（例如情境特征、工作资源）探讨工作繁荣如何形成，并从个人角度和组织角度检验了工作繁荣的作用效果。虽然工作繁荣现有研究已经较为成熟，但仍还存在一些不足之处：

①前因变量研究焦点较聚焦、不全面。工作繁荣是一个有机整体，活力和学习任何一方的缺乏都会使员工感到身心疲惫，使个体缺乏前进的动力和资源。当前研究主要侧重于个人因素和领导风格对工作繁荣的影响，忽视了来自家庭、朋友和组织等不同来源的社会支持这种非正式因素对工作繁荣的影响。

②研究视角较单一。员工的工作情境嵌入是影响工作繁荣的重要诱因，已有研究对工作情境特征中的自主决策与工作繁荣间的影响机制的研究较少，大部分研究都是依据自我决定理论来阐述工作繁荣的影响因素和影响机制。此外，目前工作繁荣领域的研究聚焦在工作或家庭的单一视角上，对于工作-家庭双领域的积极影响研究较少。

③对集体层面的工作繁荣研究较少。现有的研究更注重对个人工作繁荣的研究，忽视了在改革后的组织结构中，工作团队是实现组织任务的重要形式，对团队、组织等集体层面工作繁荣的关注不足。

## 2.5　主观幸福感文献综述

### 2.5.1　主观幸福感的内涵

近年来在心理学领域中，有关幸福感的议题逐渐成为学者关注的重点。幸福感的相关概念呈现出多元化发展势头，如图2-12所示。主观幸福感（SWB）由认知和情感成分组成，包括了正面情绪和负面情绪，是两者相互作用平衡的结果，更是人们对生活的评价。以生活满意感为例，它是指人们根据内在的标准对自己生活质量进行整体性评估。而主观幸福感作为个体的一种主观性体验，主要包括认知和情感两部分，分为生活满意感、积极情绪和消极情绪三维度。进一步而言，个体所体验到的满意度越高，所产生的积极情绪会随之增加，进而消极情绪逐步减少，生活幸福感较强。

关于主观幸福感（SWB）的一项研究表明，SWB不仅是人们想要达成的理想的结果，而且还是未来生活结果的重要预测指标。同时，高SWB可预测未来的健康状况和人们的社会生活质量。有研究显示，SWB与期望的社会行为和社区中良好的公民行为相关，高SWB的相关性很广泛，包括生物学因素及未来事件等。具体来说：（1）SWB会预测理想的行为和健康结果。例如生育能力和健康后代的存活率，有研究认为人类是通过进化选择幸福的正向水平的。（2）SWB的表现形式，即生活满意感会因各种原因预测未来事件。有研究发现，对于生

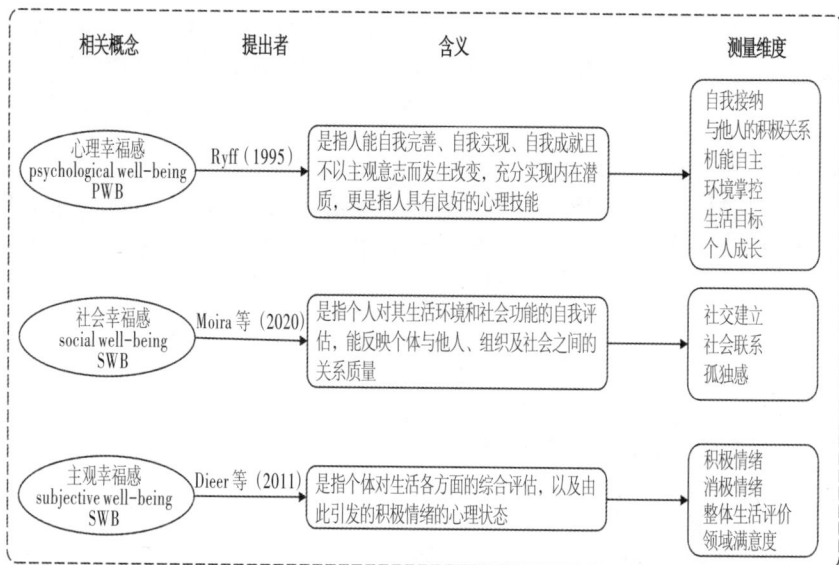

**图2-12 主观幸福感与相关概念对照表**

资料来源：作者依据相关文献整理绘制。

活满意感较高的夫妇来说，他们有较高的为人父母的可能性。换言之，生活中的低满意度可能预示着其他事件，因为它伴随着改变环境的愿望，诸如离婚等事件，因为冲突婚姻不仅会导致生活满意感降低，而且导致离婚的可能性增大。

### 2.5.2 主观幸福感的相关研究

国内学者通过关注个体良好的心理功能和主观体验等方面对主观幸福感进行研究，发现收入、健康、情感状况和内在工作动机等对主观幸福感发挥着作用。总体而言：①收入和健康水平能够通过直接和间接两个途径对主观幸福感产生影响。收入和健康对个体幸福感都有积极的影响，在保障人们物质生活的同时，进一步优化心理所得，从而提升主观幸福感。后续学者在研究中进一步印证在某些范围内，金钱与主观幸福感呈现出正相关，一旦超过某些限值此正向关系会随之降低。同时，员工的努力指数与收入差距的匹配度通过对个体心理资源产生影响，进而影响主观幸福感。②员工的各类情感状况通过对心理因素的影响进而对主观幸福感造成影响。通过调查职场人各类情感状况，发现身体健康水平、工作情况、生活环境、家庭亲情以及社会关系等状况都能较好地改善员工幸福感水平。此外，员工的婚配状况也会对个体幸福感产生动态影响。③组织环境对员工的内在动机产生影响，进而影响个体的主观幸福感。有研究从员工个体角度出发，发现员工所拥有的工作收入、在职场中获得的工作压力等因素，对员工内在动机以及人力资源管理过程中的人岗匹配程度等造成的影响会影响员工的主观幸福感。

国外学者关于主观幸福感的研究主要集中于组织行为方面的结果变量，关注其为个体日常生活带来的影响，认为高主观幸福感可以促进个人工作场所的成功，带来包括工作收入、生产效率、组织绩效等方面的收益。具体来说，主观幸福感产生的影响主要与以下三方面因素有关：①主观幸福感与员工职业存在一定联系。通过对高校青年辅导员的调研发现，员工主观职业成功程度越高，员工幸福感也就越高。②主观幸福感的某些形式通过与组织公民身份关联影响员工生产效率。在大型的Meta分析中，学者发现"快乐的"工人生产率更高。③主观幸福感会通过具体形式对组织绩效产生影响。部分学者在对数千个工作单位的大规模研究中发现，工作满意度可以预测工作单位的绩效。例如，早期研究发现企业股票价格的回报是由公司较早的工作满意度预测的。这些研究结果因为排除了从良好绩效到工作满意度的反向因果关系，并且考虑到了诸如员工满意度和员工离职率等众多渠道，具有较高的说服力。

### 2.5.3　主观幸福感的相关研究评述

通过回顾梳理相关文献，本书发现主观幸福感作为组织行为学领域的研究重点被广泛关注，随着社会的发展进步，学者们对于主观幸福感的内涵、影响因素及行为结果的探讨都在与时俱进、持续完善。

从个体认知层面来说，主观幸福感是个体依托于社会背景、经济关系、文化取向等方面，并根据自身的标准通过对周围生活及其他各方面综合评价而产生的心理满足感。从情感层面来说，作为个体的一种情感体验，主观幸福感越高，个体的积极情绪就会越多，进而会对个体的行为表现产生一定的影响。对于前因变量来说，学者关注个体的人格特征对其自身主观感受产生的影响，即健康状况、收入水平、情感表现及内在动机都会对主观幸福感产生正面或负面影响，进而会影响个体工作表现。同时，学者关注主观幸福感在工作情境下对个体行为和绩效产生的影响，及其对员工收入水平的影响。然而，目前对主观幸福感的实证研究较为少见，在中介机制研究方面，多数研究以工作层面中的工作主动性、工作卷入和绩效反馈等变量作为中介来探讨工作对员工幸福体验的作用机制，尚需开展深入研究。例如；工作资源通过工作投入影响员工的工作满意度；工作资源通过工作动机影响员工的生活满意感等。

## 2.6 国内外相关研究总结

本书将社会支持（SS）、工作–家庭增益（WFE）、工作繁荣以及主观幸福感的相关研究进行了整理，指出了现有研究不足及本书定位，如图2-13所示。现有研究尚存以下不足：①研究情境具有一定局限性。学界对于社会支持的研究多在工作或家庭单领域情境进行，少有研究以工作–家庭双情境来探讨社会支持对员工产生的影响。②前因变量有待进一步探索。已有研究主要基于自我决定理论和资源保存理论探讨个体特征、工作情境和工作资源对工作繁荣形成的影响，且主要集中于具有客观性和正式特征的工作资源因素上，缺少关于非正式因素的探讨，忽视了来自家庭、朋友和组织等不同来源的社会支持对工作繁荣的影响。③结果变量研究不够全面。当前学界对于工作–家庭领域关系的研究侧重于探讨社会支持对工作–家庭冲突这一消极构念的削减作用，而缺乏社会支持对工作–家庭增益等积极构念的影响研究；此外，当前在工作繁荣领域对于工作–家庭领域的积极影响研究较少，主要集中在对员工个体的积极影响上，尚未有研究探讨工作繁荣对工作–家庭增益的直接影响。④由于工作–家庭增益这一构念出现较晚，其相关研究还存在一定的缺口有待补充完善，尤其是关于中介和调节机制的研究更为少见。

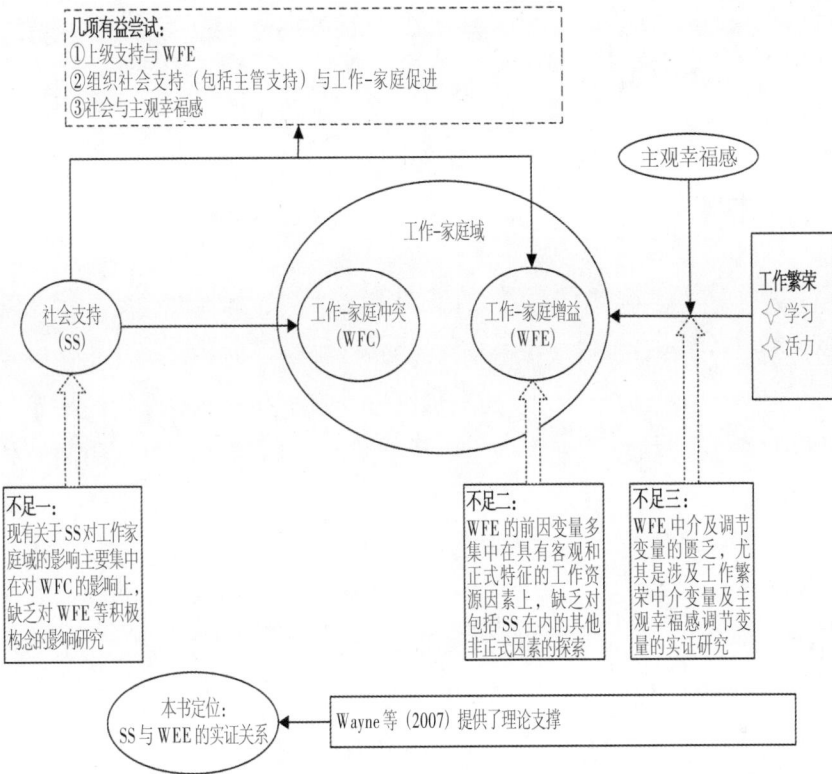

图2-13　现有研究不足及本书定位

资料来源：作者依据相关研究整理绘制。

　　基于此，本书关注社会支持这一具有主观性和非正式特征的组织因素，对员工工作-家庭增益的影响进行实证研究，并选定工作繁荣作为中介变量、选定主观幸福感作为调节变量开展研究分析。虽然目前关于社会支持与员工工作-家庭增益二者关系的直接探讨较为缺乏，但该领域仍有过不少间接、有益的尝试。例如，有学者认为，社会支持有利于提升职业女性的主观幸福感水平，加深工作-家庭促进关系。有研究依据角色增强理论与资源保存理论，探究了员工工作-家庭增益对主观幸福感的影响及其机制，以及上级支持维度与员工工作-家庭增益的关系。上述尝试在为本书提供借鉴意义的同时，也印证了本书研究的可行性，尤其是Wayne等（2007）在研究中提出的资源-增益-发展模型更为本书提供了理论基础。此外，本书致力于通过归纳现有理论研究，结合不同的组织情境特征，深入探讨社会支持和员工工作-家庭增益间的内在逻辑，针对当前社会环境的特点，为员工个体实现工作-家庭增益提供借鉴与参考。

## 2.7 本章小结

本章通过梳理社会支持、工作-家庭增益、工作繁荣以及主观幸福感等核心构念内涵，在明确各构念内涵的基础上，梳理了每个构念相关研究中的前因、结果变量及作用机制，并着重对上述构念之间的相互关系进行了总结归纳，分析了现有研究的优势和存在的局限性，明确了本书的研究方向。

本书研究发现：①既往学者站在不同角度对社会支持的理论概念、操作化变量进行了研究，相关研究都趋于成熟，从个体、团队、组织层面都检验了社会支持的不同作用。但是，目前研究大多是在工作-家庭域对社会支持与工作-家庭冲突等消极构念之间的关系进行研究，缺乏对社会支持与工作-家庭增益等积极构念之间关系的研究。②已有关于工作-家庭增益的相关研究主要是关注其内涵界定、理论支撑及影响因素等方面，通过建立双路径模型，从资源保存理论和"资源增强假说"的视角出发，探究工作-家庭增益的发生机理。但工作-家庭增益作为工作-家庭研究领域一个较新的积极构念，考察同一个体不同角色之间的行为表现，尚需开展更加全面、综合的研究。③由社会嵌入模型可以推断，组织提供的工作资源能够促进工作繁荣，而不同来源的社会支持也能够为员工提供丰富的物质和心理资源，当前学界鲜有研究探讨社会支持与工作繁荣之间的直接影响。此外，工作繁荣和主观幸福感对员工身心健康以及企业持续发展具有正向作用，一直受到学术界的广泛关注。目前有关工作繁荣和主观幸福感的研究大多聚焦于工作或家庭单一视角，缺少其与工作-家庭双边视角积极构念之间的关系探讨，工作繁荣与工作-家庭增益之间的直接效应有待进一步研究。综上所述，有必要对工作繁荣在社会支持和工作-家庭增益之间的中介作用进行研究。④主观幸福感作为个体自身感受的有效表达，会受到来自组织及家庭等多方因素的影响，并会对个体的行为表现产生影响。国内外学者主要从客观因素和个体特征两方面对主观幸福感展开研究，目前关于主观幸福感如何在社会支持通过工作繁荣作用于工作-家庭增益路径下发挥调节作用的研究较为缺乏。

为弥补现有研究的不足，本书在理论研究的基础上，着力分析社会支持对工作-家庭增益的影响以及工作繁荣的中介作用，并引入主观幸福感，深入探究主观幸福感调节效应下社会支持对工作-家庭增益的影响，以及工作繁荣在社会支持和工作-家庭增益关系之间的中介作用。

# 3  基于案例研究的理论模型构建

## 3.1  案例研究方法

### 3.1.1  研究方法选择

本书的目的是在现有的社会支持和工作–家庭增益研究的基础上，明晰来自上级、同事以及家庭的支持如何影响员工的工作繁荣状态，进而影响员工的工作–家庭增益的作用路径，以及主观幸福感在其中发挥的边界作用，因此本书基于相关理论搭建研究框架，并通过梳理相关文献不断完善和优化，选定最终的框架模型，展开探索性分析。本书参考文献整理结果并与具体实践相结合，根据研究目标选取适当案例，开展数据的收集和归纳，有针对性地进行研究。Eisenhardt（1989）指出，案例分析是根据社会现象和现存问题所进行的归纳分析，在长期的研究过程中，逐渐发展成为管理学领域的典型研究工具。案例研究广泛应用于研究问题出现的原因，以及"如何""怎么样"解决实际问题，其内在逻辑是统筹归纳。本书选定来自不同行业的4家具有典型性的企业，基于理论分析和探索性多案例分析，为已搭建理论模型的合理性提供参照依据。展开案例分析的目的是构建管理理论，为研究提供理论依据，梳理不同构念的内涵及其之间的内在关联。案例是展开研究的重要数据载体，是对实际问题的情境描述和理论性分析，各构念之间的关联则需要通过这些数据进行分析验证。总体来说，合理地借助实际案例进行研究有助于更好地分析当前情境下企业面临的困境和理论难题。基于不同的研究背景和研究目的，案例研究也包括多种操作方式，例如聚焦特征展开针对性分析的单案例、致力于不同案例匹配的双案例、关注普适理论搭建的多案例和聚焦单个案例但对主要和次要层面进行分析整合的嵌入式案例。在此基础上，本书致力于排除干扰性解释找到不同问题之间的共性，以构建适用于不同状况的理论，凝练出更为精确的理论，故本书选用多案例的操作方式。详细原因如下：

第一，多案例研究方法通过对组织情境中上级、同事、家庭与员工之间潜在的作用过程，可基于表象深层次分析有待发掘的概括性构念和作用规律。本书关注社会支持作用于员工工作-家庭增益的促进效果，较为全面地考察了不同组织情境中上级、同事以及家庭支持对员工产生作用的过程，以及员工主观幸福感与其工作繁荣状态的交互影响。第二，研究过程中对外部效度的要求较高，多案例研究凭借其适用性特点能有效满足调研要求。在多案例研究的内在逻辑支持下，通过对典型案例企业的数据进行比较，分析其中存在的异同，更有助于展现社会支持和员工工作-家庭增益之间作用的影响机制。因此，本书借助多案例研究方式，试图在多种视角下，通过对不同渠道的数据进行收集、比较和分析，研究员工工作-家庭增益产生影响的作用机制。本书力求解析社会支持资源与员工工作繁荣状态、主观幸福感以及工作-家庭增益之间发生作用的相互关系，探究选用案例企业的具体实践，分析内在逻辑，搭建较为科学的理论框架。

### 3.1.2　研究案例选择

Miles和Huberman（1994）指出理论抽样原则是定性研究案例选择

的有益参考，其过程是对选用典型案例的信息进行编码和分析。借助理论展开案例抽样能在不同对象中拓宽相关构念，并梳理不同构念之间的关联。Eisenhardt（1989）提出4~12个样本数量在研究中较为可靠，且多数情况下采用偶数策略，可在一致的研究标准下实现案例的选用和研究分析。本书根据上述理论选出4家典型案例企业，具体原因如下：第一，选取企业均具备较为轻松的工作氛围，为员工提供了良好的工作环境和发展空间，鼓励其平衡好工作和家庭间的关系，同时这些企业在各自领域内均有相对显著的工作成果，并对同行业的其他企业具有正面辐射作用。第二，所选案例来自不同类型的行业，有助于本书的最终成果通过行业内产生外溢效果，便于其他企业模仿学习。第三，针对社会支持促进员工工作-家庭增益的研究内容，所选企业均涉及相关内容，能够较为完整地呈现来自上级、同事以及家庭的支持与员工工作-家庭增益之间的关系和作用过程，通过搭建不同构念间的桥梁为理论研究打造基础。第四，为保证研究过程的可靠性和结果的有效性，研究过程注重一手和二手资料的使用，并充分保证数据的完整与科学。围绕社会支持对员工工作-家庭增益的作用机制，前者依托于本书对案例企业展开的调研和访谈，后者依靠梳理案例企业的公开数据与信息来获取。考虑到调研企业的要求，本书遵循保密性原则，以匿名的形式呈现调研结果。

### 3.1.3　案例数据收集

（1）案例数据收集过程

Eisenhard（1989）认为，案例研究的目标是构建理论而不是检验理论，所构建的理论由构念、构念间的关系所形成的命题、命题背后的理论依据这三个要素组成；构念和关系必须来源于数据。本书将通过不同渠道获取的数据进行了相互佐证，并结合三角测量方法，为不同构念间存在的相互关系提供了展开实证分析的基础。案例数据收集情况如图3-1所示。

Seale（1999）认为仅依靠信效度不足以评判定性研究的质量，提出了衡量定性研究质量的三角证据法（methodological triangulation），并将其引入案例研究方法。Eisenhar和Graebner（2007）在研究中表示，二手资

| 案例企业 | 二手资料收集概述 | 资料数据汇总 |
|---|---|---|
| A企业 | 企业官网披露信息（企业简介、企业给予员工家庭的支持等）；梳理关于企业中社会支持、工作-家庭增益等相关权威期刊文献120余篇；收集大众传媒包括新闻媒体和互联网平台关于企业社会支持与员工工作-家庭增益的文章100余篇 | 资料汇总总计5.8万余字 |
| B企业 | 企业官网披露信息（企业简介、企业给予员工家庭的支持等）；梳理关于企业中社会支持、工作-家庭增益等相关权威期刊文献130余篇；收集大众传媒包括新闻媒体和互联网平台关于企业社会支持与员工工作-家庭增益的文章110余篇 | 资料汇总总计10.6万余字 |
| C企业 | 企业官网披露信息（企业简介、企业给予员工家庭的支持等）；梳理关于企业中社会支持、工作-家庭增益等相关权威期刊文献100余篇；收集大众传媒包括新闻媒体和互联网平台关于企业社会支持与员工工作-家庭增益的文章120余篇 | 资料汇总总计9.6万余字 |
| D企业 | 企业官网披露信息（企业简介、企业给予员工家庭的支持等）；梳理关于企业中社会支持、工作-家庭增益等相关权威期刊文献80余篇；收集大众传媒包括新闻媒体和互联网平台关于企业社会支持与员工工作-家庭增益的文章90余篇 | 资料汇总总计4.6万余字 |

图3-1　案例数据收集情况

资料来源：作者依据调研案例企业官网、年度报告、新闻报道等资料整理。

料的应用可以避免出现选取案例与研究主题相关度较高所引起的回溯性偏差。为了获取更为全面的二手资料，本书收集了企业官网、期刊文献、新闻媒体和互联网多方平台所公开的案例企业信息，并以此为重要前提开展研究。此外，除上述二手资料调研渠道外，本书为获取更直接的一手资料还对案例企业展开了多样化方式的调研，包括面谈、电话沟通、视频连线和实地考察。案例分析的研究方法应遵循复制和扩展的逻辑，故本书按照调研主题，选取了4家关注员工工作-家庭增益成果转化的企业作为调研对象。本书通过半结构化访谈、内部资料和外部资料、参与式观察和非参与式观察等方式开展有针对性的数据收集。本书作者先后在2019年7月、2019年9月、2020年6月和8月，对北京、上海、杭州、南京、苏州等地的多家企业展开访问研究，并最终选取了4家目标企业。选取的访谈对象主要为调研企业内的上下级员工。在访谈过程中，由人事部经理出面安排对员工的访谈，以此来保证员工面对访谈的整体状态，确保获取信息的真实可靠。具体的访谈内容主要包括两个方面：第一，针对领导者的访谈，主要了解企业发展至今的总体情况，譬如组织内上下级之间的沟通方式和渠道、领导对工作家庭间关系的总体看法、领导方式与风格，以及企业发展过程中的关键性事件等。第二，面对企业基层员工的访谈，主要关注员工感受到的组织氛围、员工在工作中的生理和心理状况、上下级之间的交流状况、员工对工作家庭间关系的整体看法。随后，对上述两个过程的资料进行比较、验证和归纳总结，结合研究目标，对收集到的数据展开综合分析。总之，依照探索性多案例研究的规范和程序，本书对所选取的4家目标企业的数据资料展开了恰当且准确的编码分析。

Hn（2003）提出调研时的数据收集应该注意参考以下原则：第一，为保证数据的效度，研究资料的来源应该多样而广泛。本书在资料收集时获取了调研企业的部分内部资料和多方平台的公开信息；注重访谈过程中一手资料获取的有效性，针对企业核心管理人员和各类员工展开半结构化访谈，并对部分重要事项采取多渠道调研进行补充。第二，为确保数据的信度，在研究过程中应该参照所选案例建立数据库，将收集到的相关数据纳入所建立的数据库，为后期的凝练和编码提供有效支持。

（2）案例数据信度和效度保障

为确保调研过程的严谨，收据收集过程中本书依照相关理论进行抽样，同时进行较有针对性的访谈，收集企业内不同员工视角下的一手数据，并结合二手数据展开综合分析。Yin（1994）和Eisenhardt（1989）在相关研究中都给出了提高研究可靠性和有效性的方法，本书在数据收集过程中参考相关模式，依照理论支撑展开过程控制。具体方式如下：第一，在案例研究中保证选定步骤的可重复性，并在操作过程中实现研究过程相一致，本书依照相关文献资料和研究初期拟订的计划书展开数据收集流程，搭建数据库，以此保证研究的信度。第二，研究时从构念效度和内外部效度等方面保证对核心构念测量的准确性。研究过程中为保证对构念测量的操作步骤准确，分别对所得访谈信息展开被访者和研究小组两方面的审阅完善；为确保内部效度，通过梳理各构念间的内在逻辑，搭建理论模型，并不断提升模型的匹适度；为保证外部效度，保持了不同案例间调研流程的可复制性。案例研究的具体信效度分析如图3-2所示。

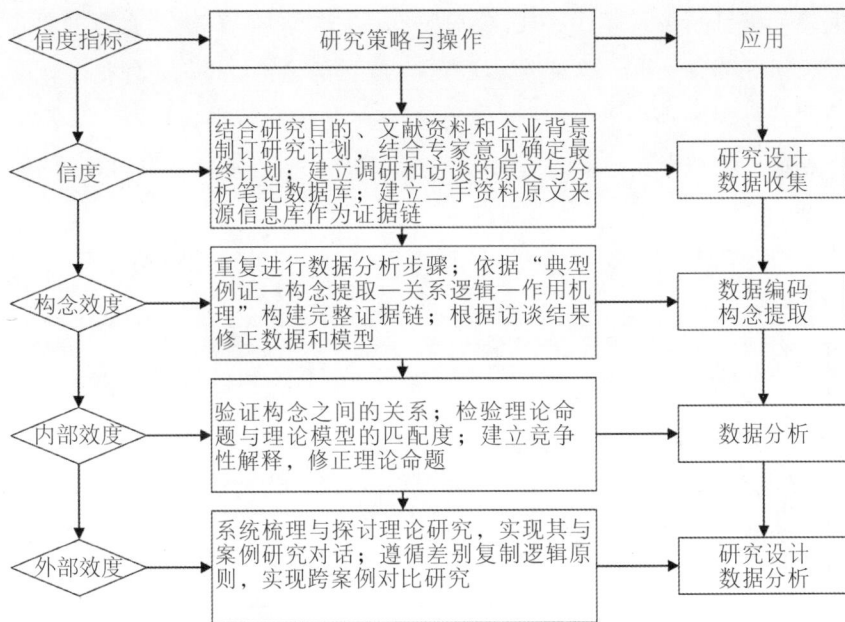

图3-2 案例研究的信效度分析

资料来源：作者依据相关资料整理绘制。

### 3.1.4 数据分析方法

本书通过案例内分析和不同案例间的比较分析两方面来实现数据分析的综合可靠。具体来说，是通过对所选每个企业展开独立且深入的内部分析，基于此结果对4家案例企业的数据信息展开对比和归纳，分别获得一致性和差异性的结果数据，确保研究结果的解释效力。本书参考了苏敬勤和李召敏（2011）的研究，对所选4个案例的数据进行编码，展开内容分析。首先，准确记录来源于不同渠道的信息。其次，依据内容类型进行区分编码。再次，展开资料分析和假设检验。最后，依照逻辑结构，搭建理论模型。

## 3.2 案例企业简介

本书主要围绕企业中的社会支持（包括上级支持、同事支持和家庭支持）展开研究。基于相关文献研究，以调研 4 家案例企业为主要方式，研究社会支持资源对员工工作-家庭增益的作用机制，包括案例企业的选择、内外部资源的获取、多样化的资源获取渠道、员工幸福感知、员工工作表现与家庭角色扮演水平等。案例企业基本资料如图 3-3 所示。

| 企业名称 | A | B | C | D |
|---|---|---|---|---|
| 成立时间 | 2014 年 | 1984 年 | 2017 年 | 2002 年 |
| 所属行业 | 汽车制造 | ICT | 物流供应链 | 文化产业 |
| 总部所在地 | 上海 | 北京 | 西安 | 杭州 |
| 主营业务 | 智能电动汽车 | 智能终端设备 | 仓储、物流 | IP、内容制作以及衍生品 |

图 3-3　案例企业基本资料

资料来源：作者依据企业官网、媒体报道、企业年报等资料整理绘制。

### 3.2.1 A 企业

A 企业是一家智能电动汽车企业，于 2014 年 11 月成立，作为国产高端电动汽车参与全球竞争，专注于为消费者提供优质体验的智能电动汽车，打造轻松愉悦的消费者体验。A 企业的品牌理念表达了为用户创造愉悦生活方式的愿景。截至 2022 年 5 月 31 日，A 企业累计交付量达到 204 936 辆。A 企业注重核心技术的自主研发，对于智能电动汽车的 6

大核心技术，展开独立正向研发，拥有自主知识产权。A企业已在全球13个地区设立了设计、研发、生产和商务机构，在国内汽车领域初步打造出较为完善的用户服务体系。

汽车行业正迎来变革，不仅影响产品与技术，更深刻改变了用户对产品的使用方式和全程体验，智能、电动和自动驾驶是汽车的未来。A企业致力于持续创新行业领先的技术，引领变革，为生活创造价值，致力于打造纯粹、易用、有向往感的产品，为用户带来全感官的愉悦体验。A企业追求技术创新，享受美而智能的设计，向往自由无忧的旅程，并憧憬全球化的社区。A企业拥有布局广泛的充换电设施网络，依托移动互联网为用户提供便捷的充换电服务，缓解消费者对电动汽车的主要担忧。将"用户完成购车"作为企业与用户关系的起点，努力实现双方的愉快体验，并实现促进成长。A企业按照不同城市的整体特征和用户习惯，合理设计企业规划，除常见的品牌营销外，更关注搭建企业与用户之间的桥梁，形成较为完整的服务体系，实现对汽车行业服务模型的思考与重塑。

### 3.2.2　B企业

B企业成立于1984年，是一家业务遍及180个市场的全球化科技公司，由中国科学院投资20万元人民币、11名科技人员创办。在企业成长发展历程中，B企业坚持为中国消费者提供持续创新的技术产品，贯彻"让用户用得更好"的理念，助推国内科技信息行业不断进步。B企业聚焦全球化发展，持续开发创新技术，为企业的全球用户提供具有独特性、更加优异的服务与体验，致力于建设一个更加包容、值得信赖和可持续发展的数字化社会，引领行业内信息技术的智能化发展与变革。B企业始终秉承"智能，为每一个可能"的理念，为消费者打造优秀的应用载体，提供更好的服务和体验，并通过完善的基础设施覆盖和云计算能力，为全行业提供智能解决方案。与此同时，B企业致力于设计、开发与制造全球领先的端到端智能设备与智能基础架构产品组合，为消费者提供多样化的智能终端设备。作为企业数字化和智能化解决方案的全球顶级供应商，努力成为行业智能化变革的引领者和赋能者。

B 企业将进一步扩展和提升服务业务，以服务和解决方案为导向推动转型的深入，在未来的 10 年里，把服务和解决方案打造成新的核心竞争力。在新的环境要求下，B 企业将自身的发展使命概括为以下四项：第一，为顾客生活的便捷、轻松和多彩提供信息技术、工具和服务；第二，为员工打造充分的发展空间，发挥员工的内在潜能和价值，提高生活品质；第三，为股东的长远利益考量，维护股东利益；第四，为社会提供更加优质的网络化工具，助推社会文明进步。

### 3.2.3　C 企业

C 企业于 2017 年 4 月正式成立，是中国领先的技术驱动的供应链解决方案及物流服务商。一体化供应链物流服务是其核心赛道。当前，C 企业致力于打造一站式商品供应方案和配套物流服务，聚焦于电子设备、服装家电、生活服务等产品类型，协助客户提升库存管理水平，优化内部资源分配。除此之外，C 企业在长期的发展历程中注重总结经验，能够针对不同的问题打造多元化解决方案，对不同的产品及平台之间进行统筹管理，提供更灵活的调用与组合方案。C 企业服务范围覆盖了中国几乎所有大中小城镇和地区。C 企业努力建设电商平台与消费者之间的互信联系，同时针对各大电商平台存在的时滞性问题提供限时达和上门服务，发挥刺激作用优化全行业的物流服务标准，客户体验持续领先。在国家邮政局已公布的 2022 年单季度快递服务公众满意度调查中，C 企业持续位居第一梯队，并在第三季度位居首位。

基于数字网络的高速发展，C 企业不断扩大软件、硬件和系统集成的三位一体的供应链技术优势，包括自动搬运机器人、分拣机器人、智能快递车，以及自主研发的仓储、运输及订单管理系统等众多核心技术产品和解决方案，已经涵盖了包括园区、仓储、分拣、运输和配送等供应链的主要流程和关键环节，自主研发的仓储自动化解决方案处于全行业领先地位，全面提升了预测、决策和智能执行能力。2017 年，C 企业整合归纳目前拥有的现代管理系统、设计规划、运营标准和历史经验，结合技术背景和行业发展趋势推出云仓模式，进一步改善了仓库的资源管理，提升了仓库的利用率，协助部分中小物流企业提升了服务水平。

截至2022年12月31日，C企业运营超1 500个仓库，其仓储总面积超3 000万平方米。同时，C企业还在全球拥有近90个保税仓库、直邮仓库和海外仓库，总管理面积近90万平方米。C企业立足于实体企业属性，广泛招募创新型人才，不断强化数字技术的研发，主动打造新型实体企业。C企业始终以"有责任的供应链"践行使命担当，扎根广阔的实体经济，促就业、保供应，持续创造社会价值。多年来，C企业始终注重一线员工薪酬福利保障，坚持为一线员工缴纳"五险一金"，并提供有行业竞争力的薪酬福利保障。截至2022年12月31日，C企业已拥有一线员工人数超过37万，自有配送人员达29万。

### 3.2.4　D企业

D企业是一家生态型文化企业，成立于2002年6月，并于2012年9月在深圳证券交易所挂牌上市，主要涉足IP衍生品设计研发生产、动漫、宣发、游戏、影视等领域。公司总部位于浙江杭州，在欧美国家以及北京、上海、深圳等地拥有30余家分公司及子公司。D企业以"推动IP的全面商业价值实现，创造美好的精神消费体验"为使命，致力于成为全球知名的文化创意类公司。如今，D企业依托自有IP，持续投入新型内容制作，加强对所拥有产品内容的发行，结合新媒体平台创新运营模式，依据现有IP促进衍生品的设计与开发，打造线上线下销售平台，形成一体式文化生态圈。通过以原创内容为中心、多层次平台为出口、衍生产品为变现途径的模式，D企业已形成全产业链生态一体化的核心竞争优势，并加快实现文化生态圈的构建，为大众创造更美好的精神消费体验。

D企业先后获得迪士尼、杰克仕的授权，成为《魔兽》电影官方玩具产品的中国总代理。生产基地占地10万余平方米，专注于迪士尼形象、电影形象、西方传统节日、国内COSPLAY动漫衍生品、非洲头巾创意产品生产。年产各类动漫服饰及衍生品2 000多万套，出口欧美十多个国家和地区。D企业出品国内首部原创美少女三维动画等多部动画作品，多部作品获得国家广播电视总局"推优"，更有作品入围法国戛纳电视节（MIPCOM）青少年节目单元评选。除动漫内容生产外，公司还布局动画播放平台以及漫画分发平台。此外，D企业注重宣发领域的业务发展，为广告产业链上、下游客户提供产品、技术、发行、付费、广告变现、运营数据分析和支撑等多元化平台服务，不断完善以IP为核心的泛娱乐生态布局。除了衍生品生产、动漫、宣发，D企业注重IP原创，以自媒体、游戏、影视、二次元为中心，布局自媒体运营平台、游戏综合性运营推广平台、VR体验与消费平台、AR内容研发与分发平台，致力于打造以COSPLAY为核心的健康二次元生态，广泛涉及动漫、同人、展会、游戏等板块，丰富了二次元产业布局。

## 3.3 基于案例分析的构念与内涵

本小节是为了简单地分析本书所选择的公司案例，重点关注公司的资源流动机制对员工工作-家庭增益的影响，用定性的资料和定量的数据分别对所选取4家案例中的社会支持、工作繁荣、主观幸福感和工作-家庭增益进行描述性分析，从而通过得到的结构化的数据信息，来深入分析各变量之间的关系。

### 3.3.1 社会支持

社会支持一般是指来自社会各个方面提供给个体的精神或物质帮助，包括来自上级、同事和家庭等方面的支持。Greenhaus和Powell（2006）指出，社会支持（又称社会资本资源）与工作-家庭增益密切相关，其中一个领域的社会支持可以提升另一领域的生活品质。一方面，社会支持是影响工作家庭冲突的关键因素，已有研究发现家庭、上级、同事支持与工作-家庭冲突之间具有显著相关关系。另一方面，社会支持是生活中无形的力量，能够促使个体对生活抱有积极的态度，协助其克服生活中的困难和挫折。以下是各案例企业员工的社会支持情况。

（1）A企业

紧跟市场的发展趋势，A企业投入大量资源开发新赛道，其中，上级支持和同事支持是推动企业自主创新的重要动力。首先，A企业的管理层为了激励员工创新研发，不断突破技术壁垒，提供更多的安全保障和更舒适的工作环境，推进企业自主创新并取得突破性的进展。其次，各个部门之间的合作更加密切，研发部门与 IT 部共同构建了在线项目管理系统，不仅强化了企业数字化管理，也提高了研发交付效率。与此同时，企业还运用各种形式，对创新激励分配进行了深入的研究，对作出杰出贡献的科技人才进行奖励，并对重大创新进行重点奖励。A 企业已在国内建成 25 家企业中心，覆盖 21 座城市，并推出了"Power North"项目，计划在未来 3 年内，在黑龙江、吉林、辽宁、内蒙古、宁夏、甘肃、青海、新疆等 8 个省份和自治区，建设 100 座换电站、500 座超级充电站、1 万多个目的地充电桩、2 000 多个超级充电桩并配套 120 辆移动充电车。

（2）B 企业

B 企业的管理人员以一种开放包容的心态来看待研发以及创新相关的问题，在创新的过程中，允许员工进行不断的尝试，支持他们全身心地投入到研究中，去挑战自己，去尝试新技术。同时，管理者提供财力帮助等物质资源支持，注重向员工表达关心与爱意，并向个体传达赞扬或肯定的讯息，通过工具性、情感性和资讯性支持推动员工不断发展。同事间工作配合度高、效率高，各部门各司其职、各尽所能，推动整个研发进程不断加速。B 企业下分 IDG、ISG、SSG 三大业务集团，全球约有 8.2 万名员工，业务遍布 180 多个国家和地区。2021—2022 财年，B企业全年营业额近 4 600 亿元人民币。

（3）C 企业

C 企业始终注重一线员工薪酬福利保障，坚持为一线员工缴纳"五险一金"，并提供有行业竞争力的薪酬福利保障。稳定的收入、五险一金等福利保障，让员工在工作过程中感受到被尊重，也让他们能在这一过程中产生强烈的职业责任感以及对企业的认同感。如果员工住所需要变动，可以申请入驻公司宿舍过渡，并且如果需要紧急搬家，还可以申请公司车辆无偿使用。C 企业还为员工提供了一定的关怀费用。C 企业不仅为员工提供了宿舍，还为员工提供了亲子幼儿园。通过各项制度支持，C 企业提供了上级、同事和家庭支持性资源，激励员工更好地实现工作目标。

（4）D企业

D企业提倡快乐工作，不断巩固思想阵地。D企业主张，工作的快乐来源于成就感，要保持积极乐观的思想态度、充满正能量，尤其是公司领导，要以身作则，起模范带头作用，与同事以心换心，形成坦诚、公平、友好、合作的工作氛围。经过十几年的沉淀，D企业现已构建出"自有/授权IP+内容制作分发+新媒体运营+衍生品开发生产+全渠道零售"的产业生态。D企业在产业数字化和互联网板块进行了持续探索，包括动画剧集制作，国内衍生品生产基地数智工厂能力的提升改造，自有IP"同道大叔"发行的多款数字藏品，电商APP环球微卡，以及互动游戏型电商产品"惊喜盒子"等。与此同时，公司还在短视频、直播电商领域进行了布局，目前已通过围绕社交媒体渠道的电商运营赋能数十个合作品牌以及3 000多个达人IP。

此外，在访谈过程中，样本公司的主管及员工也提出相应观点，从实践角度进一步为变量研究提供了论据支持。

C企业的员工在采访时表示："公司对工作的支持非常重要，因为公司提供了必要的资源和工具来帮助我们完成工作。此外，公司的管理层也非常开明，支持我们的个人和职业发展。公司还鼓励我们参加培训和进修课程，以提高技能水平和专业知识。同事之间的合作和支持对工作成果也有着重要的影响。同事之间的相互协作和鼓励让我更有动力去完成任务和达成目标。家人的理解和支持帮助我更好地平衡工作和家庭责任，并且在工作中遇到困难时也能给予我支持和鼓励。"

A企业的主管在采访时表示："作为一家优秀的公司，我们始终致力于为员工提供全面的支持，以确保他们能够在工作中取得成功。我们会定期组织各种培训和发展计划，帮助员工获得新的技能和知识，提高职业素养；提供完善的健康保险和福利计划，确保员工身体健康并能够平衡工作和生活；重视管理和领导力的培养，帮助员工成长为优秀的领导者；鼓励员工采取灵活的工作方式，并提供远程工作和弹性工作时间等选择。员工的家庭是他们工作的重要支持系统之一，公司还定期组织家庭活动，为员工的家庭成员创造一个轻松愉悦的氛围；并为员工提供家庭援助、子女托管等员工支持计划。"

通过以上对企业的调研和对员工及主管访谈的分析、总结，可知个体间相互关心、帮助以及鼓励和肯定即为社会支持，其主要包括在工作过程中感知到的上级为员工提供的正面社会介入和资源，同事提供的有助于完成工作任务、缓解家庭生活角色压力的情感和物质资源，以及家庭提供的情感性支持和物质保障。

### 3.3.2 工作-家庭增益

依照 Greenhaus 和 Powell（2006）的定义，工作-家庭增益指的是，个体在其中某一领域的角色参与能促进其另一种角色生活质量提升的程度。Greenhaus 和 Powell（2006）开发的工作-家庭增益量表将其分为工具路径的增益和情感路径的增益，具体表现为工作对家庭的增益和家庭对工作的增益两个维度。其中，工作对家庭的增益是指个体通过参与工作活动而收获的资源、知识、技能等内容能够对改善家庭生活品质产生正向作用；家庭对工作的增益则表示个体家庭生活的体验能够通过多种方式对个体自身产生影响，进而有助于其工作表现的提升。以下是各案例企业中员工工作-家庭增益的情况。

（1）A 企业

A 企业为促进员工工作与家庭间实现平衡，提升员工的工作-家庭增益，制定了如下举措：①建立帮助职工平衡工作和家庭责任的制度，并制订实施方案，确保方案实施；将帮助职工平衡工作和家庭责任的措施纳入集体合同。②向职工宣传相关制度规定，让职工知晓单位提供的相关福利和服务，并及时告知相关规定变化的情况。③对男女职工进行共同承担家庭责任和社会责任的教育。④提供灵活安排工作时间或减少工作时间的选择，包括提供远程办公的选择。⑤允许职工紧急休假，以承担紧急的照顾责任。⑥当员工有必要调动工作地点时，应考虑到其配偶的工作问题和孩子的教育问题，可以考虑为员工子女提供托幼服务和托管服务。

（2）B 企业

B 企业实施家庭式管理，好处在于企业氛围会比较融洽，使员工在工作中的感受比较愉悦，心态也比较放松，并会相应地将这种情绪状态带入家庭生活中，有利于员工在家庭中营造和谐的氛围，进而得到家人对其工作的支持。此外，B企业对不同职业生涯阶段的员工的个体特征、家庭需求以及工作对家庭的影响等方面进行了深入研究，并在此基础上对其进行了相应的指导、支持和调整。例如，公司采用灵活的工作方式，让员工可以自主安排自己的工作时间，这不仅给提高了员工的幸福感，还明显提高了公司的效益。适当的工作灵活性有助于员工保持工作-家庭平衡，从而能够更好地处理工作领域与家庭领域中的各项事务，从而获得更多的可自由支配时间。与此同时，在工作过程中因为拥有了一定的自主权，员工会觉得自己受到了尊重而产生工作责任感，进而增加工作满意度并提高士气。

（3）C企业

C企业在"家庭日"活动中，利用组织探亲、家庭聚会等方式，增进企业与员工家人的交流，让员工家属了解和理解员工的工作，从而反映出公司对员工及家属的关爱。此外，公司在每年的活动日会邀请众多员工家人来公司探望，让家人或亲属了解员工在公司工作是多么的安全。与此同时，还会展示员工的工作成绩与成果，从而激发员工家属的自豪感，进一步获得家属对员工的理解。在每年的"家庭日"活动中，C企业员工与家属打破了工作领域与家庭领域的壁垒，同喜同乐。

（4）D企业

D企业在与其员工进行信息交流的过程中，会对员工在家庭方面的困难进行实时的了解，并对其予以诸如实行弹性工作制、设立托幼机构等具有针对性的支持。另外，D企业设立专门机构并配备专业的调解人员为公司员工提供解决家庭问题、缓解工作压力方面的支持，并对其进行精神、心理等方面的辅导；此外，实施职务分担制度，即两名或两名以上的员工可以一起做一份全职的工作，这样员工就可以有更多的资源投入到家庭领域。D企业还提供支援服务，例如婚姻家庭、亲子教育方面的弹性福利项目。

此外，在访谈过程中，样本公司的主管及员工也表达了相应观点，从实践角度进一步为变量研究提供了论据支持。

D 企业的员工在采访时表示："我的工作允许我有时间陪伴我的家人。首先，我的工作时间非常灵活，这使得我能够安排适合我家庭日常生活方式的工作时间。我的家庭对我的工作也提供了很多帮助。首先，他们支持我，鼓励我追求自己的目标。他们理解我的职业需求，也明白我的工作在家庭中的重要性。此外，我的家人还为我提供了宝贵的帮助。他们会帮忙做家务、照顾孩子，以及在我需要的时候为我提供精神上的支持。这些都让我能够放心地去专注于我的工作，而不必担心家庭中的事务。"

B 企业的主管在采访时表示："作为一位主管，我认为工作和家庭之间的平衡非常重要。在我们的企业中，我们采取以下措施帮助员工找到这种平衡：第一，灵活的工作安排。我们提供弹性工作时间和远程工作的选择，以便员工能够更好地平衡工作和家庭生活。第二，家庭支持计划。我们为员工提供家庭援助、子女托管等支持计划，以便他们专注于工作而不必担心家庭事务。第三，员工支持计划。我们鼓励员工参与各种培训和发展计划，建立健康的工作习惯，保持良好的心理健康和管理技能，使他们更加成功地平衡工作和家庭。"

通过以上对企业的实践调研和对员工及主管访谈的分析、归纳和总结，本书认为工作-家庭增益是指个体在其中某一领域的角色参与能促进其另一种角色生活质量提升的程度。工作对家庭增益展现了个体的工作效能加强了家庭品质，家庭对工作增益则表示家庭的福祉加强了工作品质。个体从扮演工作角色的过程中收获的积极情绪等，会在其扮演家庭角色时产生促进效应。

### 3.3.3　工作繁荣

工作繁荣是一个新的研究角度，即个体主动地、自觉地推动自身工作的发展与进步，而不是消极地达到一种满足的状态（Spreitzer et al.，2005）。工作繁荣的社会嵌入模型考察了工作情境是通过何种机制来促进工作繁荣的，以及个体是如何创造条件来增加活力和学习体验的，该模型认为工作中产生的资源和工作环境的社会结构特征是促进繁荣的主要因素。此外，已有研究表明个体工作繁荣状态的重要前提就是必须充满能量（叶蒲、胥彦、李超平，2022），内部资源和组织所提供的外部支持资源，能够影响员工行为和工作繁荣程度，避免员工产生大量资源损耗，有助于资源增值，有益于员工良性行为的产生。以下是各案例企业员工工作繁荣情况。

（1）A企业

工欲善其事，必先利其器。A企业的员工利用公司的平台和资源，大胆地进行创新。研发汽车部件的事业部员工致力于强化和升级本部门的产品，为大众提供设计理念新颖、功能丰富、系统科学的方案；技术人员在不断地学习与探索中，经过对算法的持续改进，最终能够做到借助软件对电机、轴承等部件进行温度监测；公司利用先进的工具链让软件能够进行自动化测试，这样就可以帮助设备在夜间进行错峰检测，从而提升工作效率，进而可以及时地发现程序的故障和功能的缺陷，加快优化软件功能。A企业的汽车工程师们表示，接下来会积极投身到电动化、智能化以及全球化的浪潮中，继续创新技术，助推行业高质量发展。

（2）B企业

B企业注重员工的学习和成长，通过专业化的培训，为员工的"学习"和"活动"提供坚实基础和保障。B企业搭建了全球学习中心，下设四大研修院：国际化及商业实践研究院、智能化转型研修院、科技赋能研修院和人才发展研修院。基于B企业的最佳实践与行业经验，四大研修院提供覆盖国际化管理、智能化转型、新IT技术等方面的实战课程，以及为培养领导者及高潜力人才、支持人才梯队建设的完备课程体系。国际化及商业实践研究院为国内外企业高管、商学院精英等提供"跨国企业战略经营和管理"的相关课程，培养人才，助力战略与领导力、财务与法务、文化等各个方面的体系建设，赋能企业成长。智能化转型研修院通过"智能化转型蓝图与实践"系列课程，提升中高层管理人员和核心骨干对智能化转型的认知，赋能政企智能化转型实践。科技赋能研修院提供产业数字化关键技术应用课程，提高企业先进科技的技术能力，提升技术人才的储备，帮助企业实现智能化转型。人才发展研修院以B企业的人才标准、文化要素以及领导力要素为核心，通过内部专家团队独立自研以及与全球顶尖培训机构共同开发课程，经过多年实践沉淀，构建了完备的"4+1"学习发展体系，以培养领导者和高潜人才、巩固全球业务的人才梯队建设。从2021年公开的数据来看，B企业已经拥有了一支13 900人的研发队伍，并将在之后的3年内扩招12 000人。

（3）C企业

C企业重视企业理念的打造，特别关注员工成长。2012年1月1日，C企业的创立者在年度会议中提出，要将培训作为公司的一项重要战略，并要求在各类人才的培养中，一半以上的经理人才要由公司内部培养。随着企业的发展，C企业逐步形成了以企业文化为核心，以提升员工业务技能及管理能力为主线的七大培训课程体系。与此同时，C企业始终重视给员工提供发展机会，不仅重视对内部员工进行培训，还招聘应届毕业生作为管培生，让他们对企业的价值观、理念有更深刻的理解和认同，以适应公司各个方面的管理特点。通过系统完善的培训体系搭建，C企业极大地调动了企业内员工的工作积极性，激发了员工高水平工作繁荣的状态。

（4）D企业

D企业不断发展完善包括"理想家培训计划"、新员工入职培训等在内的培训体系，培训课程涵盖企业文化、OA系统、项目介绍、公司人力、行政、财务等相关制度，为员工职业发展保驾护航。访谈中，D企业管理者赵总强调："要把人才放到合适的位置上，多看人才的优点和长处，形成欣赏别人优点的工作氛围；并让人才得到足够的回报，受到尊重，有荣誉感和尊严。"通过培训体系和激励机制，D企业员工不断自我创新，持续推出原创IP和原创作品，包括《星学院》、《梦回三国》、Wemedia自媒体平台等一系列成果，有助于D企业不断完善以IP为核心的泛娱乐生态布局。

此外，在访谈过程中，样本公司的主管及员工也表达了相应观点，从实践角度进一步为变量研究提供了论据支持。

A企业的员工在采访时表示："公司非常注重员工的培养和发展，提供了各种培训和学习机会，帮助我提高自己的技能和知识，让我在工作中获得了更多的成就感和自豪感。除此之外，公司实行的'共享经验'制度也让我受益匪浅。我们团队内部经常进行交流分享，这让我从其他同事的优秀工作中获得灵感和启示，更好地应用到我的工作中去。公司也非常注重员工的工作满意度和幸福感，提供了各种福利措施和政策，如健身房、健康保险和带薪休假等，让我们的身心得以全面放松和恢复。"

C企业的主管在采访时表示："公司非常注重员工的培养和发展。我们提供各种培训和学习机会，帮助员工提高技能和知识水平，以更好地适应和应对市场的变化和挑战。同时，我们鼓励员工自主学习和互相分享经验，不断改进和提升能力。这样的支持对于员工和公司来说是双赢的。员工可以从学习中获得成就感和自信心，并将所学到的知识和技能应用到他们的日常工作中。公司也可以从员工的学习和成长中受益，减少员工的错误和失误，并提高业务效率和质量。我们提供各种生活福利和健康保障，如健身房、医疗保险和带薪休假等，支持员工在工作之余得到全面的身心放松和恢复。同时，我们鼓励员工参与志愿活动和社交活动，让员工更好地认识自己的社会责任感和价值观。"

综合以上分析和案例研究结果，企业提供的资源可以有效激发员工的工作繁荣状态。工作繁荣既包括个体在工作过程中的活跃和热情的状态，又包括个体获得和利用知识、技能建立自信的能力。组织的资源和情境特征对个体繁荣的影响机制表明，它们能够共同激发员工的工作主动性，从而促进个体繁荣。

### 3.3.4　主观幸福感

主观幸福感（SWB）由认知和情感成分组成，包括了正面情绪和负面情绪，是两者相互作用平衡的结果，更是人们对生活的评价。以生活满意感为例，它是指人们根据内在的标准对自己生活质量进行整体性评估。而主观幸福感作为个体的一种主观性体验，主要包括认知和情感两部分，分为生活满意感、积极情绪和消极情绪3个维度。进一步而言，个体所体验到的满意度高，所产生的积极情绪会随之增加，进而消极情绪逐步减少，生活幸福感较强。在主观幸福感测量方面，Su等（2014）

依照实证研究编制的测量量表较为权威，其将主观幸福感划分为整体生活满意感、积极情绪和消极情绪体验3个维度。以下是各案例企业中员工主观幸福感的情况。

（1）A企业

A企业积极帮助员工做职业生涯规划，使得员工将个人发展目标融入企业发展目标，从而建立起跟随企业一起成长和发展的个人发展计划，提高了员工的忠诚度，让员工感觉到工作的意义，带给员工更多的幸福感。A企业还积极营造宽松活跃的工作氛围，这是让员工感觉到幸福的重要条件。宽松活跃的工作环境，能够帮助员工保持心情愉悦，也能培养员工待人处世的正确方法，让员工在这样的环境中更好地处理好人际关系，这样员工的心理压力减轻，幸福感也会大大提升。

（2）B企业

B企业帮助员工进行自我幸福感管理。员工的幸福感很大程度上来源于自身的心理，企业可以通过外部措施来影响员工心理，帮助他们提升幸福感，但也要关注员工自身的心理素质。B企业积极帮助员工树立起积极向上的乐观心态，并且采取措施提高员工的自我情绪管理能力，以此来帮助员工进行自我幸福感管理。此外，B企业为了让员工能够在工作中充分发挥自己的潜力并感觉到自己被公司所尊重，为员工提供了丰富多样的技能训练机会，这极大地提高了他们的企业归属感和幸福感。

（3）C企业

对许多员工而言，薪酬福利与工作幸福感挂钩。一个具有行业竞争力且符合公平原则的薪酬福利体系，是提高员工幸福感的重要因素。C企业建立了一个符合公司实际情况的绩效与薪酬合理结合的薪酬福利制度，能够使薪酬的激励作用得到最大限度的发挥。除此之外，公司还为员工提供了诸如休假、生日礼品、奖金、旅游等丰富的员工福利，这些都是提高员工幸福感的有效措施。与此同时，C企业还鼓励员工更多地参与到公司的经营管理活动中来，听取员工的意见和想法，让员工充满激情地投入到工作之中。

（4）D企业

D企业帮助员工做好自己的事业规划，以使其能更好地找到适合自己的职业发展道路。员工通过提升个人的能力和积累经验，可以在公司内部获得晋升和发展的机会，因此，激励员工持续地提高个人工作绩效，是推动公司发展和提升员工幸福感的重要方式。除此之外，如今的工作环境给员工带来了很大的压力，尤其是那些工作时间长、资源损耗过大的工作会让员工的工作积极性下降，从而对他们的幸福感产生负向的影响，甚至有可能导致员工离职。因此，D企业把促进员工工作家庭平衡作为其主要着眼点，把提高员工的幸福感作为管理的重点。

此外，在访谈过程中，样本公司的主管及员工也表达了相应观点，从实践角度进一步为变量研究提供了论据支持。

B企业的员工在采访时表示："公司注重员工的生活质量，在以下三个方面对我的生活满意感产生了积极影响：首先，在工作平衡上，公司鼓励员工做到工作与生活的平衡，允许弹性工作或者远程办公等形式。其次，在福利待遇上，公司提供了完善的福利待遇，如医疗保险、带薪休假、健身房等，并且经常会组织员工旅游、聚餐、团建等活动，使得员工在日常生活中能够享受到一定的生活质量。最后，在照顾员工方面，公司非常关心员工的个体情况，给予相应的支持和帮助，帮助员工度过艰难时期。公司鼓励开展团队合作，提升效率。在这个过程中，我不仅可以与同事相互理解，分享资源，还可以获得更多知识和实践经验。这些措施可以让我更好地参与到公司的工作中，享受到积极的情绪，并有动力去实现更好的业绩。"

D企业的主管在采访时表示："我们致力于创建一个有利于员工生活的环境，公司注重员工的工作和生活平衡，提供相应的工作灵活性，使员工能够在尽职的同时兼顾个人生活。例如，公司允许弹性上下班、远程办公以及带薪休假等。公司提供完善的福利待遇，包括全面的医疗保险、年度健康体检、免费的午餐等，这些福利起到了舒缓员工压力、提高员工生活质量的作用。公司非常关注员工的个体情况。例如当员工生病或家人去世等，公司会给予适当帮助和支持，让员工有一种被关爱和被尊重的感觉。这些措施都使我感到公司非常重视员工的生活满意感，从而也增强了我的满意度和忠诚度。"

综上，本书认为主观幸福感体现了一种内心愉悦、生活满足的状态，它不仅对个体的生活体验感、身心健康、人际关系等产生重要影响，也有助于个体增强积极主动的工作状态，提升学习和活力的双重状态，增进个体工作表现，实现更好的绩效水平和个体发展。主观幸福感涵盖了两个重要维度，即生活满意感和情感体验。生活满意感作为个体认知因素，是对个体生活质量的综合性评价，也是主观幸福感评价的关键指标。情感体验作为个体情绪状态的表现，包括积极情绪和消极情绪两个方面，且两者的影响因素和驱动机制也有所不同。

## 3.4 基于案例分析的理论模型构建

### 3.4.1 社会支持与工作-家庭增益

通过对4家案例企业的分析，企业内社会支持包括上级、同事和家庭支持3个维度，3个维度对员工工作-家庭增益均有显著作用。A企业领导者定期向生产、研发、营销等部门询问相关问题，并及时根据各部门需求提供相应的物质和精神资源，提高汽车从研发设计到产销过程的全流程有效管理，为员工提供共享信息渠道。这一过程形成汽车研发、生产与销售等环节的协同效应，推动跨部门员工间协同合作，促进企业员工科技创新转化水平的提高，有助于进一步完善销售服务网络的布局。B企业对不同职业生涯阶段的员工的个体特征、家庭需求以及工作对家庭的影响等方面进行了深入的研究，并在此基础上对其进行了相应的指导和支持，并对其进行了相应的调整。C企业始终重视给员工提供发展机会，不仅重视对内部员工进行培训，还招聘应届毕业生作为管培生，通过搭建系统完善的培训体系，极大地调动了企业内员工的工作积极性。公司在每年的活动日会邀请众多员工家人来公司探望，让家人或亲属了解员工在公司工作是多么的安全。D企业加强与员工的信息沟通，有针对性地给予员工帮助，如提供弹性工作制、建立婴儿与老人照料中心等。

此外，在访谈过程中，样本公司的主管及员工也表达了相应观点，从实践角度进一步为变量间的关系研究提供了论据支持。

B企业的员工在采访时表示："作为一名员工，我认为社会支持对工作-家庭增益有着非常重要的作用。在我工作的这个公司中，我得到了来自不同方面的支持，让我感受到公司对员工的关心和照顾，同时也让我能够更好地平衡工作和家庭。"

D企业的员工在采访时表示："我们公司提供了很多生活福利和工作环境上的支持，让我们感受到在公司这个大家庭中，每个人都能获得关心和帮助。例如，公司提供灵活的工作时间和远程办公的选择，让我们可以根据自己的需要安排工作时间和家庭生活时间。同时，公司还提供了完善的医疗保险、健康体检和免费的午餐等福利，让我们可以更专注于工作，减轻了家庭负担。公司提供的支持对我们平衡工作和家庭非常重要，这些支持共同为我们创造了健康、平衡和愉快的工作-家庭生活。"

A企业的主管在采访时表示："我们一直致力于为员工提供全面的支持，使他们能够在工作和家庭这两方面取得平衡。首先，从工作方面来看，公司注重员工的福利待遇，为员工提供完善的健康保障、职业规划发展和各种形式的培训机会等。这些措施让员工能够更加专注于工作，提高工作效率和质量。其次，在家庭方面，公司提供了灵活的工作时间和远程办公机会，允许员工在照顾家庭的同时也能更好地完成工作任务。最后，家庭的支持可以帮助员工缓解工作压力，提供情感上的支持和鼓励，也可以为员工提供实质性的帮助，如家务分担、带孩子等。家庭的支持可以让员工更好地平衡工作和生活，提高其工作效率。我认为公司和家庭都需要为员工的工作和生活提供支持，以共同创造一个健康、平衡和愉快的工作-家庭环境。"

企业案例与关于工作-家庭增益的相关研究表明，来自亲属、同事及友人的支持性资源能够通过情感路径对工作-家庭增益的实现造成影响。上级支持作为工作资源，对缓解员工工作压力、处理工作-家庭冲突和提升员工幸福感具有关键作用。同事支持通过帮助员工按时完成工作任务，有效降低了工作负荷对工作紧张的影响。个体从家庭域中获得的多样化资源是来自家庭支持的重要表现形式之一，能够对个体的现有资源进行丰富和完善，激发个体内在的积极情绪，从而体现出正向的行为表现。这些从社会支持中获得的工作经验和资源正是员工产生工作对家庭增益的主要因素。

### 3.4.2　社会支持、工作繁荣与工作-家庭增益

通过对4家案例企业的编码分析，企业内工作繁荣包括学习和活力两个维度，这两个维度对员工工作之于家庭增益和家庭之于员工工作增益均有显著作用。A企业的管理层为了激励员工创新研发，不断突破技术壁垒，为员工提供了越来越多的安全保障和舒适的工作环境，这有助于企业实现自主创新并取得突破性进展。B企业管理者为员工提供财力帮助等物质资源支持，注重向员工表达关心与爱意、向员工传达赞扬或肯定的信息，通过工具性、情感性和资讯性支持推动员工不断发展。B企业搭建了全球学习中心，下设四大研修院，基于B企业最佳实践与行业经验，以人才标准、文化要素以及领导力要素为核心，加强人才梯队建设。C企业始终坚持为一线员工缴纳"五险一金"，并提供具有行业竞争力的薪酬福利保障；通过各项制度支持，提供了上级、同事和家庭支持性资源，满足了员工生理、安全、归属、尊重以及自我实现的需要，不断激发员工的工作活力和学习状态。D企业不断发展包括"理想家培训计划"、新员工入职培训等在内的培训体系，培训课程涵盖内容广泛，为员工职业发展保驾护航。D企业管理者认为，工作的快乐来源于成就感，要保持积极乐观的思想态度，充满正能量。

此外，在访谈过程中，样本公司的主管及员工也表达了相应观点，从实践角度进一步为变量间的关系研究提供了论据支持。

C企业的员工在采访时表示："作为一名员工，我不仅得到了来自公司的支持，还得到了同事和家庭的帮助，让我能够更好地平衡工作和生活，不断提高自己的学习能力和工作活力，促进了我与家庭的关系。首先，公司注重员工的职业发展，提供了各种培训和学习机会，让我得以不断提升自己的技能。其次，公司也鼓励员工参与各种活动，如健

身、社交活动等，让我有更多的机会锻炼身体和放松心情。这些支持和机会让我精力充沛，充满了学习的动力，使我在工作和生活中都能保持轻松愉悦的状态。再次，由于我的工作变得愉快且更容易，我有更多的时间和精力去陪伴家人，并且也更加愿意与家人分享自己的经验和知识，帮助他们更好地发展自己。最后，我的学习和成长也让我变得更加独立和自信，在家庭中能够更好地承担相应的责任。"

D企业的主管在采访时表示："公司提供的支持和机会让员工能够更好地平衡工作和生活，提高自己的学习动力和工作活力，并将这些积极的影响带到工作和家庭中。我们不仅关注员工的工作表现，也注重员工的身心健康和家庭生活，尽力让员工在公司和家庭之间实现平衡和全面发展。由于身心健康的保持，员工能够更好地平衡工作和生活之间的关系，更有精力和时间陪伴家人和朋友，提高与家庭的互动和沟通质量。这些积极的影响让员工在工作和家庭中都能得到收获和成长。"

A企业的主管在采访时表示："在公司管理中，我们一直注重员工的发展和生活，为员工提供全面的支持和帮助，让他们能够更好地平衡工作和家庭，提高自己的学习动力和工作活力，从而促进工作与家庭之间的关系。我们注重员工的培训和发展，提供了各种形式的培训和学习机会，让员工能够不断地提高自己的技能和知识水平。同时，我们也注重员工的身心健康，为员工提供健身房、运动场地和各种体育运动俱乐部等设施，让员工能够在工作之余也能放松身心。这些支持让员工充满了学习动力和精力，使得他们能够更好地应对工作和家庭的挑战。良好的状态进而促进了员工的工作和家庭间的平衡。由于员工的学习和成长，他们能够更好地处理工作上的问题和挑战，提高工作效率和质量。"

企业案例与社会支持、工作繁荣及工作-家庭增益的相关研究表明，个体在工作中所具有的主动与活力状态对员工产生的积极行为有持续的推动力，个体可以结合现有的知识储备，通过自身学习能力的提升实现新的知识增加，并将其充分应用于工作实践，然后结合自身资源以实现新的资源增加。当个体获得较多的社会支持时能具备更多的资源，通过工作域和家庭域的交互影响，这些资源也会随着角色的转换发生迁移，促成个体更好的行为表现，个体的活力体验也有所优化。员工获得的社会支持会促进员工的工作繁荣状态，工作繁荣能为员工带来更多的资源，并通过个体在工作域和家庭域的角色转换进行相互影响，帮助个体的不同角色表现都能得到有效提升，使其可以将获得的资源更有效地投入到工作和家庭中，实现二者的增益。

### 3.4.3 主观幸福感、工作繁荣与工作−家庭增益

本书通过对选取的案例企业展开调研，收集相关数据，并基于此探究主观幸福感对员工工作繁荣与工作−家庭增益之间的关系产生的影响。

为调研主观幸福感在其中的作用机制，选取的 4 家企业都具有典型特征，能为调研的开展提供一定参照作用。其中，A 企业通过塑造轻松的整体工作氛围，降低员工心理压力，提高员工愉悦程度，同时在这种组织环境下能够帮助员工树立恰当的个人目标并引导其与企业目标相一致，将员工培养计划纳入企业发展，从而促进个体的工作繁荣。B 企业为员工提供较多培训，提升员工工作技能水平，在增强员工对企业的依赖程度和归属感的同时员工的主观幸福感也有相应提升，促进员工的工作繁荣。C 企业积极鼓励组织建设过程中的员工参与，通过薪酬制度和绩效奖励，提升员工工作热情，并且设置一定的信息反馈渠道，听取员工的意见，发挥员工的创造性，让员工愿意并主动地投入工作当中，并将工作的收获带回家庭，促进二者相协调。D 企业在关注员工工作状态的同时，以做好员工工作与生活之间的平衡为重要目标，通过多种途径增强员工的幸福感，除此之外，通过合适的职业规划在员工的岗位安排方面及时调整，发挥员工优势，促进员工与企业的协同进步，提升员工工作繁荣状态。

此外，在访谈过程中，样本公司的主管及员工也表达了相应观点，从实践角度进一步为变量间的关系研究提供了论据支持。

D 企业的员工在采访时表示："我觉得生活满意感是决定主观幸福感的一个很重要的因素。公司提供的各种福利和支持，如健身房、运动

场地、培训和学习机会等，让我能够更好地平衡工作和生活，体现出员工价值并实现自我价值。这些支持和帮助让我的生活变得更加丰富多彩，让我感到非常满意和幸福。这种幸福感不仅对我的工作和生活有着积极的影响，也使我更愿意与家人分享这种幸福感，促进了我与家庭成员之间的关系发展。因此，我认为主观幸福感是一种非常宝贵的资源，它不仅直接影响个人的工作和生活，还能够推动工作-家庭增益之间的良性循环和发展。"

A企业的员工在采访时表示："我觉得情绪对公司社会支持的感知也有着很大的影响。积极情绪能够让员工更加积极主动地感受公司的关怀和支持，从而更加乐观地面对工作和生活。相反，消极情绪会让员工感到沮丧和无助，在工作和生活中很难感到幸福和满意。因此，公司应该注重员工的情绪健康和情感管理，营造一个积极向上的工作环境和企业文化。由于公司提供的支持和帮助，我能够更好地平衡工作和生活，让自己的生活更加充实和有意义。这种幸福感进而影响了我的家庭生活，让我更愿意与家人分享我的心情和经历，与家人的关系更加密切和融洽了。"

B企业的主管在采访时表示："作为一名主管，我认为主观幸福感对于社会支持对工作-家庭增益之间关系的作用非常重要。首先，员工的生活满意感直接关系到其主观幸福感的体验。公司可以通过提供全方位的福利待遇和优质的工作环境来提升员工的生活满意感，使得员工能够更好地平衡工作和生活。其次，员工的积极情绪和消极情绪都会影响对社会支持的感知。当员工感受到公司的关爱和支持时，他们会产生更多的积极情绪，更愿意为公司付出和奋斗。相反，当员工感受到公司缺乏支持和关怀时，他们可能会产生消极情绪，甚至对公司产生不信任和不满。最后，主观幸福感对工作与家庭关系的影响也非常重要。当员工感受到公司的关爱和支持时，他们能够更加轻松地平衡工作和家庭之间的关系，更好地陪伴家人和朋友，提高家庭关系的质量和稳定性。反之，如果员工感受到公司缺乏支持和关怀，他们可能会心情不好、郁郁寡欢，导致工作与家庭之间的关系破裂和失衡。因此，公司应该注重员工的工作-家庭平衡，并为员工提供一系列支持和帮助，以提高员工的主观幸福感，助其改善工作-家庭关系。"

通过上述典型企业的案例分析，研究发现企业对员工工作幸福感的提升有助于员工实现工作繁荣，从而促进工作对家庭增益的产生。在管理学领域，有研究发现员工主观幸福感可以正向预测工作投入，员工的主观幸福感越高其工作表现就越投入。当个体在某一领域获得的资源能为另一领域带来收益和增效时，个体的主观幸福感也会显著增强。现有研究验证了在女性员工群体中，主观幸福感对工作-家庭促进有着重要作用，且工作-家庭促进的两个维度都能有效正向预测主观幸福感。同样，工作-家庭增益与主观幸福感呈现显著正相关的作用机制。主观幸福感水平越高的员工越会认为自己对于工作任务有重要的价值，从工作中也能感受到更多的价值感，并更加积极地投入工作，从而达到工作繁荣，由此加强了员工工作对家庭的增益。此外，主观幸福感高的个体通常具有较高水平的身心健康状态，也更能在家庭中营造和谐氛围，从而获得更多的生活满意感和积极情绪体验。同时，这样的个体也更能在工作中实现高水平的工作繁荣，进而产生其工作对家庭的增益。

## 3.5　理论模型的提出

### 3.5.1　理论模型

通过探索性案例研究的分析过程，本书在逻辑上系统推导出社会支持、工作繁荣、主观幸福感和工作-家庭增益之间的内在关联。同时，本书基于资源保存理论、角色累积理论和情感事件理论，结合前文的文献综述，进一步明确了变量之间的逻辑关系。本书致力于探究社会支持对员工工作-家庭增益的影响，员工的工作繁荣状态在社会支持对员工工作-家庭增益影响过程中的中介效应，主观幸福感在工作繁荣对员工工作-家庭增益影响过程中的调节效应。基于以上分析过程，本书提出初步的理论模型，如图3-4所示。

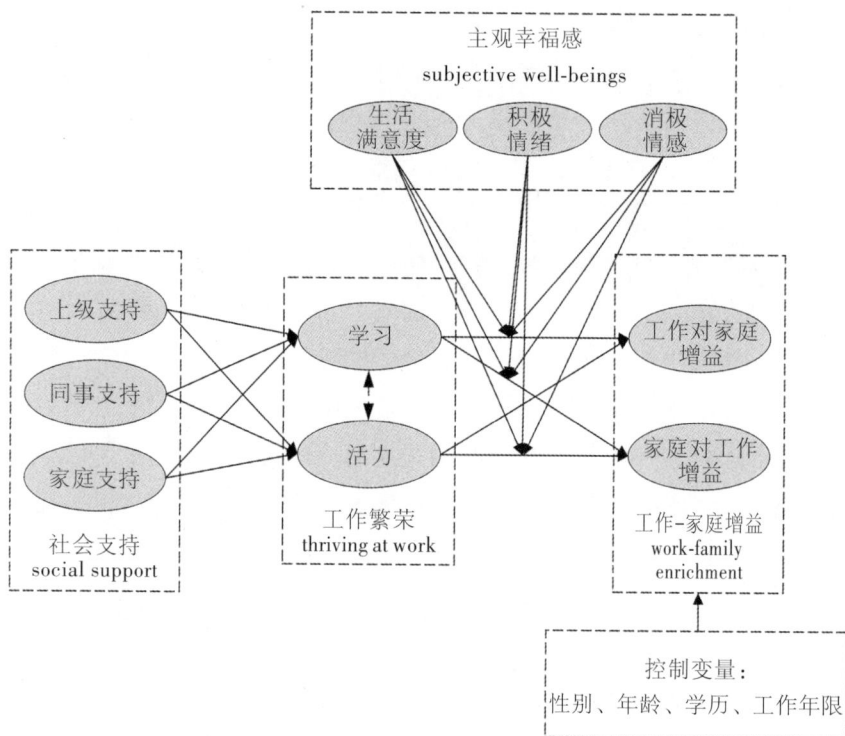

图3-4　理论模型

## 3.5.2　研究内容

（1）一项基础性研究

现有关于社会支持、工作繁荣、工作–家庭增益、主观幸福感的研究量表主要采用国外的成熟量表，虽然这些量表得到了广泛应用，但其是否适用于中国企业群体、能否被员工认可和理解仍有待检验。因而，本书首先要做的一项基础性研究即是对上述各变量的量表进行中国情境下的修订。

（2）三大关系研究

这部分研究内容是本书的核心内容。本书以工作–家庭增益作为因变量；以社会支持作为自变量，包括了上级支持、同事支持以及家庭支持；引入工作繁荣作为中介路径，包括学习和活力两个维度；以主观幸福感作为边界效应，具体辨析生活满意感、积极情绪和消极情绪的不同作用机制。综上所述，本书着力的三大关系研究是：

①关系研究一：社会支持对员工工作–家庭增益的主效应研究。

社会支持会增加员工工作–家庭增益吗？即社会支持与员工工作–家庭增益的直接关系是什么？这是本书需要解决的重要问题。虽然现有研究已经侧面验证了社会支持与工作–家庭增益间具有直接的影响效应，即工作领域提供的环境氛围和资源种类有助于工作–家庭增益的产生。组织内上级以及同事的支持可以有效补偿员工资源损耗，促进工作–家庭增益。Greenhaus 和 Powell（2006）同样认为，社会支持与工作–家庭增益存在一定的内在联系，一个领域的社会支持资源可以有效推动另一个领域的生活质量提升。然而，①现有成果多是以解决员工工作与家庭领域间角色、任务、时间等方面的冲突为主要目的，对通过社会支持扩大领域间积极效应的研究尚较为缺乏。②社会支持与工作–家庭关系的研究大多是在西方情境下进行的，基于具体中国文化背景下的研究仍有较大空间。在中国经济发展新常态的时代背景下，社会支持对员工工作–家庭增益的影响是否明显存在？与西方国家相比，有何差别？这些问题都亟待深入探讨。

②关系研究二：工作繁荣对社会支持与员工工作–家庭增益的中介效应研究。

社会支持如何影响员工工作–家庭增益？其作用机制是什么？现有研究表明，关注自身状态的员工能够准确及时地寻求资源和能量（Sonnentag and Fritz，2007），相较于其他员工，具有高水平繁荣状态的员工更具有活力，更有可能探索到新的解决方案和成功的职业道路。工作繁荣对员工创新、前瞻行为、创造力等均有着积极的影响。已有研究对工作繁荣做了一定的研究，然而，①虽然他们初步证实了高水平的工作繁荣状态有利于员工获得相对的资源，进而有助于推动工作与家庭领域的共同繁荣，但是，工作繁荣的中介效应并未得到证实。②已有研究同样更多地集中于西方文化背景下的员工繁荣状态，基于中国文化情境的研究只占少数，并且现有研究尚未对工作–家庭的双向增益进行更加具体深入的探讨。

③关系研究三：主观幸福感在工作繁荣与员工工作–家庭增益之间的调节效应研究。

社会支持对员工工作–家庭增益的影响是否会因员工主观幸福感的

差异而不同？组织是否能基于员工个体特征的不同，通过提供不同的社会支持，实现帮助员工权衡和管理好其工作职责和家庭责任的目的？对于这些问题，学者们尚未给出直接的回答。现有研究表明，工作与家庭领域间的相互平衡和相互促进可以有效提高员工的生活满意感，缓解多重角色之间产生的冲突和压力，进而提高生活质量和幸福感。而以主观幸福感这一主观因素作为调节变量探讨提升员工工作-家庭增益的研究甚少。本书认为，社会支持能否对员工工作-家庭增益产生影响，对于家庭和个人而言有着十分重要的意义。具体而言，社会支持能够产生让员工直接应用于家庭域的各类资源，而员工能否将工作繁荣的积极成果应用于家庭生活，取决于家庭对其的重要程度。换言之，社会支持对工作-家庭增益的影响也受员工主观幸福感的调节。基于此，本课题选定主观幸福感作为调节变量，并拟认为，主观幸福感越强的员工，越愿意将从工作繁荣中获得的各项资源应用于其家庭生活领域，从而促进其工作-家庭增益的发生。

（3）建议

基于员工的主观幸福感体验差异，建议在社会支持等方面进行干涉，以更好地促进员工工作-家庭增益的实现，最终促进组织绩效的增长和员工工作、家庭和谐发展。

## 3.6　本章小结

本章主要采用案例研究方法，结合资源保存理论、角色累积理论、情感事件理论和社会嵌入模型的主导逻辑，以及社会支持、工作-家庭增益、工作繁荣状态、主观幸福感的相关研究，选取4家不同行业领域的典型性企业进行半结构化访谈，收集一手资料和二手资料。一方面，基于理论分析和案例研究，提炼并验证核心构念社会支持、工作-家庭增益、工作繁荣状态、主观幸福感的理论内涵及维度；另一方面，基于案例编码得出的构念间关系，构建社会支持、工作繁荣、主观幸福感、工作-家庭增益的理论模型，力求探明社会支持对员工工作-家庭增益的影响机理，为后文研究假设的提出和实证检验提供理论基础和企业例证。

# 4 实证研究设计

## 4.1 变量测量与量表选择

### 4.1.1 社会支持的定义与量表选择

社会支持（social support）一般是指来自社会各个方面提供给个体的精神或物质帮助。Cobb（1976）和 Sarason 等（1986）认为可以把社会支持界定为一种稳定的个体差异变量，而"社会支持感"（sense of social support）被认为是早年关系经历中产生的个体特征。Greenhaus 和 Powell（2006）指出，社会支持（又称社会资本资源）与工作–家庭增益密切相关，其中一方的社会支持可以提升另外一方的生活品质。社会支持通过工作家庭冲突和工作–家庭增益影响员工离职倾向（张莉、钱珊珊、林与川，2016）。已有研究发现家庭支持、上级支持、同事支持与工作家庭冲突之间具有显著相关关系。社会支持与主观幸福之间存在显著的正相关关系，并且对主观幸福有显著的正向预测效果。

　　Allen等人研究开发的社会支持量表（如图4-1所示）能够全面测量个体实际生活中来自上级、同事、家庭等各方面的社会支持状况。量表共13个条目，其中，上级支持量表5个条目、同事支持量表5个条目、家庭支持量表3个条目。该量表是测量社会支持变量最常用的量表之一，且该量表的测量维度和研究内容与本书非常契合，国内学者杨洁等（2012）也运用该量表开展了大规模的实证调查研究，故本书采用该量表开展调查研究。

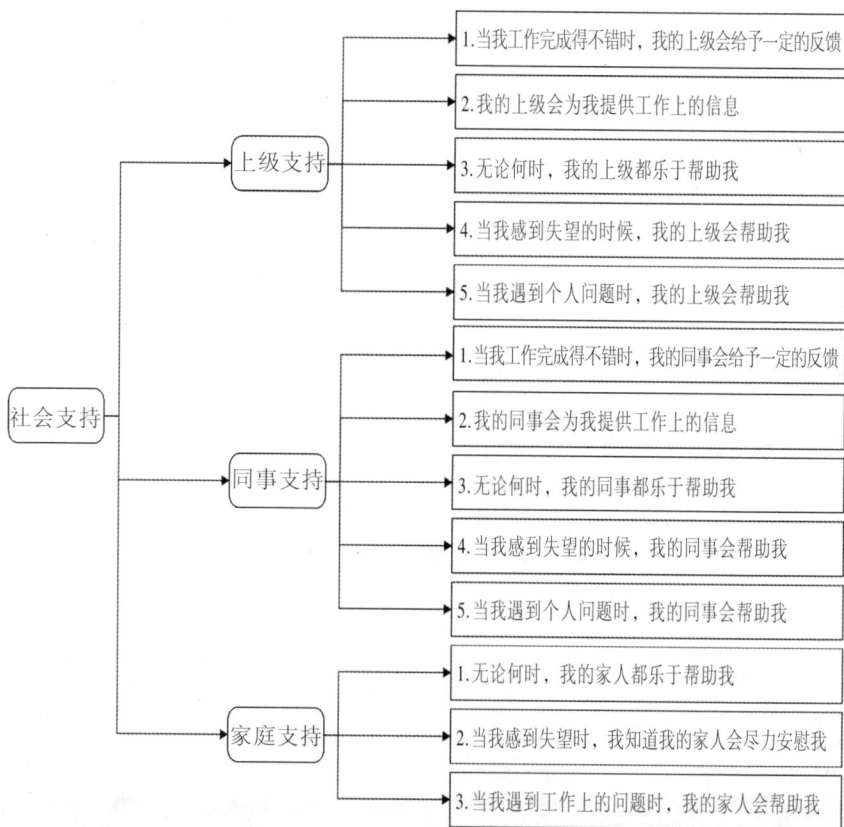

资料来源：作者根据Allen等人的研究成果整理绘制。

**图4-1　社会支持量表各维度题项**

### 4.1.2　工作-家庭增益的定义与量表选择

　　工作和家庭情境是个体的主要活动场所，在日常的工作经历和生活体验中能发生许多对个体的认知、心理及行为表现造成影响的事项和活动。随着研究内容的深入，学者们围绕工作域与家庭域的联结关系，陆续提出了多个体现两者积极作用的构念，例如，工作-家庭促进、工作-家庭积极渗溢、工作-家庭助长以及工作-家庭增益。依照 Greenhaus 和 Powell（2006）的定义，工作-家庭增益指的是，个体在其中某一领域的角色参与能促进其另一种角色生活质量提升的程度。

如图 4-2 所示，Carlson 等（2006）研究细化了工作-家庭增益的分类，认可了工作域和家庭域之间存在的双向性，并将增益发生作用的两个方向都划分出 3 个维度，也就是说，工作-家庭增益共包括了 6 个维度。Carlson 等人将工作对家庭的增益划分为工作对家庭发展、家庭情感和家庭资本 3 个维度，将家庭对工作的增益划分为家庭对工作发展、工作情感和工作效率 3 个维度。相较而言，Carlson 等人在进行维度的划分时考虑更加综合。该量表在工作家庭域的后续研究中也得到多数学者的支持。此外，国内研究者王洪运和杨阳（2021）也运用此量表展开了调查研究，故本书采用该量表开展调查研究。

同时，基于案例研究与访谈结果，我们注意到企业的家庭文化不仅可以让员工拥有快乐的心情，还能让员工获取更多有益于工作和生活的情绪能量。因此，本书将"能够让我感到快乐，而这将有助于我成为一名更好的家庭成员"优化为更符合现有研究情境的题项"能够让我充满了积极情绪，而这将有助于我成为一名更好的家庭成员"。同理，家庭对员工的工作支持，使得员工在保持快乐的同时，也具有处理工作和生活各项任务的积极能量，如 D 企业员工访谈时表明："他们理解我的职业需求，也明白我的工作在家庭中的重要性。此外，我的家人还为我提供了宝贵的帮助。他们会帮忙做家务、照顾孩子，以及在我需要的时候为我提供精神上的支持。"因此，本书将"能够让我感到快乐，而这将有助于我成为一名更优秀的员工"优化为更符合现有研究情境的题项"能够让我充满了积极情绪，而这将有助于我成为一名更优秀的员工"。

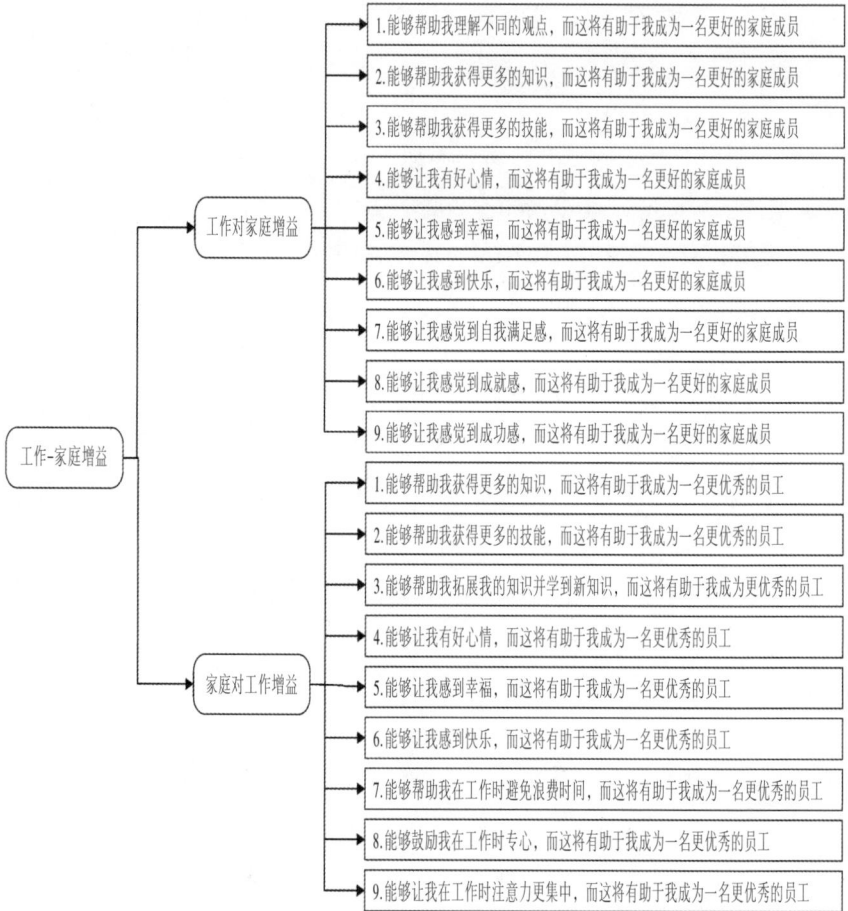

```
                        ┌─→ 1.能够帮助我理解不同的观点,而这将有助于我成为一名更好的家庭成员
                        ├─→ 2.能够帮助我获得更多的知识,而这将有助于我成为一名更好的家庭成员
                        ├─→ 3.能够帮助我获得更多的技能,而这将有助于我成为一名更好的家庭成员
                        ├─→ 4.能够让我有好心情,而这将有助于我成为一名更好的家庭成员
              工作对家庭增益 ├─→ 5.能够让我感到幸福,而这将有助于我成为一名更好的家庭成员
                        ├─→ 6.能够让我感到快乐,而这将有助于我成为一名更好的家庭成员
                        ├─→ 7.能够让我感觉到自我满足感,而这将有助于我成为一名更好的家庭成员
                        ├─→ 8.能够让我感觉到成就感,而这将有助于我成为一名更好的家庭成员
                        └─→ 9.能够让我感觉到成功感,而这将有助于我成为一名更好的家庭成员
工作-家庭增益
                        ┌─→ 1.能够帮助我获得更多的知识,而这将有助于我成为一名更优秀的员工
                        ├─→ 2.能够帮助我获得更多的技能,而这将有助于我成为一名更优秀的员工
                        ├─→ 3.能够帮助我拓展我的知识并学到新知识,而这将有助于我成为更优秀的员工
                        ├─→ 4.能够让我有好心情,而这将有助于我成为一名更优秀的员工
              家庭对工作增益 ├─→ 5.能够让我感到幸福,而这将有助于我成为一名更优秀的员工
                        ├─→ 6.能够让我感到快乐,而这将有助于我成为一名更优秀的员工
                        ├─→ 7.能够帮助我在工作时避免浪费时间,而这将有助于我成为一名更优秀的员工
                        ├─→ 8.能够鼓励我在工作时专心,而这将有助于我成为一名更优秀的员工
                        └─→ 9.能够让我在工作时注意力更集中,而这将有助于我成为一名更优秀的员工
```

资料来源:作者根据 Carlson、Kacmar、Grzywacz 等人的研究成果综合整理绘制。

**图 4-2　工作-家庭增益量表各维度题项**

### 4.1.3　工作繁荣的定义与量表选择

工作繁荣是一个新的研究角度,即个体主动地、自觉地推动自身工作的发展与进步,而不是消极地达到一种满足的状态。与其他概念不同的是,工作繁荣最明显的特点是"学习"与"活力"两个维度有机结合:活力指的是个体在工作过程中的活跃和热情的状态,而学习指的是个体获得和利用知识与技能建立自信的能力。研究发现,组织中的同事互惠可以促进个体提升工作繁荣，随着组织支持不断增强，员工也会表现出更多的工作积极性；当组织支持减少时，员工会对工作场所的资源投资有所降低。

如图4-3所示，Porath等（2012）开发的工作繁荣量表包括10个题项，学习维度与活力维度均为5个题项，能够同时测量个体在工作域和家庭域感知到的活力体验和学习体验。该量表的内部一致性系数介于0.57~0.88，符合测量要求。针对该量表的验证性因子分析表明，二维模型拟合指数好于单维模型，综合各项拟合指标可以看出该量表具有较高的结构效度，这也验证了工作繁荣构念二维划分的正确性。该量表是当前最常用的测量工作繁荣的量表之一，颜爱民等（2022）、姜平和张丽华（2022）也运用此量表开展了中国情境下的相关研究，故本书采用该量表开展调查研究。

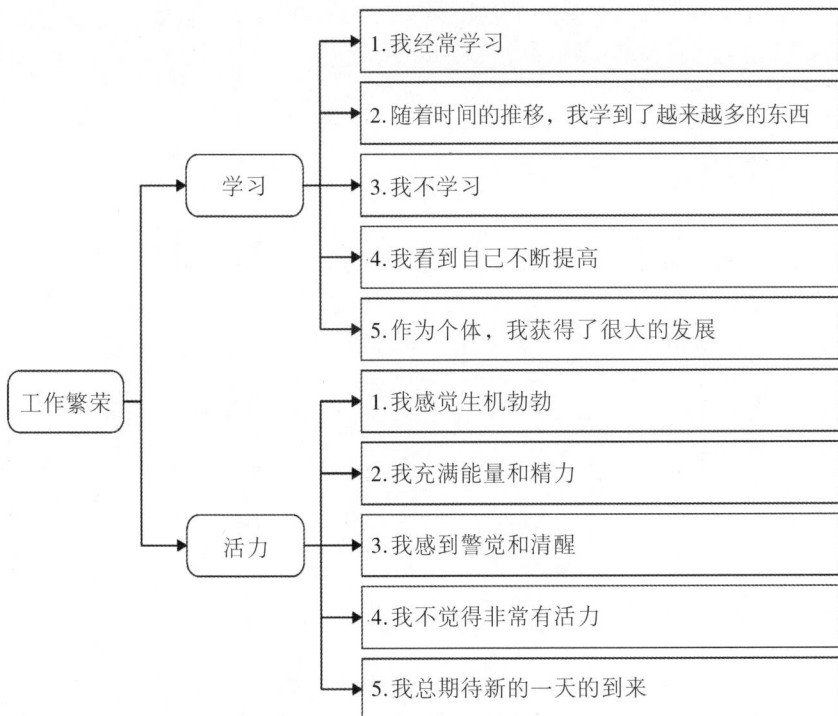

资料来源：作者根据Porath等（2012）整理绘制。

**图4-3　工作繁荣量表各维度题项**

### 4.1.4 主观幸福感量的定义与量表选择

主观幸福感 (subjective well-being, SWB) 由认知和情感组成, 包括了正面情绪和负面情绪, 是两者相互作用平衡的结果, 更是人们对生活的评价。以生活满意感为例, 它是指人们根据内在的标准对自己生活质量进行整体性评估。而主观幸福感作为个体的一种主观性体验, 主要包括认知和情感两部分, 分为生活满意感、积极情绪和消极情绪 3 个维度。进一步而言, 个体所体验到的满意度越高, 所产生的积极情绪越会随之增加, 进而消极情绪越会逐步减少, 生活幸福感越强。关于主观幸福感的一项研究表明, SWB 不仅是人们想要达成的理想的结果, 而且还是未来生活结果的重要预测指标。同时, 高 SWB 可预测未来的健康状况和人们的社会生活质量。

在主观幸福感测量方面, Su 等 (2014) 依照实证研究编制的测量量表较为权威, 将主观幸福感划分为生活满意感、积极情绪和消极情绪体验 3 个维度 (如图 4-4 所示)。量表已被 Booker 等学者所采用, 量表的测量维度和研究内容与本书非常契合, 故本书采用该量表开展调查研究。

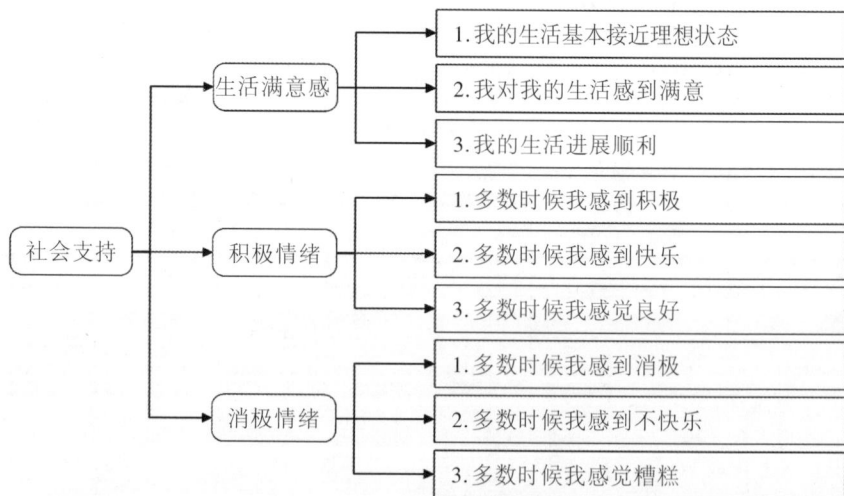

资料来源: 作者根据 Su 等 (2014) 整理绘制。

**图 4-4 主观幸福感量表各维度题项**

### 4.1.5 控制变量的选择

个体基本特征能够对员工获得的社会支持、工作繁荣状态、主观幸福感和工作-家庭增益产生影响。已有研究表明，被调查对象的性别、年龄、教育程度以及在组织的工作年限会对其在工作中的行为产生明显影响（Madjar et al., 2002）。基于此，本书在前人研究基础上，选取性别、年龄、学历、在组织中的任职时间（工作年限）等作为控制变量。在性别上，分别用"1"和"2"表示男生和女生；在年龄上，25岁及以下为"1"，26~30岁为"2"，31~35岁为"3"，36~40岁为"4"，41~45岁为"5"，46~50岁为"6"，50岁及以上为"7"；在学历层次上，大学本科及以下为"1"，本科为"2"，硕士研究生为"3"，博士研究生为"4"；在工作年限上，1~5年为"1"；6~10年为"2"；11~15年为"3"；16~20年为"4"；21~25年为"5"；26~30年为"6"；30年以上为"7"。

## 4.2 预调研

### 4.2.1 程序及标准

在进行实证研究时的关键一环是对量表的信度和效度进行检验，从而对量表的质量进行评估。为了提纯量表题项，提高量表的信度和效度，从而使大样本测量结果更可靠、准确，我们先使用小样本进行检验。

首先，进行信度检验。信度是指在一定范围内，所测得的数据结果不会因误差而受到影响。在采用 Likert 量表进行衡量时，Cronbach's α 系数是一种常见的信度检验评价指标，α 系数越大，则表明信度越大，即测量指标之间的相关性越高。通常，如果 α 系数大于0.7，则表明信度较高，因此本书也采用这一标准。

其次，进行因子分析适合性检验。通过因子分析法检验问卷的构念效度，以因子解释累计总方差60%为指标，若大于该指标则表明该问卷的构念效度较高。通过 KMO（kaise-meyer-olkin）值和 Bartlett's 球形检验的 P 值可以对变量是否适合进行因子分析进行衡量。KMO 值愈趋近于 1，Bartlett's 球形检验的 P 值愈趋近于 0.000，说明各变量之间的相关程度愈高，愈适合进行因子分析。一般来说，KMO 应该大于 0.6，Bartlett's 球形检验的 P 值应该小于 0.001，此时比较适合进行因子分析。

再次，对问卷各变量进行因子分析。因子分析是一种统计学的分析方法，主要是从变量群中抽取共性因子。

最后，进行整体探索性因子分析，并对共同方法偏差进行检验。

### 4.2.2　对象选择

本书抽取的样本主要是大型和中型公司的总部员工以及省级部门的总部员工。本书选取具有一定典型性的汽车制造、物流供应链、互联网以及文化行业。在调研区域上，考虑到样本的普适性，研究对象的范围尽可能扩大至北京、上海、西安、杭州等具有一定典型性的地区。

本书在 2019 年 7—9 月开展了问卷的预测试，这不仅有助于问卷有效性的保证，也有助于大规模样本数据收集的顺利开展。在预调研开展之前，笔者对调研企业的部分管理者进行了访谈，就研究问题、构念内涵、问卷条目描述等方面和管理者进行了问答，这有助于明确问卷题项，有助于问卷表述更清晰、更便于理解。本书通过现场发放、现场收回的方式向被调查者发放了 128 份问卷，剔除掉填写不完整和重复选项的问卷后，最终获得了 114 份有效问卷，有效回收率为 89.1%。

### 4.2.3　数据基本信息

本书对预调研中获取的 114 份有效员工问卷进行了描述性分析，表 4-1 为人口统计学特征分布情况。具体地，性别方面以女性为主，占比 60.53%；在年龄方面，以 36～40 岁群体为主，占比 24.91%；在学历层次方面，以本科、硕士研究生学历为主，占比分别为 42.98%、34.21%；工作年限上，6～10 年工龄的中青年群体较多，占比 22.28%。

表4-1　　　　　　　　　　　　　人口统计学特征分布情况

| 样本特征 | 样本分布 | 比重（%） |
| --- | --- | --- |
| 性别 | 男 | 39.47 |
| | 女 | 60.53 |
| 年龄 | 25岁以下 | 16.67 |
| | 26~30岁 | 9.65 |
| | 31~35岁 | 11.41 |
| | 36~40岁 | 24.91 |
| | 41~45岁 | 11.93 |
| | 46~50岁 | 17.54 |
| | 50岁以上 | 7.89 |
| 学历 | 本科以下 | 14.04 |
| | 本科 | 42.98 |
| | 硕士研究生 | 34.21 |
| | 博士研究生 | 8.77 |
| 工作年限 | 1~5年 | 18.07 |
| | 6~10年 | 22.28 |
| | 11~15年 | 14.03 |
| | 16~20年 | 14.04 |
| | 21~25年 | 16.67 |
| | 26~30年 | 10.53 |
| | 30年以上 | 4.38 |

### 4.2.4　信度分析

首先，对问卷的各题项进行信度分析。WFE代表工作对家庭增益，FWE代表家庭对工作增益，SS代表上级支持，CS代表同事支持，FS代表家庭支持，STU代表学习，VIG代表活力，LS代表生活满意感，PE代表积极情绪，NE代表消极情绪。

（1）社会支持

社会支持的信度分析见表4-2。

表4-2 **社会支持量表的信度分析结果**

| 题项 | 删除该题项后的 Cronbach's α 值 | Cronbach's α 值 |
|------|------|------|
| SS1 | 0.908 | |
| SS2 | 0.906 | |
| SS3 | 0.904 | |
| SS4 | 0.903 | |
| SS5 | 0.903 | |
| CS1 | 0.908 | |
| CS2 | 0.907 | 0.913 |
| CS3 | 0.906 | |
| CS4 | 0.903 | |
| CS5 | 0.906 | |
| FS1 | 0.910 | |
| FS2 | 0.910 | |
| FS3 | 0.912 | |

注：N=114。

从表4-2可知，社会支持的 Cronbach's α 值为 0.913，删除题项不能提高该量表的信度，故保留所有题项。

（2）工作-家庭增益

工作-家庭增益的信度分析见表4-3。

表4-3 **工作-家庭增益量表的信度分析结果**

| 题项 | 删除该题项后的 Cronbach's α 值 | Cronbach's α 值 |
|------|------|------|
| WFE1 | 0.952 | |
| WFE2 | 0.953 | |
| WFE3 | 0.952 | 0.954 |
| WFE4 | 0.952 | |
| WFE5 | 0.950 | |

续表

| 题项 | 删除该题项后的 Cronbach's α 值 | Cronbach's α 值 |
|------|------|------|
| WFE6 | 0.951 | |
| WFE7 | 0.951 | |
| WFE8 | 0.951 | |
| WFE9 | 0.954 | |
| FWE1 | 0.952 | |
| FWE2 | 0.952 | |
| FWE3 | 0.952 | 0.954 |
| FWE4 | 0.953 | |
| FWE5 | 0.952 | |
| FWE6 | 0.952 | |
| FWE7 | 0.952 | |
| FWE8 | 0.952 | |
| FWE9 | 0.952 | |

注：N=114。

从表4-3可知，工作-家庭增益的 Cronbach's α 值为 0.954，删除题项不能提高该量表的信度，故保留所有题项。

（3）工作繁荣

工作繁荣的信度分析见表4-4。

表4-4 **工作繁荣量表的信度分析结果**

| 题项 | 删除该题项后的 Cronbach's α 值 | Cronbach's α 值 |
|------|------|------|
| VIG1 | 0.871 | |
| VIG2 | 0.870 | |
| VIG3 | 0.868 | 0.886 |
| VIG4 | 0.889 | |
| VIG5 | 0.873 | |

续表

| 题项 | 删除该题项后的<br>Cronbach's α 值 | Cronbach's α 值 |
|:---:|:---:|:---:|
| STU1 | 0.861 | |
| STU2 | 0.862 | |
| STU3 | 0.910 | 0.886 |
| STU4 | 0.873 | |
| STU5 | 0.872 | |

注：N=114。

从表4-4可知，工作繁荣的 Cronbach's α 值为 0.886，量表信度在删除 VIG4 和 STU3 题项后能够得到有效提高，故此量表删除题项 VIG4 和 STU3。

（4）主观幸福感

主观幸福感的信度分析见表4-5。

表4-5　　　　　　　　**主观幸福感量表的信度分析结果**

| 题项 | 删除该题项后的<br>Cronbach's α 值 | Cronbach's α 值 |
|:---:|:---:|:---:|
| LS1 | 0.902 | |
| LS2 | 0.893 | |
| LS3 | 0.895 | |
| PE1 | 0.896 | |
| PE2 | 0.894 | 0.910 |
| PE3 | 0.895 | |
| NE1 | 0.908 | |
| NE2 | 0.908 | |
| NE3 | 0.904 | |

注：N=114。

从表4-5可知，主观幸福感的 Cronbach's α 值为 0.910，删除题项不能提高该量表的信度，故保留所有题项。

（5）总体量表

为保证研究所用量表的可靠性，对问卷中所有变量的信效度进行分析，结果见表4-6。根据 Cronbach's α 的结果可知，上级支持、同事支持、家庭支持信度系数分别为 0.883，0.876，0.904；工作对家庭增益、家庭对工作增益信度系数分别为 0.943，0.926；学习、活力信度系数分别为 0.893，0.895；生活满意感、积极情绪和消极情绪信度系数分别为 0.913，0.931，0.940。所有值均大于 0.7，其中家庭支持、工作对家庭增益、家庭对工作增益、生活满意感、积极情绪和消极情绪信度系数均大于 0.9，说明调研所用的量表具有信度。

表4-6　　　　　　　　　　预调研量表信度分析结果

| 变量名称 | | 题项数 | Cronbach's α 值 |
|---|---|---|---|
| 社会支持 | 上级支持 | 5 | 0.883 |
| | 同事支持 | 5 | 0.876 |
| | 家庭支持 | 3 | 0.904 |
| 工作-家庭增益 | 工作对家庭增益 | 9 | 0.943 |
| | 家庭对工作增益 | 9 | 0.926 |
| 工作繁荣 | 学习 | 4 | 0.893 |
| | 活力 | 4 | 0.895 |
| 主观幸福感 | 生活满意感 | 3 | 0.913 |
| | 积极情绪 | 3 | 0.931 |
| | 消极情绪 | 3 | 0.940 |

注：N=114。

综合上述信度分析，大部分的量表题项均符合要求，仅工作繁荣量表需要删除题项 VIG4 和 STU3。

### 4.2.5 效度分析

效度是指测量结果能否满足被测对象的要求，也就是真实数据与理想数据的差别大小。本书运用因子分析法对调查问卷进行构念效度的检验，用 KMO 法和巴特利特球形检验法的 P 值来衡量变量进行因子分析的适合程度。目前普遍认为，当 KMO 值＞0.5，而巴特利特球形检验的 P 值<0.001，表明变量适用于因子分析。若累计总方差超过60%，则表明有较高的构念效度（石金涛、王莉，2004）。

首先，对社会支持的3个维度、工作-家庭增益的两个维度、工作繁荣的两个维度、主观幸福感的3个维度进行探索性因子分析。表4-7的统计数据显示，各个变量的 KMO 值皆大于 0.7，且 Bartlett 的 P 值显著，这表明各变量适合进行下一步的因子分析。

表4-7 　　　　　　　　　　KMO值检验和B球形检验Bartlett

| 变量名称 | | KMO值 | $\chi^2$ | df | Sig |
|---|---|---|---|---|---|
| 社会支持 | 上级支持 | 0.847 | 321.362 | 10 | 0.000 |
| | 同事支持 | 0.822 | 318.521 | 10 | 0.000 |
| | 家庭支持 | 0.719 | 232.585 | 3 | 0.000 |
| 工作-家庭增益 | 工作对家庭增益 | 0.903 | 984.052 | 36 | 0.000 |
| | 家庭对工作增益 | 0.874 | 824.931 | 36 | 0.000 |
| 工作繁荣 | 学习 | 0.823 | 294.534 | 6 | 0.000 |
| | 活力 | 0.768 | 291.897 | 6 | 0.000 |
| 主观幸福感 | 生活满意感 | 0.751 | 238.457 | 3 | 0.000 |
| | 积极情绪 | 0.749 | 280.482 | 3 | 0.000 |
| | 消极情绪 | 0.771 | 298.505 | 3 | 0.000 |

注：N=114。

（1）社会支持

社会支持量表的 KMO 值为 0.836，P 值为 0.000，说明该变量可以进行接下来的探索性因素分析。

　　3个共同因子总计解释方差为 72.452%（见表4-8），说明该变量的构念效度较高。

表4-8　　　　　　　　　社会支持总方差解释

| 成分 | 初始特征值 | | | 提取载荷平方和 | | | 旋转载荷平方和 | | |
|---|---|---|---|---|---|---|---|---|---|
| | 总计 | 方差百分比 | 累积% | 总计 | 方差百分比 | 累积% | 总计 | 方差百分比 | 累积% |
| 1 | 6.446 | 49.588 | 49.588 | 6.446 | 49.588 | 49.588 | 3.441 | 26.470 | 26.470 |
| 2 | 1.834 | 14.111 | 63.699 | 1.834 | 14.111 | 63.699 | 3.338 | 25.674 | 52.143 |
| 3 | 1.138 | 8.754 | 72.452 | 1.138 | 8.754 | 72.452 | 2.640 | 20.309 | 72.452 |

　　表4-9的结果表明，旋转后的因子载荷形成了3个共同因子，这一点与最初的假设相吻合。

表4-9　　　　　　　　　社会支持旋转后的成分矩阵

| 操作变量 | 1 | 2 | 3 |
|---|---|---|---|
| SS1 | 0.590 | | |
| SS2 | 0.729 | | |
| SS3 | 0.811 | | |
| SS4 | 0.870 | | |
| SS5 | 0.770 | | |
| CS1 | | 0.575 | |
| CS2 | | 0.750 | |
| CS3 | | 0.775 | |
| CS4 | | 0.826 | |
| CS5 | | 0.809 | |
| FS1 | | | 0.923 |
| FS2 | | | 0.881 |
| FS3 | | | 0.846 |

　　注：N=114。

　　提取方法：主成分分析法。

（2）工作-家庭增益

工作-家庭增益量表的 KMO 值为 0.910，P 值为 0.000，说明该变量可以进行接下来的探索性因素分析。

2 个共同因子总计解释方差为 66.72%（见表 4-10），说明该变量的构念效度较高。

表4-10 工作-家庭增益总方差解释

| 成分 | 初始特征值 | | | 提取载荷平方和 | | | 旋转载荷平方和 | | |
|---|---|---|---|---|---|---|---|---|---|
| | 总计 | 方差百分比 | 累积 % | 总计 | 方差百分比 | 累积 % | 总计 | 方差百分比 | 累积 % |
| 1 | 10.157 | 56.427 | 56.427 | 10.157 | 56.427 | 56.427 | 6.287 | 34.928 | 34.928 |
| 2 | 1.852 | 10.291 | 66.718 | 1.852 | 10.291 | 66.718 | 5.722 | 31.790 | 66.718 |

表 4-11 的结果表明，旋转后的因子载荷形成了 2 个共同因子，这一点与最初的假设相吻合。

表4-11 工作-家庭增益旋转后的成分矩阵

| 操作变量 | 1 | 2 |
|---|---|---|
| WFE1 | 0.552 | |
| WFE2 | 0.574 | |
| WFE3 | 0.635 | |
| WFE4 | 0.839 | |
| WFE5 | 0.872 | |
| WFE6 | 0.847 | |
| WFE7 | 0.859 | |
| WFE8 | 0.789 | |
| WFE9 | 0.810 | |
| FWE1 | | 0.784 |
| FWE2 | | 0.711 |
| FWE3 | | 0.693 |
| FWE4 | | 0.851 |
| FWE5 | | 0.774 |
| FWE6 | | 0.816 |
| FWE7 | | 0.636 |
| FWE8 | | 0.557 |
| FWE9 | | 0.627 |

注：N=114。

提取方法：主成分分析法。

（3）工作繁荣

工作繁荣量表的 KMO 值为 0.880，P 值为 0.000，说明该变量可以进行接下来的探索性因素分析。

2个共同因子总计解释方差为76.73%（见表4-12），说明该变量的构念效度较高。

表4-12 工作繁荣总方差解释

| 成分 | 初始特征值 | | | 提取载荷平方和 | | | 旋转载荷平方和 | | |
|---|---|---|---|---|---|---|---|---|---|
| | 总计 | 方差百分比 | 累积 % | 总计 | 方差百分比 | 累积 % | 总计 | 方差百分比 | 累积 % |
| 1 | 5.250 | 65.627 | 65.627 | 5.250 | 65.627 | 65.627 | 3.142 | 39.272 | 39.272 |
| 2 | 0.888 | 11.101 | 76.728 | 0.888 | 11.101 | 76.728 | 2.997 | 37.457 | 76.728 |

表4-13结果表明，旋转后的因子载荷形成了2个共同因子，这一点与最初的假设相吻合。

表4-13 工作繁荣旋转后的成分矩阵

| | 1 | 2 |
|---|---|---|
| VIG 1 | 0.802 | |
| VIG 2 | 0.871 | |
| VIG 3 | 0.867 | |
| VIG 5 | 0.682 | |
| STU 1 | | 0.815 |
| STU 2 | | 0.752 |
| STU 4 | | 0.741 |
| STU 5 | | 0.870 |

注：N=114。

提取方法：主成分分析法。

（4）主观幸福感

主观幸福感量表的 KMO 值为 0.868，P 值为 0.000，说明该变量可以进行接下来的探索性因素分析。

3个共同因子总计解释方差为87.97%（见表4-14），说明该变量的构念效度较高。

表4-14　　　　　　　　主观幸福感总方差解释

| 成分 | 初始特征值 | | | 提取载荷平方和 | | | 旋转载荷平方和 | | |
|---|---|---|---|---|---|---|---|---|---|
| | 总计 | 方差百分比 | 累积% | 总计 | 方差百分比 | 累积% | 总计 | 方差百分比 | 累积% |
| 1 | 5.359 | 59.545 | 59.545 | 5.359 | 59.545 | 59.545 | 2.752 | 30.573 | 30.573 |
| 2 | 1.973 | 21.925 | 81.469 | 1.973 | 21.925 | 81.469 | 2.663 | 29.592 | 60.165 |
| 3 | 0.585 | 6.501 | 87.971 | 0.585 | 6.501 | 87.971 | 2.502 | 27.805 | 87.971 |

表4-15的结果表明，旋转后的因子载荷形成了3个共同因子，这一点与最初的假设相吻合。

表4-15　　　　　　　主观幸福感旋转后的成分矩阵

| 操作变量 | 1 | 2 | 3 |
|---|---|---|---|
| LS1 | | | 0.863 |
| LS2 | | | 0.818 |
| LS3 | | | 0.768 |
| PE1 | | 0.825 | |
| PE2 | | 0.844 | |
| PE3 | | 0.839 | |
| NE1 | 0.922 | | |
| NE2 | 0.932 | | |
| NE3 | 0.917 | | |

注：N=114。

提取方法：主成分分析法。

### 4.2.6　共同方法偏差

总体量表的 KMO 值为 0.872，P 值为 0.000。问卷共同方法偏差分析见表4-16。

表4-16 　　　　　　　　　　问卷解释总方差解释

| 成分 | 初始特征值 | | | 提取载荷平方和 | | | 旋转载荷平方和 | | |
|---|---|---|---|---|---|---|---|---|---|
| | 总计 | 方差百分比 | 累积% | 总计 | 方差百分比 | 累积% | 总计 | 方差百分比 | 累积% |
| 1 | 18.025 | 37.552 | 37.552 | 18.025 | 37.552 | 37.552 | 7.781 | 16.211 | 16.211 |
| 2 | 5.804 | 12.091 | 49.643 | 5.804 | 12.091 | 49.643 | 6.316 | 13.157 | 29.369 |
| 3 | 2.766 | 5.762 | 55.405 | 2.766 | 5.762 | 55.405 | 3.914 | 8.154 | 37.523 |
| 4 | 2.600 | 5.418 | 60.823 | 2.600 | 5.418 | 60.823 | 3.294 | 6.862 | 44.385 |
| 5 | 2.150 | 4.479 | 65.302 | 2.150 | 4.479 | 65.302 | 3.094 | 6.446 | 50.831 |
| 6 | 1.838 | 3.829 | 69.130 | 1.838 | 3.829 | 69.130 | 2.967 | 6.182 | 57.012 |
| 7 | 1.489 | 3.102 | 72.232 | 1.489 | 3.102 | 72.232 | 2.889 | 6.018 | 63.030 |
| 8 | 1.206 | 2.513 | 74.746 | 1.206 | 2.513 | 74.746 | 2.809 | 5.852 | 68.882 |
| 9 | 1.177 | 2.452 | 77.197 | 1.177 | 2.452 | 77.197 | 2.769 | 5.769 | 74.651 |
| 10 | 1.063 | 2.216 | 79.413 | 1.063 | 2.216 | 79.413 | 2.286 | 4.762 | 79.413 |

注：提取方法：主成分分析法。

从表4-16的结果可知，共提取了10个共同因子，且所有因子对总方差的解释力都小于40%。根据前人提供的临界标准，当主成分分析得到多个因子且第一个因子的变异解释量低于40%时，则不存在严重的共同方法偏差（Podsakoff et al.，2003）。

### 4.2.7 小样本量表的质量评估

根据上述对小样本的信度和效度检验分析，可知本书所选取的有关社会支持（上级、同事以及家庭支持）、主观幸福感（生活满意感、积极情绪、消极情绪）和工作-家庭增益（工作对家庭增益、家庭对工作增益）的量表，信度和效度都比较高，而且通过小样本的检验也与原始假设一致。工作繁荣（学习和活力）量表中VIG4和STU3这两个题项不符合要求，对其进行删除。

## 4.3 正式调研

### 4.3.1 数据收集与有效性控制

为获取更全面有效的研究数据，我们在上海、江苏、河北、四川等地选取了85家企业、1 312名员工进行调研，涉及金融、制造、互联网、文化等多个行业。除去漏填、错填等无效问卷后，共收集了有效问卷为1 131份，问卷有效率达到了86.2%。问卷涉及的人口统计学特征分布情况见表4-17。其中，在性别方面，男性占比42.9%，女性占比57.1%；在年龄方面，以26~30岁的年轻群体为主，占比23.31%；学历层次方面，以本科为主，占比为65.42%；工作年限方面，以11~15年工龄的群体为主，占比24.85%。

本书将员工的性别、年龄、教育程度和工作年限作为主要的控制变量。

表4-17　　　　　　　　　　人口统计学特征分布情况

| 样本特征 | 样本分布 | 比重（%） |
|---|---|---|
| 性别 | 男 | 42.90 |
| | 女 | 57.10 |
| 年龄 | 25岁以下 | 20.31 |
| | 26~30岁 | 23.61 |
| | 31~35岁 | 19.69 |
| | 36~40岁 | 14.15 |
| | 41~45岁 | 11.12 |
| | 46~50岁 | 10.93 |
| | 50岁以上 | 0.19 |
| 学历 | 本科以下 | 14.90 |
| | 本科 | 65.42 |
| | 硕士研究生 | 18.56 |
| | 博士研究生 | 1.12 |

续表

| 样本特征 | 样本分布 | 比重（%） |
|---|---|---|
| 工作年限 | 1～5年 | 17.14 |
| | 6～10年 | 16.18 |
| | 11～15年 | 24.85 |
| | 16～20年 | 13.80 |
| | 21～25年 | 12.65 |
| | 26～30年 | 8.40 |
| | 30年以上 | 6.98 |

为保证获取数据的可靠性，本书事先取得了企业人力资源部门以及相关领导的支持与配合，采取线上发放电子问卷和线下发放纸质问卷相结合的方式回收数据。在现场发放问卷的形式中，本书提前对需要发放的问卷做了编码处理，要求被调查对象以不记名填写的方式作答，并在问卷发放前向被调查对象解释了相关专业术语，说明了本次调查仅用作学术研究，不会对参与调查者的工作和生活造成任何影响。根据已有相关研究，采用自我评价的测量方式更准确。因此，为减少样本数据的共同方法误差，本书采用员工自评的方式，分两个阶段进行调查，第一阶段与第二阶段的时间间隔为1个月。在第一阶段调查中，主要采集企业员工的问卷数据，主要收集员工的性别、年龄、学历、工作年限等控制变量和其自评的社会支持、工作-家庭增益的相关信息；在第二阶段调查中，主要采集员工自评的工作繁荣和主观幸福感的相关信息。通过这种方式收集问卷后，剔除前后不匹配以及填写随意之类的无效问卷后，共计回收 1 131 份有效问卷。

在采用问卷调查法的基础上，本书运用SPSS等统计分析软件检验了非响应误差问题。借鉴已有研究的做法，本书将所有问卷数据根据不同的收集时间点进行分组。由于本次调查包括纸质问卷和在线问卷两种方式，所以需要对以不同方式收集到的两组问卷进行控制变量方面的比较。基于此，本书采用SPSS软件进行双样本T检验，结果表明P大于0.1，即二者间不存在显著差异。由此可知，本次调研不存在严重的非响应误差问题。

验证性因子分析中，绝对适配度指标和相对适配度指标是排定模型拟合效果常用的指标，本书拟综合这两种指标验证因子结构。在借鉴以往研究的基础上，本书选取了如下指标：

第一，在绝对适配度指标中，本书选取 $\chi^2$ 值，但此指标易受样本数量的影响，所以具有较大的变动性，所以本书选取 $\chi^2/df$ 来判断模型的拟合情况。一般情况下，该数值小于5即为合格。本书还选取了RMSEA值，当RMSEA值≤0.05时，模型拟合良好，RMSEA在0.05~0.08之间，模型拟合可接受。此外，本书还选取了良性适配指标GFI作为衡量标准。GFI指标的值通常在0和1之间，当GFI值大于0.9则说明结果是令人满意的，如果是在0.8和0.9之间是可以接受的。

第二，在相对适配度指标中，本书选取了NFI值、RFI值和CFI值，这些指标值用于判别研究模型与实际数据是否适配。一般情况下，这三个指标的值在0和1之间，若这些值大于0.9则说明模型是适配的。进一步地，若RFI指标的值大于或等于0.95则说明模型的适配度非常好。以上指标值的判断标准同样可以应用于主效应、中介效应以及二阶段调节效应的模型拟合判定。

### 4.3.2　社会支持量表信效度检验

本书采用Hammer和Kossek（2013）等学者的信度测量方法，即以系数α值作为中国情境下社会支持量表检验判定的依据，并分别测量社会支持的3个维度，包括上级支持、同事支持和家庭支持。验证结果显示，上级支持、同事支持和家庭支持量表的内部一致性信度系数α值各自是0.823、0.830和0.831，都超过了可接受水平0.7，由此可见三个量表的信度都可接受。

在此基础上，本书利用验证性因子分析，检验了量表在中国情境下的效度和因子结构。本书利用AMOS 25.0对问卷进行数据处理，结果显示：$\chi^2$ 值、df值分别为293.832和62，由此所得到的 $\chi^2/df$ 值为4.739，低于可接受水平5；GFI值为0.959、NFI值为0.953、RFI值为0.941、CFI值为0.962，上述各项指标值均超过了0.9；RMSEA值为0.058，低于0.08，符合标准。由此可见，上述各项指标值均较为理想，具有较高的拟合水平。表4-18为社会支持验证性因子分析拟合指标。图4-5综合验证了社会支持的因子结构符合标准，且各题项因子载荷大于0.50。

表4-18　　　　　　　　　社会支持验证性因子分析拟合指标

| 指标 | $\chi^2$ | df | $\chi^2/df$ | P | GFI | NFI | RFI | CFI | RMSEA |
|---|---|---|---|---|---|---|---|---|---|
| Model0 | 293.832 | 62 | 4.739 | 0.000 | 0.959 | 0.953 | 0.941 | 0.962 | 0.058 |
| Model1 | 6.023 | 4 | 1.506 | 0.197 | 0.999 | 0.997 | 0.992 | 0.999 | 0.021 |

注：指标值于0.001、0.01、0.05水平存在显著性。

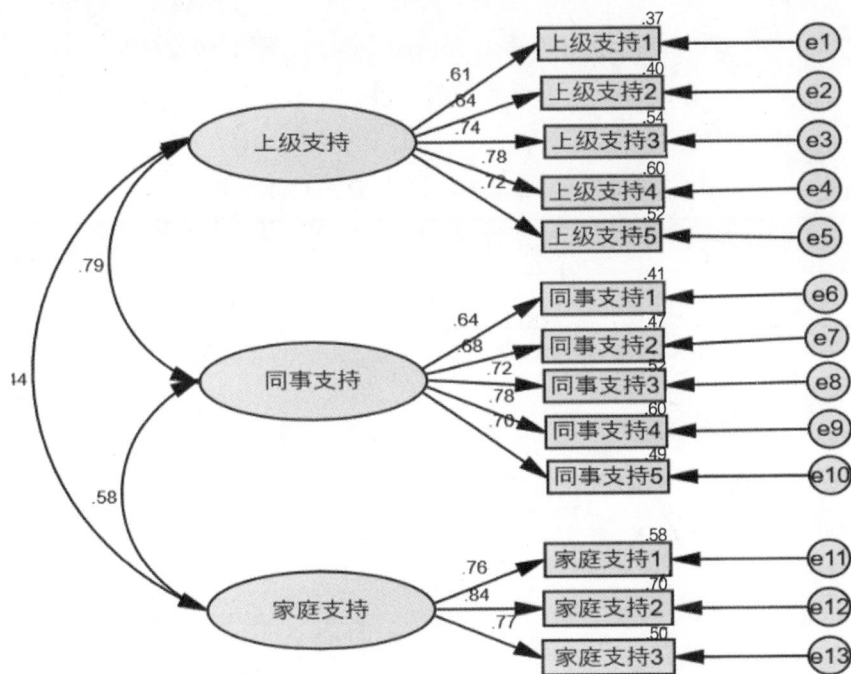

图4-5　社会支持因子分析结构

注：图中数字为软件生成，下同。

### 4.3.3　工作-家庭增益量表信效度检验

由于工作-家庭增益量表包括了两个方向的子量表，因此，研究需要对两个子量表分别进行中国情境下的验证。与社会支持量表类似，以α值作为检验依据，研究结果表明，工作对家庭增益子量表α值为0.909，家庭对工作增益子量表α值为0.894，均大于0.80，量表信度良好。

研究利用AMOS 25.0对1 131份问卷数据进行处理分析，并进行效度和验证性因子分析，具体验证过程及研究结果如下：

（1）关于工作对家庭增益量表的验证性因子分析

该量表的分析结果如下：

对该量表进行验证性因子分析，结果表明：$\chi^2$值、df值分别为115.793和24，由此所得到的$\chi^2/df$值为4.825，低于可接受水平5；GFI值为0.977、NFI值为0.978、RFI值为0.968、CFI值为0.983，上述各项指标值均超过0.9；RMSEA值为0.058，低于0.08，符合标准（见表4-19）。由此可见，上述各项指标值均较为理想，具有较高的拟合水平。表4-19为工作对家庭增益量表的验证性因子分析拟合指标。图4-6显示了具体的因子结构，各题项因子载荷大于0.50。

表4-19　工作对家庭增益量表的验证性因子分析拟合指标

| 指标 | $\chi^2$ | df | $\chi^2/df$ | P | GFI | NFI | RFI | CFI | RMSEA |
|------|----------|-----|-------------|------|-------|-------|-------|-------|--------|
| Model0 | 115.793 | 24 | 4.825 | 0.000 | 0.977 | 0.978 | 0.968 | 0.983 | 0.058 |

注：各项拟合指标值均于0.001水平具备显著性。

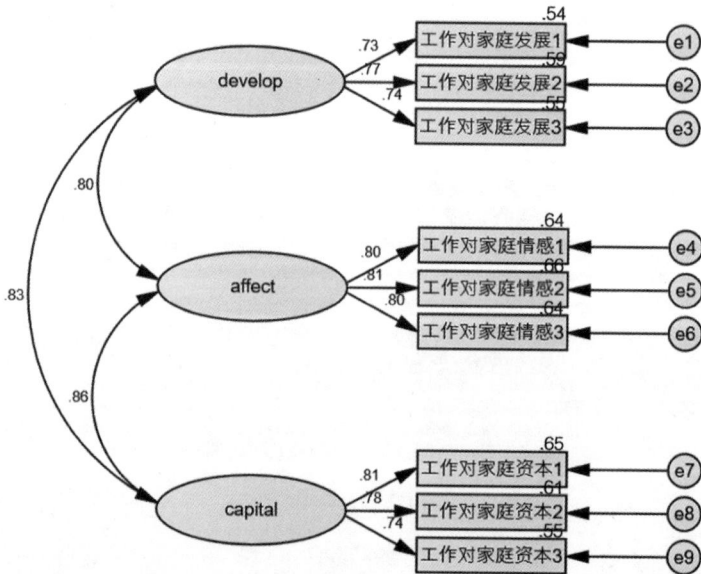

图4-6　工作对家庭增益验证性因子结构

（2）关于家庭对工作增益量表的验证性因子分析

该子量表的分析结果如下：$\chi^2$值、df值分别为89.684和24，由此所得到的$\chi^2$/df值为3.737，低于可接受水平5；GFI值为0.983、NFI值为0.981、RFI值为0.971、CFI值为0.986，上述各项指标值均超过0.9；RMSEA值为0.049，低于0.08，符合标准（见表4-20）。由此可见，上述各项指标值均较为理想，具有较高的拟合水平。表4-20为家庭对工作增益量表的验证性因子分析拟合指标。图4-7显示了具体因子结构，各题项因子载荷大于0.50。

表4-20　　家庭对工作增益量表的验证性因子分析拟合指标

| 指标 | $\chi^2$ | df | $\chi^2$/df | P | GFI | NFI | RFI | CFI | RMSEA |
|---|---|---|---|---|---|---|---|---|---|
| Model0 | 89.684 | 24 | 3.737 | 0.000 | 0.983 | 0.981 | 0.971 | 0.986 | 0.049 |

注：各项拟合指标值均于0.001水平具备显著性。

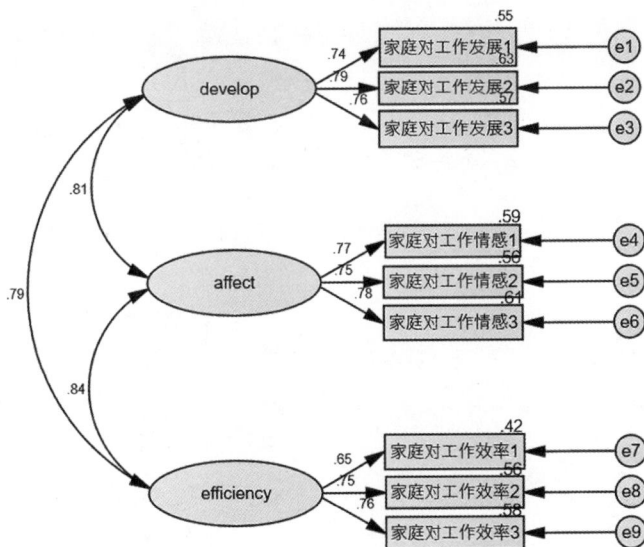

图4-7　家庭对工作增益验证性因子结构

### 4.3.4　工作繁荣量表信效度检验

与前文变量量表的验证过程一样，对活力和学习两个子量表进行α值检验，研究结果显示活力与学习量表的α值各为0.748、0.717，大于可接受的标准，因此，量表具有较好的信度。

在此基础上，研究利用验证性因子分析检验工作繁荣量表在中国情境下的效度和因子结构。研究利用AMOS 25.0对1 131份问卷数据进行分析检验，表4-21为工作繁荣量表的验证性因子分析拟合指标。结果显示：$\chi^2$值、df值分别为19.534和8，由此所得到的$\chi^2$/df值为2.442，低于可接受水平5；GFI值为0.994、NFI值为0.990、RFI值为0.981、CFI值为0.994，上述各项指标值均超过了0.9；RMSEA值为0.036，低于0.08，符合标准（见表4-21）。由此可见，上述各项指标值均较为理想，具有较高的拟合水平。图4-8显示了具体的因子结构，各题项因子载荷大于0.50。

表4-21　　　　工作繁荣量表的验证性因子分析拟合指标

| 指标 | $\chi^2$ | df | $\chi^2$/df | P | GFI | NFI | RFI | CFI | RMSEA |
|---|---|---|---|---|---|---|---|---|---|
| Model0 | 19.534 | 8 | 2.442 | 0.012 | 0.994 | 0.990 | 0.981 | 0.994 | 0.036 |

注：指标值于0.001、0.01、0.05水平存在显著性。

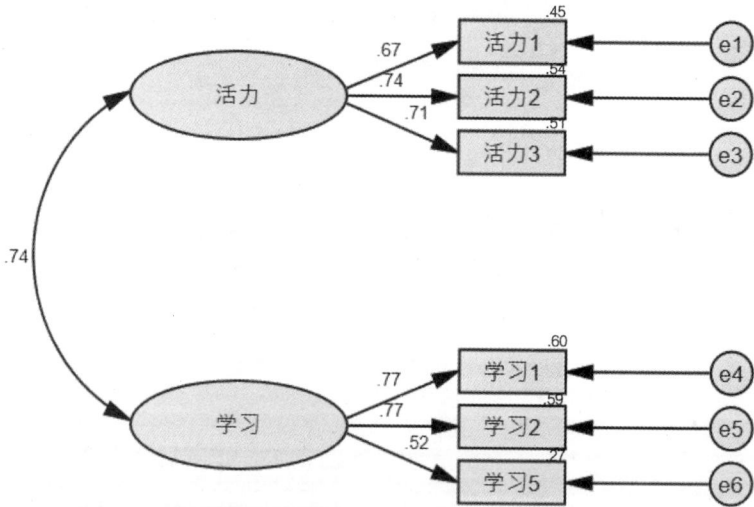

图4-8　工作繁荣验证性因子分析结构

## 4.3.5　主观幸福感量表信效度检验

研究基于Hammer和Kossek（2013）等学者的量表信度测量方法，即以α值对主观幸福感3个维度的子量表分别进行中国情境下的检验。研究结果表明：生活满意感、积极情绪与消极情绪量表的α值分别为

0.794、0.786、0.866，都超过0.7，因此量表信度良好。

为检验主观幸福感在中国情境之下具备的效度以及因子结构，本书作了验证性因子分析。研究利用AMOS 25.0对1 131份问卷数据进行分析，表4-22为主观幸福感量表的验证性因子分析拟合指标。结果显示：$\chi^2$值、df值分别为70.390和24，由此所得到的$\chi^2$/df值为2.933，低于可接受水平5；GFI值为0.986、NFI值为0.984、RFI值为0.976、CFI值为0.990，上述各项指标值均超过了0.9；RMSEA值为0.041，低于0.08，符合量表的效度要求（见表4-22）。由此可见，上述各项指标值均较为理想，具有较高的拟合水平。图4-9具体展示了该量表的因子结构，各题项因子载荷大于0.50。

表4-22　　　　主观幸福感量表的验证性因子分析拟合指标

| 指标 | $\chi^2$ | df | $\chi^2$/df | P | GFI | NFI | RFI | CFI | RMSEA |
|---|---|---|---|---|---|---|---|---|---|
| Model0 | 70.390 | 24 | 2.933 | 0.000 | 0.986 | 0.984 | 0.976 | 0.990 | 0.041 |

注：指标值于0.001、0.01、0.05水平存在显著性。

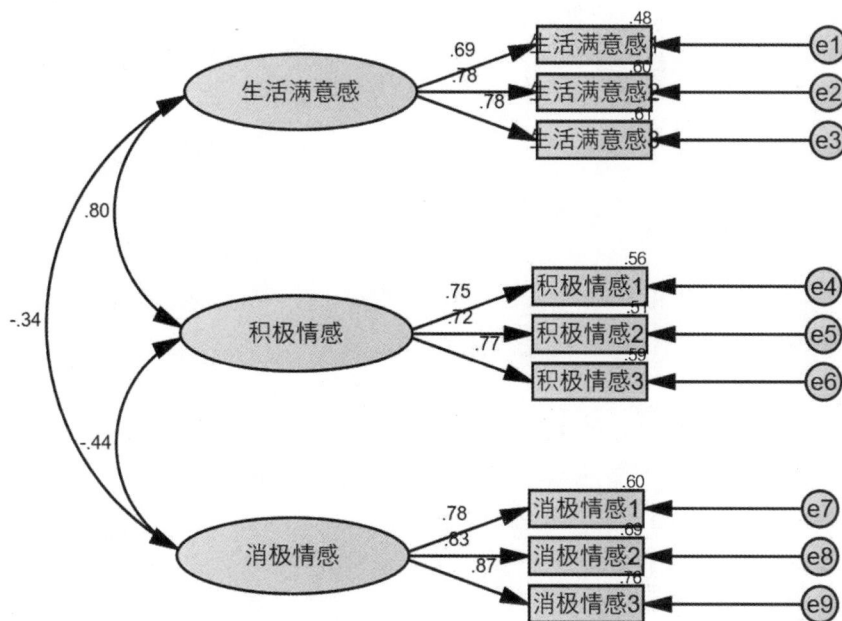

图4-9　主观幸福感验证性因子结构

## 4.4 共同方法偏差检验

调研问卷均由员工进行填写，由于个体感知以及理解等方面存在偏差，因此研究可能存在共同方法偏差的问题。为有效验证是否存在此类偏差，研究选取 Harman 单一因素检验方法进行验证，即将研究涉及的全部量表整合后进行探索性因子分析。研究结果显示，存在 7 个因子解释了 58.629% 的变异量，其中，第一因子解释量占 33.716%。即在本次研究中，不存在单一因子解释大部分变异量，因此，不存在严重的同源偏差。

## 4.5 本章小结

本章在对 1 131 份有效样本进行调查的基础上，对各变量量表进行了因子分析和效度检验。验证结果表明，社会支持、主观幸福感的三因子结构、工作-家庭增益、工作繁荣的二因子结构，均有较好的信度和效度。此外，通过 Harman 单一因素检验方法证明了本书的数据不存在严重的同源方差问题。

# 5 社会支持对员工工作-家庭增益直接影响效应研究

本章在社会支持和员工工作-家庭增益的验证性因子分析基础上，将社会支持和员工工作-家庭增益联系起来，研究这两者之间的内在联系和作用机理。Carlson 等（2006）在研究中指出：员工的工作-家庭增益具体可以分为工作对家庭增益（WFE）和家庭对工作增益（FWE）两个增益方向；由于工作域边界和家庭域边界的硬度和渗透性不同等原因，一方的实现并不代表另一方也必然实现。因此，本书在探讨社会支持对员工工作-家庭增益的直接影响效应时，进一步将其分为社会支持对员工工作之于家庭增益（WFE）影响的直接效应和社会支持对员工家庭之于工作增益（FWE）影响的直接效应。为了进一步比较社会支持对员工工作-家庭增益这两个增益方向的作用大小的不同，本章还将运用结构方程模型比较两者的标准化路径系数。本章在进行结构方程分析时所采用的拟合指标值与第4章对4个关键变量进行验证性因子分析的指标相同，即采用绝对适配度指标和相对适配度指标，具体包括 $\chi^2/df$、RMSEA、GFI值、NFI值、RFI值和CFI值。

# 5.1 社会支持对员工工作之于家庭增益影响的直接效应

## 5.1.1 概念模型与研究假设

社会支持是指，从一个人的社交网络中有价值的人那里获得心理和物质资源，它在压力-应变过程中既具有保护功能，又具有恢复功能（Cohen and Wills，1985）。来自家庭、朋友和重要他人的社会支持对积极行为有重要影响，员工从上级、同事和家庭3个维度得到的支持会提高其生活质量和水平，并且能激励员工更全身心地投入到工作中。学术界已有较多研究证实了社会支持有利于减少工作与家庭的冲突，并对工作与家庭两个领域之间的关系起到正向的促进作用，这些研究成果为探究社会支持对员工工作-家庭增益的作用提供了理论支持。已有研究验证了社会支持能够调节压力与工作-家庭冲突的关系。Cassel 等（1983）研究表明，他人的支持不仅对个体脱离困境有良好的推进作用，而且对个体自身的心理健康极其有益。他人的支持不仅能提供个体额外的资源去克服各种来自生活和工作中的困难，更能避免或降低不良状况对个体本身的影响。个体周围的家人、朋友和同事所提供的社会支持，能够缓解个体所面临的困境。

基于上述分析，个体从社会支持中能够得到更多的工作经验和资源，借以增强个体构建的社会网络，从而提高工作效率和绩效。这些从社会支持中获得的工作经验和资源正是员工产生工作对家庭增益的主要因素。从工作家庭关系来说，工作和家庭的边界没有具体清晰的划分。个体从工作和家庭两方面获得的资源是互通的，当员工在工作中获得一定的成就和资源时，员工的家人会更加认同员工所从事的工作，进而对员工的工作给予更多的支持，使个体获得更高水平的家庭满意度和更加和谐的家庭氛围，这能提高员工工作对家庭的增益。目前，有关社会支持与工作家庭关系的研究成果较少，其中涉及社会支持与工作对家庭增益的研究更是少之又少，来自上级、同事及家庭的支持对员工工作之于家庭增益的影响机制还需做深入的研究。

资源-增益-发展模型系统全面地说明了工作对家庭增益的引发机制和影响因素，该模型提出资源是促进工作对家庭增益的基础，包括能量资源、支持性资源和条件资源。同时，现有研究表明，由于跨领域间资源的使用，工作领域内角色扮演带来的困扰会影响家庭领域的变量效果。社会支持意味着个体能从周围环境中收获有价值的资源，上级、同事、家庭均是个体获取资源的主要来源。因此，本书认为社会支持会正向预测工作对家庭增益。首先，以儒家文化为中心的中国特色传统文化提倡以"和"为贵，这一文化传承使得员工倾向于与同事保持和维系良好的职场关系，并及时为彼此提供帮助，在个体家庭与工作领域间产生冲突和困扰时，上级和同事更能表现出理解和支持的态度和行为。在职场中，当个人与上级或者同事有良好关系时，也就意味着他处于一个支持性的环境，而支持性的环境已被认为能推动增益的发生。一个支持性的工作环境包括上级和同事的支持，组织会产生有利于家庭生活的文化氛围和政策制度。这些能给个体带来更丰富的工作和情感资源，如知识、技能、观点或积极情绪，这也有助于个体提升其家庭生活质量。灵活的工作时间和地点能让员工更为灵活地处理家庭问题，享受幸福的家庭生活。其次，上级和同事作为同伴群体，是个体社会系统重要的组成部分，对个体发展有着重要影响。已有研究表明，同伴关系是个体获取发展资源、满足个体安全感和归属感需求的重要源泉。获得来自上级和同事的资源支持，这能帮助员工更加独立地承担自己的工作，不会因为工作而占用支持家庭的时间。并且，在充足的工作资源下，员工有更多的渠道和机会去接触并学习到多样化的知识和技能，这有助于员工解决工作以及家庭领域的有关困扰和问题，从而有益于员工更好地在家庭中扮演角色、承担义务，以此提升工作对家庭的增益水平。最后，压力是员工产生工作倦怠感的重要因素，一线主管直接影响下属工作量和与工作有关的压力源，对下属的工作角色产生影响，进而干扰其家庭角色（石长慧、王卓妮、赵延东，2021）。因此，上级的支持有助于减轻员工的工作压力，帮助员工化解与工作相关的问题，从而让员工更轻松地完成任务，留有更多时间扮演家庭角色。

综上，上级支持对缓解员工工作压力、增强员工幸福感具有关键作用。来自同事的社会支持通过为员工提供任务所需的资源和帮助，提升了个体的工作效率，从而有效降低了工作负荷对个体家庭领域的负面影响。家庭支持有助于缓解员工工作和家庭方面的压力，有效降低不同角色之间的冲突，促进员工生活满意感的提升。上级支持和同事支持可以增强个体解决和处理问题的能力，提高成果转化和工作效率，缓解了角色负荷、角色冲突等导致的压力；此外，家庭成员给予的支持，包括分享工作经验、分担更多家务等，能够为员工专注于工作创造良好的环境和氛围，从而降低工作与家庭领域间的角色冲突。上级、同事和家庭的支持作为重要的资源，为员工实现工作上的积极绩效和家庭角色的良好扮演提供了充足的能量，有效补偿了资源损耗，有助于员工工作对家庭的增益。因此，提出如下假设：

H1：社会支持对员工工作之于家庭增益具有显著的正向作用。

据此本书构建了社会支持对员工工作之于家庭增益的直接影响效应概念模型，具体如图5-1：

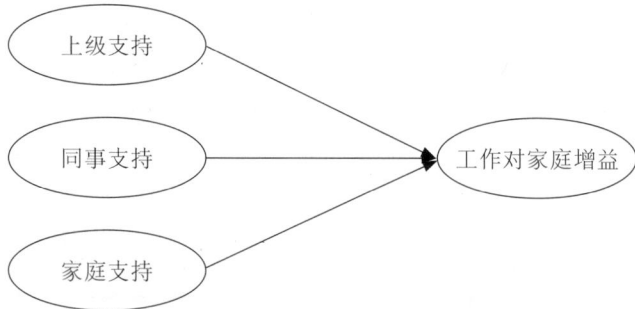

图5-1 社会支持对员工工作之于家庭增益直接影响效应概念模型

### 5.1.2 结构方程分析

本部分将从上级支持、同事支持和家庭支持三个方面，深入探讨社会支持在员工工作促进家庭增益中发挥的直接作用。根据上述假设，将1 131份有效问卷进行统计分析，应用AMOS 25.0软件进行结构方程分析。

社会支持对员工工作之于家庭增益的直接影响效应结构方程拟合指标见表5-1。其中初始模型Model0拟合值是：$\chi^2$=1 100.838，df=203，$\chi^2$/df=5.423，该值比可接受水平5略大。因为样本量的大小对于这个数值有很大影响，而本书选取的是大样本数据，故该值在可接受范围之内。GFI=0.911、NFI=0.912、RFI=0.900、CFI=0.927，都高于0.9；RMSEA=0.063，低于0.08，符合模型拟合的标准。由上述数据可知，该直接影响效应是存在的。

表5-1社会支持对员工工作之于家庭增益直接影响效应结构方程拟合指标

| 指标 | $\chi^2$ | df | $\chi^2$/df | P | GFI | NFI | RFI | CFI | RMSEA |
|---|---|---|---|---|---|---|---|---|---|
| Model0 | 1 100.838 | 203 | 5.423 | 0.000 | 0.911 | 0.912 | 0.900 | 0.927 | 0.063 |

注：各项拟合指标值均为0.001水平具备显著性。

基于上述分析，将社会支持对员工工作之于家庭增益直接影响关系的具体数值列于表5-2中。上级支持、同事支持和家庭支持3个维度对员工工作之于家庭增益具有显著正向作用。其中，上级支持的标准化路径系数为0.300，同事支持的标准化路径系数为0.250，家庭支持的标准化路径系数为0.197，且均显著。基于各路径标准化系数值，研究发现，社会支持对员工工作之于家庭增益影响最大的维度是上级支持，同事支持次之，影响最小的是家庭支持。据此所构建的最终模型如图5-2所示。

表5-2 社会支持对员工工作之于家庭增益直接影响关系的具体数值

| 路径 | 变量间关系 | 标准化路径系数 | 非标准化路径系数 | 标准误 | CR | P |
|---|---|---|---|---|---|---|
| 1 | 上级支持对员工工作之于家庭增益 | 0.300 | 0.270 | 0.053 | 5.062 | *** |
| 2 | 同事支持对员工工作之于家庭增益 | 0.250 | 0.237 | 0.062 | 3.805 | *** |
| 3 | 家庭支持对员工工作之于家庭增益 | 0.197 | 0.162 | 0.031 | 5.204 | *** |

注：***对应的是P值小于0.001。

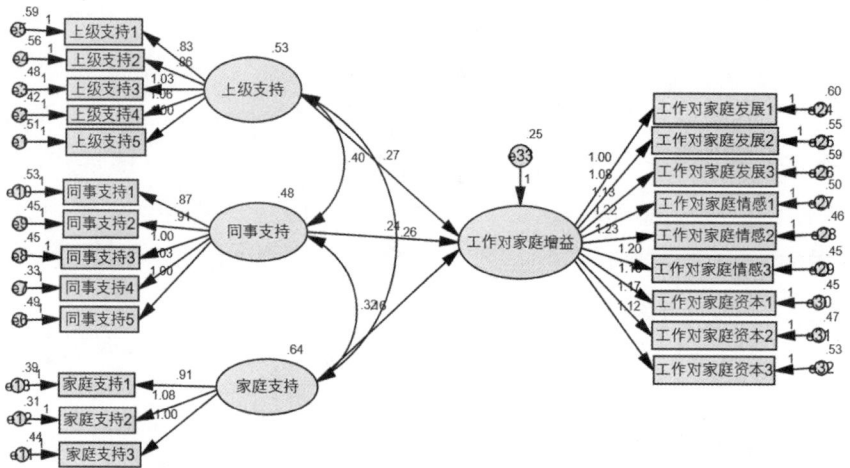

图5-2　社会支持对员工工作之于家庭增益直接影响效应模型

以上进行的结构方程分析和路径系数表明，3个维度的社会支持能够正向影响员工工作对家庭增益，假设H1获得验证支持。

## 5.2 社会支持对员工家庭之于工作增益影响的直接效应

### 5.2.1 概念模型与研究假设

社会支持是个体资源补充和获取的重要渠道，有助于个体身心健康、社会适应和个体目标的实现，即通过社会关系网络的联系获取所需资源，从而缓解面临的工作和生活方面的困扰与压力，激发个体活力和繁荣的状态。社会支持同时涉及家庭内外的供养维系与其他正式、非正式的支援帮助，不仅仅是一种单向的关怀或帮助，在多数情形下还是一种社会交换。良好的社会支持有利于缓解个体面临的压力和冲突带来的消极效应，有利于个体克服职业倦怠，推动个体通过投入时间、寻求资源等方式改进完成工作任务的方式，进一步提高工作效率和创新绩效，对个体职业成长和组织整体效益都有着积极作用。

资源保存理论指出，个体具有努力获取、保持、培育和保护其所珍视的资源的倾向，这些倾向源自个体生活需要和工作动机。一方面，个体会利用现有关键资源应对当前环境中的困境和压力；另一方面，个体会通过对资源进行积极储备和构建，以应对未来的风险和可能存在的挑战。工作-家庭增益的双向性表明：工作实践中得到的经验能帮助提高家庭生活的质量，家庭中感受到的体会也会相应地提高工作生活的质量。从工作家庭关系的角度来分析，工作和家庭的边界是具有渗透性的。个体在工作和家庭中的任何一个领域得到的资源都是可以给另一领域带来帮助的，比如上级对员工家庭表现出的关怀，会提高员工家人对组织和领导的好感和认可，也会尽可能帮助员工进行工作。在现有工作家庭领域的研究中，支持性资源多为领导、组织等的工作支持。而家庭领域的支持同样也能对员工的工作产生帮助，比如家庭支持也会有助于员工更好地工作。当员工有更高的家庭支持时，丰富的家庭资源能帮助其降低自身资源的损耗，进而有更多资源投身工作以产生更好的工作绩效，从而提高家庭对工作的增益。

角色累积理论为构建工作-家庭正向关系提供了一个全新的视角，即个体在工作-家庭中所扮演的多个角色可以互相促进。角色累积理论认为个体可以在参加多种活动的过程中扮演多个角色，而且该角色能够促进另一个角色任务的完成。在角色累积理论中，一个人所扮演的社会角色愈多，说明他对角色的期望愈高；完成角色的表现愈好，则说明他更容易获得别人的认同，更容易适应社会。参与工作或家庭角色活动的经历能使个体在其他领域所做的事情变得更加简单。例如，个体在工作领域中所掌握的技巧，能够在生活中发挥重大作用；而在生活领域中获得的尊重和理解，能够让其在工作领域中更好地完成任务。个体在工作中所获取的如收入、自尊、自信等各种资源能够对其在扮演家庭角色过程中的各类行为产生正向影响。通过研究发现，个体扮演不同的角色有助于缓解不同领域的角色压力和忧虑，即角色组合可以减轻某一角色带来的压力，对另一角色产生增益效果。

基于此，从工作与家庭的关系出发，工作和家庭的边界较弱，两者之间具有较强的灵活性。如果个体能够在工作与家庭两个领域之间自由转换角色，那么个体扮演的这两种角色是能互惠互利、相互供给资源与能量的，比如上级对员工家庭生活表现出的关心、关爱和工作上的指导等，会使员工的家人更加认同组织。当组织中推行家庭支持型主管时，亦可提高员工的工作-家庭增益。资源保存理论指出，当个体在一开始获得一定的资源后，会将其所拥有的资源进行整合利用，个体会将自己所拥有的资源消耗在最合时宜的地方，进而使自己在更多的领域中取得更好的成绩，从而获得大量新资源。Hammer（2007）指出，如果个体从上级那里得到更多的了解与支持，那么他们将会在工作中作出更好的成绩。基于该理论，家庭支持型主管行为对员工工作满意度、组织承诺和工作绩效起到正向作用，从而减少员工的离职意愿。

此外，家庭成员不仅能在员工工作疲惫时缓解他们的压力，而且在员工遇到工作上的困难时或许也可以提出想法供员工参考，家庭内部的和谐也能进一步激发员工的自我效能感，进而会用更好的工作表现来达成工作目标。员工在解决家庭问题时所习得的能力同样也能助力其在工作领域的任务，例如，从担当父母角色中锻炼的领导技能被认为可能帮助个人在工作场所中成为更好的领导人。最后，家庭支持表明家庭成员之间的和睦关系。Ten Brummelhuis 和 Bakker（2012）提出，婚姻作为一个人的家庭背景特征，可以为一个人的工作生活提供潜在价值的资源。因此，本书认为在已婚员工群体中，配偶给其提供的支持具有无可替代的价值，也会助力员工产生家庭对工作的增益。已有研究认为，婚姻状况与家庭对工作的增益有关，已婚个体的家庭对工作引发的增益比未婚者高。除此之外，同事支持不仅使得工作上的收获会增益到家庭领域中，而且对家庭之于工作增益也有影响。在同事的帮助下，员工会产生人际关系中的良好感觉，极有可能会发展成工作外的亲密朋友，这种朋友角色之间的日常分享或许可以帮助员工解决家庭难题，从而有更多时间去完善自我在工作领域中的技能，实现家庭对工作的增益。因此，本书提出以下假设：

H2：社会支持对员工家庭之于工作增益具有显著的正向作用。

社会支持对员工家庭之于工作增益的直接影响效应概念模型如图5-3所示。

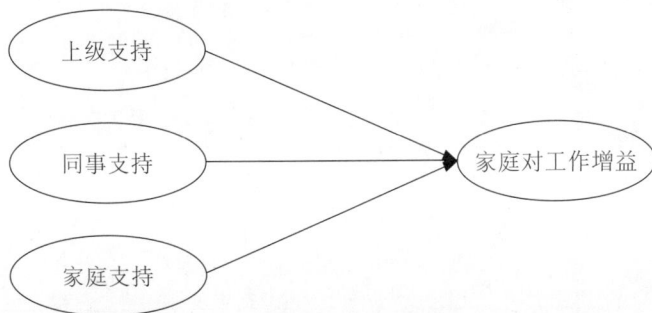

图5-3　社会支持对员工家庭之于工作增益的直接影响效应概念模型

## 5.2.2　结构方程分析

本书将探讨上级支持、同事支持和家庭支持等三个方面的社会支持对员工家庭之于工作增益的直接影响效应。在以上假设的基础上，本书建立了一个社会支持对员工家庭之于工作增益直接影响的假设模型，并统计分析了 1 131 份有效调查问卷，借助 AMOS 25.0 这一软件进行结构方程分析。

社会支持对员工家庭之于工作增益的直接影响效应结构方程拟合指标见表 5-3。其中初始模型 Model0 拟合值是：$\chi^2$=997.704，df=203，$\chi^2$/df=4.915，比可接受水平 5 低；GFI=0.923、NFI=0.916、RFI=0.904、CFI=0.931，都高于可接受水平 0.9；RMSEA=0.059，高于接受水平 0.08。由上述数据可知，该直接影响效应是存在的。

表5-3　社会支持对员工家庭之于工作增益的直接影响效应拟合指标

| 指标 | $\chi^2$ | df | $\chi^2$/df | P | GFI | NFI | RFI | CFI | RMSEA |
|---|---|---|---|---|---|---|---|---|---|
| Model0 | 997.704 | 203 | 4.915 | 0.000 | 0.923 | 0.916 | 0.904 | 0.931 | 0.059 |

注：各项拟合指标值均于 0.001 水平具备显著性。

基于上述分析，将社会支持对员工家庭之于工作增益直接影响关系的关键关系值列于表 5-4 中。从整体而言，社会支持的 3 个维度对员工家庭之于工作增益的直接影响均为显著。上级支持、同事支持以及家庭支持对应的标准化路径系数分别是 0.267、0.154 以及 0.426，且均于 0.05 水平存在显著性。基于各路径标准化系数值能够发现，家庭支持的影响最大，上级支持次之，最小的是同事支持。据此所构建的最终模型图5-4所示。

表5-4　　社会支持对员工家庭之于工作增益直接影响关系的关键关系值

| 路径 | 变量间关系 | 标准化路径系数 | 非标准化路径系数 | 标准误 | CR | P |
|------|-----------|--------------|----------------|--------|------|------|
| 1 | 上级支持对家庭之于工作增益 | 0.267 | 0.258 | 0.054 | 4.781 | *** |
| 2 | 同事支持对家庭之于工作增益 | 0.154 | 0.157 | 0.063 | 2.488 | * |
| 3 | 家庭支持对家庭之于工作增益 | 0.426 | 0.377 | 0.034 | 10.989 | *** |

注：*表示 $P<0.05$；**表示 $P<0.01$；***表示 $P<0.001$。

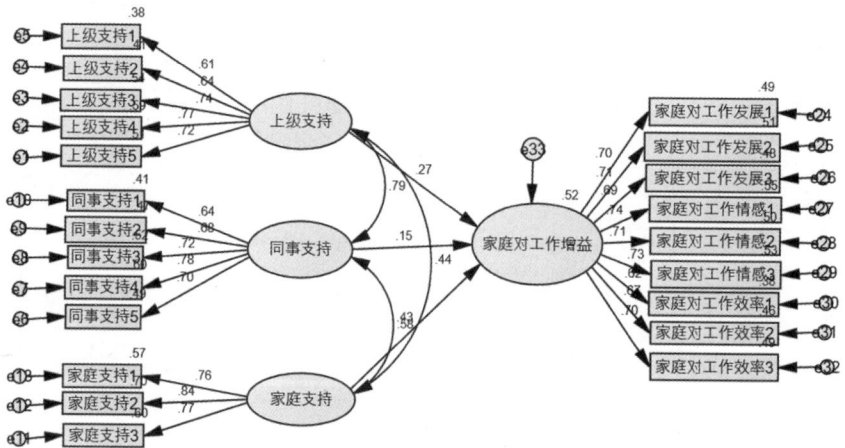

图5-4　社会支持对员工家庭之于工作增益直接影响效应模型

以上进行的结构方程分析和路径系数表明，3个维度的社会支持能够正向影响员工家庭对工作增益，所以，假设H2可获得验证支持。

## 5.3　社会支持对员工工作-家庭增益直接影响效应的对比分析

### 5.3.1　概念模型

资源保存理论提出个体会主动保存已有资源并积极获取新资源，以预防未来可能产生的资源损耗。这种资源分为情境资源和个体资源，前者表示通过外在因素得到的可用资源，后者表示个体自身所激发出的有用资源。工作-家庭增益是基于资源保存理论和角色增强理论提出来的。之前关于工作与家庭关系的研究大多集中于工作-家庭冲突，而角色增强理论认为，个体会在社会中担当不同角色，当担当某一角色时，可能会对另一角色产生作用。工作-家庭增益被理解为"角色 A（工作或家庭）中的经历可以改善角色 B（家庭或工作）中的生活品质"。其中，工作对家庭增益加强了家庭品质，家庭对工作增益则表示家庭的福祉加强了工作品质。工作-家庭增益理论认为，个体从扮演工作角色的过程中收获的积极情绪等，会在其扮演家庭角色时产生促进效应。总之，若个体在家庭和工作两个领域中有多个角色，这些角色会给予个体不同类型的资源，比如知识、技能、心理情感等，这些资源无论是在工作中产生还是家庭中产生，均可以对个体的生活有一定的促进作用。

根据资源保存理论，当一个人得到了某一资源后，会最大限度地使用这一资源，与此同时，还会根据自己所拥有的资源，在其他领域中获取新的资源，从而在其他领域中取得更好的成绩。这一理论也表明，个体所占有的资源是有限度的，个体在工作与家庭领域中的资源配置始终坚持一个相对固定的比率，对资源进行合理的配置是非常必要的，如果资源配置不均衡，就会产生工作与家庭的矛盾。这一理论还提出了资源的互补性这一属性，即个体在某领域存在资源匮乏时可由另一领域的充足资源来进行弥补。

当员工从组织中获得更多的工作资源时，其会根据自身的需要去尽可能获得使自身最大收益的资源，以助其更好地处理家庭关系，增加员工家庭满意度，进而使得家庭氛围得到改善和优化。已有研究表明，在充足的工作资源下，员工有更多机会学习新技能，而这些技能或许对解决家庭领域中的某些矛盾有一定帮助，可以进一步促进员工更好地在家庭中扮演角色、承担义务，提升员工工作对家庭的增益水平。鉴于个体从工作和家庭两个领域中获得的资源是互通的，当员工家庭方面的资源越来越多时就会溢出到工作领域，从而更好地支持员工工作的开展，使得员工在工作领域收获更多积极的情感、较高的自我效能、更多的收益等等，促进工作绩效的提升。员工接收到上级、同事提供的支持会使得自身能够有更多的时间和精力去处理家中的各项事务，这就会使得员工家中的矛盾减少，促进产生一个和谐友好的家庭氛围。此时员工在这种家庭氛围中自身也会得到放松，会保持一种轻松愉悦的心情，这种积极的情感也会溢出到与家庭成员的日常交流中，使得整个家庭成员受到感染，进而为家庭带来更多的资源。而个体愿意提供支持的前提是其自身拥有充足的资源。当员工在工作中获得一定的成就和资源时，员工的家人会更加认同员工所从事的工作，进而对员工的工作给予更多的支持，使个体获得更高水平的家庭满意度和更加和谐的家庭氛围，这有利于提升员工工作对家庭的增益。

Hoagwood 等（2010）在综合梳理前人关于家庭支持方面的文献基础上，指出家庭支持可以为个体提供充足有效的认知和情感帮助，能够进一步推动个体提出解决发展问题的新方案和新方法。此外，家庭成员不仅能在员工工作疲惫时缓解员工的压力，而且在员工遇到工作困难时或许可以提出想法供员工参考，家庭内部的和谐也能进一步激发员工的自我效能，员工进而会用更好的工作表现来达成工作目标。此外，家庭方面还可以提供一些资源来满足员工工作方面的需求，使得员工能够在工作方面更加专注，能以一种更加轻松愉悦的心情参与到工作中，进而使自身效率得到提升，工作绩效得到提高。家庭支持所展现出的资源支持有助于员工实现资源盈余，更好地应对工作上的难题，高效地完成工作任务。

社会支持对员工工作-家庭增益直接影响效应对比分析概念模型如图5-5所示。

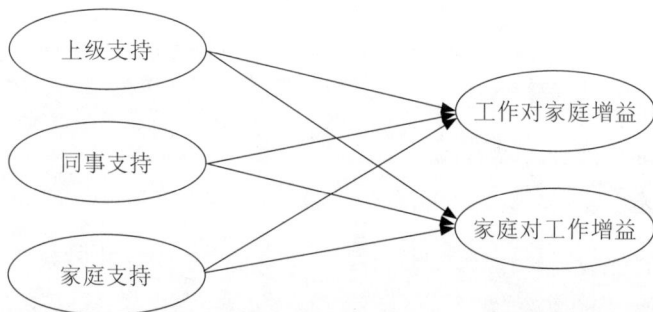

图5-5 社会支持对员工工作-家庭增益直接影响效应对比分析概念模型

### 5.3.2 结构方程

社会支持对员工工作-家庭增益直接影响效应的对比全模型拟合指标见表5-5。对初始模型（Model0）来说，CFI=0.901，超过了0.9，而RMSEA=0.061，低于0.08，即两项指标都符合标准。但其他拟合指标均不太理想，其中，$\chi^2/df$=5.194，超出了5这一可接受水平；而GFI=0.881、NFI=0.881以及RFI=0.870，都比0.9这一可接受水平低。

表5-5 社会支持对员工工作-家庭增益直接影响效应的对比全模型拟合指标

| 指标 | $\chi^2$ | df | $\chi^2/df$ | P | GFI | NFI | RFI | CFI | RMSEA |
|---|---|---|---|---|---|---|---|---|---|
| Model0 | 2 207.378 | 425 | 5.194 | 0.000 | 0.881 | 0.881 | 0.870 | 0.901 | 0.061 |
| Model1 | 1 991.58 | 424 | 4.697 | 0.000 | 0.897 | 0.892 | 0.882 | 0.913 | 0.057 |
| Model2 | 1 884.694 | 423 | 4.456 | 0.000 | 0.898 | 0.898 | 0.888 | 0.919 | 0.055 |
| Model3 | 1 796.439 | 422 | 4.257 | 0.000 | 0.908 | 0.903 | 0.893 | 0.924 | 0.054 |
| Model4 | 1 720.093 | 421 | 4.086 | 0.000 | 0.907 | 0.907 | 0.897 | 0.928 | 0.052 |
| Model5 | 1 645.393 | 420 | 3.918 | 0.000 | 0.911 | 0.911 | 0.908 | 0.932 | 0.051 |

注：***对应的是P<0.001。

基于MI修正指数，可以获知两个残差e32和e33之间存在相关关系。如上所述，社会支持不仅对员工工作之于家庭增益有影响，而且对员工家庭之于工作增益有影响。因此，员工工作对家庭增益与员工家庭对工作增益之间存在相关关系，这就准许e32与e33这两个残差之间建立相关路径，从而得到Model1。对新模型进行验证性分析，结果表明：$\chi^2$=1 991.58，df=424，$\chi^2/df$=4.697，小于5这一可接受水平，RMSEA值为0.057，低于0.08这一可接受水平。同时，CFI值提高至0.913，GFI值提高至0.897，NFI值提高至0.892，RFI值提高至0.882。CFI、GFI、NFI以及RFI拟合值有所提高，可认为达到接受水平。

根据MI修正指数，可以获知两个残差e14和e15之间存在相关关系。如上所述，社会支持不仅对员工工作之于家庭增益有影响，而且对员工家庭之于工作增益有影响。因此，员工工作对家庭增益与员工家庭对工作增益之间存在相关关系，这就准许e14与e15这两个残差之间建立相关路径，从而得到Model2。对新模型进行验证性分析，结果表明：

$\chi^2=1\,884.694$，df=423，$\chi^2/df=4.456$，小于 5 这一可接受水平，RMSEA 值为 0.055，低于 0.08 这一可接受水平。同时，CFI 值提高至 0.919，GFI 值提高至 0.898，NFI 值提高至 0.898，RFI 值提高至 0.888。CFI、GFI、NFI 以及 RFI 拟合值都有所提高，但仍未达到接受水平。

根据 MI 修正指数，可以获知两个残差 e24 和 e25 之间存在相关关系。如上所述，社会支持不仅对员工工作之于家庭增益有影响，而且对员工家庭之于工作增益有影响。因此，员工工作对家庭增益与员工家庭对工作增益之间存在相关关系，这就准许 e24 与 e25 这两个残差之间建立相关路径，从而得到 Model3。对新模型进行验证性分析，结果表明：$\chi^2=1\,796.439$，df=422，$\chi^2/df=4.257$，小于 5 这一可接受水平，RMSEA 值为 0.054，低于 0.08 这一可接受水平。同时，CFI 值提高至 0.924，GFI 值提高至 0.908，NFI 值提高至 0.903，RFI 值提高至 0.893。RFI 拟合值有所提高，但仍未达到接受水平。

根据 MI 修正指数，可以获知两个残差 e17 和 e18 之间存在相关关系。如上所述，社会支持不仅对员工工作之于家庭增益有影响，而且对员工家庭之于工作增益有影响。因此，员工工作对家庭增益与员工家庭对工作增益之间存在相关关系，这就准许 e17 与 e18 这两个残差之间建立相关路径，从而得到 Model4。对新模型进行验证性分析，结果表明：$\chi^2=1\,720.093$，df=421，$\chi^2/df=4.086$，小于 5 这一可接受水平，RMSEA 值为 0.052，低于 0.08 这一可接受水平。同时，CFI 值提高至 0.928，GFI 值提高至 0.907，NFI 值提高至 0.907，RFI 值提高至 0.897。RFI 拟合值有所提高，但仍未达到接受水平。

根据 MI 修正指数，可以获知两个残差 e30 和 e31 之间存在相关关系。如上所述，社会支持不仅对员工工作之于家庭增益有影响，而且对员工家庭之于工作增益有影响。因此，员工工作对家庭增益与员工家庭对工作增益之间存在相关关系，这就准许 e30 与 e31 这两个残差之间建立相关路径，从而得到 Model5。对新模型进行验证性分析，结果表明：$\chi^2=1\,645.393$，df=420，$\chi^2/df=3.918$，小于 5 这一可接受水平；CFI 值为 0.932、GFI 值为 0.911、NFI 值为 0.911、RFI 值为 0.902，皆高于 0.9；RMSEA 值为 0.051，低于 0.08，符合标准。

### 5.3.3 路径系数的对比分析

研究获得了家庭对员工工作增益与员工工作对家庭增益直接受社会支持影响效应全模型，也就是得到了员工工作对家庭增益受社会支持影响的3个维度，即上级支持、同事支持以及家庭支持的具体结果，并且也得到了员工家庭对工作增益受社会支持影响的3个维度，也就是家庭对上级支持、同事支持以及家庭支持影响的具体结果。

根据表5-6的分析结果，该全模型里各个标准化路径系数如下：对员工工作之于家庭增益而言，在社会支持方面，其上级支持影响、同事支持影响以及家庭支持影响路径的标准化路径系数分别为0.310、0.238、0.200；对员工家庭之于工作增益而言，在社会支持方面，其中上级支持影响路径的标准化路径系数为0.252，同事支持的影响路径的标准化路径系数为0.164，家庭支持的影响路径的标准化路径系数为0.436。通过对标准化路径系数的比较可知，整体上社会支持对前者的影响更大。具体而言，上级支持和同事支持对员工工作之于家庭增益有显著的作用，而家庭支持对员工家庭之于工作增益有显著的作用。

表5-6 路径系数的对比分析表

| 路径 | 变量间关系 | 标准化路径系数 | 非标准化路径系数 | 标准误 | CR | P |
|---|---|---|---|---|---|---|
| 1 | 上级支持对工作之于家庭增益 | 0.310 | 0.274 | 0.053 | 5.179 | *** |
| 2 | 同事支持对工作之于家庭增益 | 0.238 | 0.222 | 0.062 | 3.602 | *** |
| 3 | 家庭支持对工作之于家庭增益 | 0.200 | 0.161 | 0.031 | 5.236 | *** |
| 4 | 上级支持对家庭之于工作增益 | 0.252 | 0.247 | 0.055 | 4.499 | *** |
| 5 | 同事支持对家庭之于工作增益 | 0.164 | 0.169 | 0.064 | 2.634 | 0.008 |
| 6 | 家庭支持对家庭之于工作增益 | 0.436 | 0.389 | 0.035 | 11.181 | *** |

这一结果与以往大多数研究得出的"个体可获得的工作对家庭的增益水平小于家庭对工作的增益水平"这一结论存在较大差异（Greenhaus and Powell，2006）。这可能与我们国家的"家文化"有关，这种传统的思想在我们国家的员工中根深蒂固，故本次调查结果必然会受到这种思想的影响。社会支持对员工工作-家庭增益直接影响效应全

模型如图5-6所示。

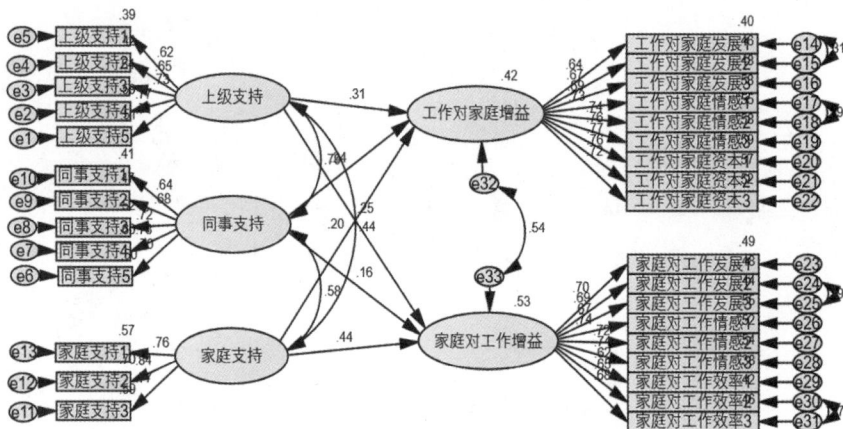

图5-6　社会支持对员工工作-家庭增益直接影响效应全模型

## 5.4　本章小结

由于工作域边界和家庭域边界硬度和渗透性的不同等原因，一方的实现并不代表另一方也必然实现。因此，本书在探讨社会支持对员工工作-家庭增益直接影响效应时，进一步分为社会支持对员工工作之于家庭增益（WFE）影响的直接效应和社会支持对员工家庭之于工作增益（FWE）影响的直接效应，研究结论如下：

第一，社会支持可以显著地促进员工WFE。从结果可以看出，SS、CS和FS这3个维度的社会支持对员工WFE都能有明显的正向影响，其对应的路径系数为0.310，0.238，0.200。由此可以看出，在3个维度的社会支持中，SS对员工WFE的影响最大，CS对员工WFE的影响其次，FS对员工WFE的影响最小。

第二，社会支持可以显著地促进员工FWE。从结果可以看出，社会支持的3个维度对员工FWE都能有明显的正向影响，其对应的路径系数为0.252、0.164、0.436。由此可以看出，在3个维度的社会支持中，FS对员工FWE的影响最大，SS对员工FWE的影响其次，CS对员工FWE的影响最小。

第三，在 SS、CS 和 FS 这 3 个维度的社会支持中，SS 与 CS 对于员工 WFE 有显著的作用，且这一作用大大超过 FS 对 WFE 的作用。从综合模型分析结果可以看出，社会支持的 3 个维度对 WFE 和 FWE 的影响都比较显著，对应的路径系数分别为 0.310、0.238、0.200、0.252、0.164、0.436。

总体来说，SS、CS 和 FS 这 3 个维度的社会支持对员工工作-家庭增益两个增益方向 WFE 和 FWE 都有显著的正向影响（如图 5-7 所示）。其中，SS 和 CS 在员工 WFE 产生的影响要比 FWE 产生的影响更大，而 FS 在员工 FWE 产生的影响远远大于 WFE 产生的影响。

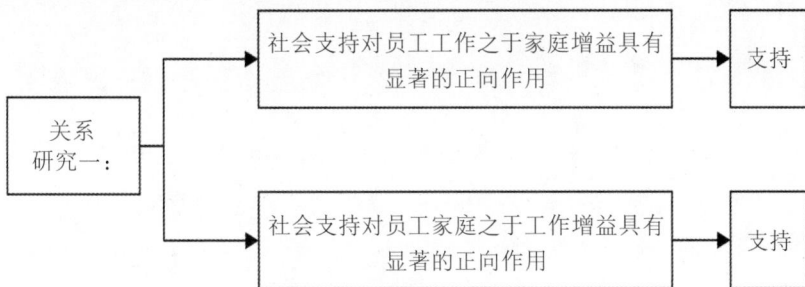

图 5-7　主效应验证结果

# 6 工作繁荣对社会支持与员工工作-家庭增益关系的中介作用研究

　　已有的大量研究主要关注了员工工作-家庭增益的前因变量，包括组织支持、心理卷入及个体特征等，但对于这些前因变量对工作-家庭增益的作用路径还是鲜少涉及的，其中关于社会支持与员工工作-家庭增益之间关系的研究更是少之又少。因此，本书于第4章在对这几个关键变量进行验证性因子分析的基础上，深入探讨了工作繁荣在社会支持与员工工作-家庭增益关系中的中介效应。鉴于工作-家庭增益包括工作对家庭增益（WFE）和家庭对工作增益（FWE）这两个增益方向的内容，两者的边界硬度和渗透性不同，一方的实现并不代表另一方也必然实现，因而，本章在研究工作繁荣对社会支持与员工工作-家庭增益关系的中介作用时，也将分工作对家庭增益（WFE）和家庭对工作增益（FWE）两个方向进行，即分别探讨工作繁荣及其两个维度——活力（情感）和学习（认知）在社会支持与员工工作-家庭增益的两个增益方向（WFE和FWE）之间的独立中介效应和联合中介效应。

# 6.1 工作繁荣对社会支持与员工工作之于家庭增益关系的中介效应

## 6.1.1 概念模型及研究假设

工作繁荣是指个体对工作中的活力（情感）和学习（认知）进行体验时产生的积极心理状态。其中，活力是指工作中的一种充满活力、热爱工作的状态；学习是指员工获取和应用知识与技能来建立能力和信心的行为形式。资源保存理论指出，个体倾向于充分利用自身资源，努力达成资源保存与增值的目标。个体在工作中所具有的主动与活力状态对其积极行为有持续的推动力，并促使其结合现有的知识储备，通过自身学习能力的提升实现新的知识增加并应用于工作实践，从而实现新的资源增加。

Ten Brummelhuis 和 Bakker（2012）指出获得社会支持的个体能充分利用个人资源和情境资源，在面临工作问题时有效结合感情与智力，积极缓解工作压力的影响。Halbesleben 等（2014）强调，个人资源和情境资源能够促进工作繁荣的实现。具体来说，当个体获得较多的社会支持时能具备更多的资源，通过工作域和家庭域的交互影响，这些资源也会随着角色的转换发生迁移，实现个体更好的行为表现，个体的活力体验也有所优化。与之类似，与社会支持随之而来的还包括各种资源，个体能够充分利用这些资源加强知识扩充和技能的提升，此时个体的学习体验同样得到提升。但是由于个体之间所处的组织情境是存在差异的，故不同员工的体验水平也有所不同。当组织情境较优时，个体在此种环境下的工作繁荣水平随之较高；当组织情境较差时，个体的工作繁荣水平也有所降低。个体所具备的资源、动因性工作行为等也会影响其工作繁荣水平。根据工作要求-资源视角，员工感受到的社会支持和工作意义都是组织员工所拥有的资源。此外，当员工在工作场所中获得工作繁荣时，这种激情不仅会提升其工作绩效，也会进一步影响其在家庭角色中的增益，从而实现资源的最大化利用。工作-家庭增益过程模型将个体的态度和技能、身心条件、社会关系、工作中的弹性、工作中的物质作为促进二者交换的五种重要资源，且这五种资源互相促进。基于此，个体在工作中所展现出的繁荣状态，能够在一定程度上促进其将工作中的资源增益到家庭领域。因此，社会支持能够通过工作繁荣的间接作用促进员工工作对家庭的增益。

H1：工作繁荣在社会支持与员工工作对家庭增益关系之间起到中介作用

工作繁荣在社会支持与员工工作对家庭增益关系之间的中介作用概念模型如图6-1所示。

**图6-1 工作繁荣在社会支持与员工工作对家庭增益关系之间的中介作用概念模型**

### 6.1.2 结构方程分析

在该部分当中具体研究分析的是社会支持通过工作繁荣间接作用于员工工作对家庭增益的情况。本书结合Muller等（2005）在相关研究中指出的中介作用成立的相关条件，针对社会支持通过工作繁荣对员工工作之于家庭增益产生作用的中介效应进行综合验证，并据此依照假设H1展开相应的检验分析。工作繁荣在社会支持与员工工作对家庭增益之间的中介作用系数见表6-1。结果显示，工作繁荣对员工工作之于家庭增益有显著正向影响（β=0.343，P<0.001），社会支持对员工工作之于家庭增益也仍然有显著正向影响（β=0.378，P<0.001），但是β系数从0.606减小为0.378，表明工作繁荣在社会支持和员工工作对家庭增益之间起部分中介作用。

**表6-1 工作繁荣在社会支持与员工工作对家庭增益之间的中介作用系数**

| 变量 | 工作繁荣 | | | | 工作对家庭增益 | | | | | |
| --- | --- | --- | --- | --- | --- | --- | --- | --- | --- | --- |
| | 模型1 | | 模型2 | | 模型3 | | 模型4 | | 模型5 | |
| | β值 | T值 | β值 | T值 | β值 | T值 | β值 | T值 | β值 | T值 |
| 控制变量 | | | | | | | | | | |

续表

| 变量 | 工作繁荣 | | | | 工作对家庭增益 | | | | | |
|---|---|---|---|---|---|---|---|---|---|---|
| | 模型1 | | 模型2 | | 模型3 | | 模型4 | | 模型5 | |
| | β值 | T值 | β值 | T值 | β值 | T值 | β值 | T值 | β值 | T值 |
| 性别 | −0.047 | −1.580 | −0.058 | −2.554 | 0.024 | 0.792 | 0.015 | 0.608 | 0.034 | 1.505 |
| 年龄 | 0.058 | 1.356 | 0.087 | 2.554 | −0.085* | −1.996 | −0.058 | −1.712 | −0.088** | −2.725 |
| 学历 | 0.015 | 0.502 | −0.003 | −0.118 | 0.003 | 0.098 | −0.013 | −0.551 | −0.012 | −0.542 |
| 工作年限 | −0.084 | −1.973 | −0.024 | −0.752 | 0.043 | 1.015 | 0.098** | 2.872 | 0.106** | 3.287 |
| 自变量 | | | | | | | | | | |
| 社会支持 | | | 0.665*** | 29.560 | | | 0.606*** | 25.328 | 0.378*** | 12.524 |
| 中介变量 | | | | | | | | | | |
| 工作繁荣 | | | | | | | | | 0.343*** | 11.401 |
| 调整后 $R^2$ | 0.002 | | 0.438 | | 0.001 | | 0.363 | | 0.429 | |
| $\Delta R^2$ | 0.005 | | 0.435 | | 0.004 | | 0.362 | | 0.066 | |
| $F$ | 1.466 | | 176.835 | | 1.200 | | 129.806 | | 142.235 | |

注：*表示 $P<0.05$；**表示 $P<0.01$；***表示 $P<0.001$。

综上所述，工作繁荣在社会支持与员工工作对家庭增益之间起部分中介作用，故假设 H1 得到有效支持。

## 6.2　活力对社会支持与员工工作之于家庭增益关系的中介效应

### 6.2.1　概念模型及研究假设

社会支持作为一种包括了上级、同事和家庭支持的外部力量，能够丰富个体工作和生活所需的不同资源，增强个体解决问题的能力，在处理工作和家庭间关系的过程中发挥着关键作用。基于工作-家庭增益模型可知，来自上级和同事的支持可以为个体的工作角色赋能，推动个体更加高质量、高效地完成工作任务；而来自家庭的支持为个体的家庭角色赋能，有利于个体维持和谐的家庭关系，将从家庭中获得的资源运用于工作当中，提升个体在工作中的态度和行为。

工作繁荣是个体在组织生活中体验到的一种积极状态，以学习感（更多的理解和知识）和活力感（更有激情地投入工作）为标志，表现为精力充沛、能力丰富、在工作任务中表现出色。这种状态对于个体在组织和生活中的发展均具有积极的影响。拥有活力的个体往往在生活和工作中表现出更高程度的主动性，并能以更多的热情投入到完成任务的过程中。Boyd（2015）认为，要想使组织中的员工达到一种繁荣的状态，关键在于创造一个能激发员工繁荣的组织环境。这是因为，来自组织的帮助能够使个体意识到自己的潜力，看到自我和行为的改善，从而达到繁荣的状态。有研究指出，社会支持给个体带来的资源能够使其对工作和生活中的挑战保持更积极的态度，即感知到社会支持的个体会更具活力。此外，感知到的社会支持还会缓冲来自工作和生活的压力，进而增加个体面对挑战时的乐观和活力。因此，本书认为社会支持在3个维度（上级支持、同事支持和家庭支持）对员工在工作场所中的活力具有正向促进作用。

工作-家庭增益阐述了个体在这两种角色中的经历可以使其获得更加积极的双向体验。其中，工作对家庭增益是指个体在工作角色中的经历能够提升其在家庭生活质量的程度。根据资源保存理论，当个体能够从组织和社会中获取到需要的资源时，他们会尽力保持资源并将其有效运用。所以，当员工在工作场所中获得活力时，这种激情不仅会提升其工作绩效，还会进一步影响其在家庭角色中的增益，从而实现资源最大化利用。工作-家庭增益过程模型将个体的态度和技能、身心条件、社会关系、工作中的弹性、工作中的物质作为促进二者交换的五种重要资源，且这五种资源互相促进。基于此，个体在工作中所展现出的活力的这种心理状态，能够在一定程度上促进其将工作中的资源增益到家庭领域。因此，社会支持能够通过活力的间接作用促进员工工作对家庭的增益。

通过上述分析在此作出以下假设：

H1a：活力在社会支持与员工工作对家庭增益关系之间起到中介作用。

其概念模型如图6-2所示。

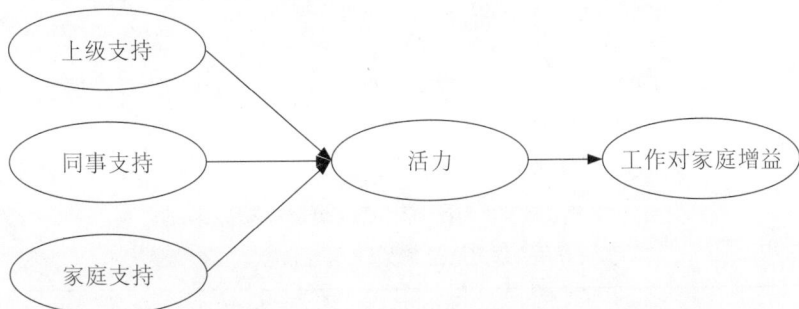

图6-2　活力在社会支持与员工工作对家庭增益关系之间中介作用概念模型

### 6.2.2　结构方程分析

活力在社会支持与员工工作对家庭增益关系之间中介影响效应拟合指标见表6-2。初始模型 Model0 的拟合值是：$\chi^2/df=4.815$、RMSEA=0.058、RFI=0.897，分别低于可接受值5、0.08和0.09；GFI=0.910、NFI=0.909、CFI=0.926，都比可接受值0.9高。

表6-2　活力在社会支持与员工工作对家庭增益关系之间中介影响效应拟合指标

| 指标 | $\chi^2$ | df | $\chi^2/df$ | P | GFI | NFI | RFI | CFI | RMSEA |
|---|---|---|---|---|---|---|---|---|---|
| Model0 | 1 275.86 | 265 | 4.815 | 0.000 | 0.910 | 0.909 | 0.897 | 0.926 | 0.058 |
| Model1 | 1 166.080 | 264 | 4.417 | 0.000 | 0.919 | 0.917 | 0.905 | 0.934 | 0.055 |

注：各项拟合指标值均为0.001水平具备显著性。

依据MI修正指数，残差e24和e25间存在一定的相关性。根据上文的分析，社会支持对员工工作－家庭增益产生的影响是包括两方面的，包括工作对于家庭的增益和家庭对工作的增益。因此，两者之间存在一定的相关性，也正因如此残差e24与e25之间存在一定的关联，通过建立相关路径，可得到 Model1。对修正后的新模型进行验证性分析，结果显示$\chi^2=1$ 166.080，df=264，$\chi^2/df=4.417$，RMSEA 值为0.055。同时，CFI值提高至0.934，GFI值提高至0.919，NFI值提高至0.917，RFI值提高至0.905。RFI拟合值有所提高，高于可接受水平。

由此能够知道，活力在社会支持3维度（上级、同事和家庭支持）与员工工作对家庭的增益之间起到中介影响的效应评估模型成立。

基于上述分析，并结合Muller等（2005）在相关研究中指出的中介作用成立的相关条件，研究时针对社会支持3维度（上级、同事和家庭支持）通过活力维度对员工工作之于家庭的增益产生作用的中介效应进行综合验证，并据此依照假设H1a展开相应的检验分析。

具体的结构方程分析结果见表6-3。

表6-3　　　　　　活力在社会支持与员工工作对家庭增益关系之间的
中介作用路径系数及显著性检验

| 模型 | 变量间关系 | 标准化路径系数 | 非准化路径系数 | 标准误 | CR | P | 显著与否 |
|---|---|---|---|---|---|---|---|
| Model0 | 上级支持对工作之于家庭增益 | 0.300 | 0.270 | 0.053 | 5.062 | *** | Y |
| | 同事支持对工作之于家庭增益 | 0.250 | 0.237 | 0.062 | 3.805 | *** | Y |
| | 家庭支持对工作之于家庭增益 | 0.197 | 0.162 | 0.031 | 5.204 | *** | Y |
| Model1 | 上级支持对工作之于家庭增益 | 0.240 | 0.208 | 0.051 | 4.105 | *** | Y |
| | 同事支持对工作之于家庭增益 | 0.191 | 0.174 | 0.059 | 2.979 | ** | Y |
| | 家庭支持对工作之于家庭增益 | 0.019 | 0.015 | 0.035 | 0.430 | 0.667 | N |
| | 上级支持对活力 | 0.193 | 0.173 | 0.057 | 3.038 | ** | Y |
| | 同事支持对活力 | 0.162 | 0.154 | 0.067 | 2.292 | .* | Y |
| | 家庭支持对活力 | 0.488 | 0.400 | 0.037 | 10.893 | *** | Y |
| | 活力对工作之于家庭增益 | 0.345 | 0.333 | 0.050 | 6.592 | *** | Y |

注：*表示$P<0.05$；**表示$P<0.01$；***表示$P<0.001$。

表6-3中，Model0与Model1分别表示在加入中介变量活力前后的分析结果。社会支持3维度对员工工作之于家庭增益产生的直接效应分析，具体如下：

（1）活力在上级支持与员工工作对家庭增益之间起部分中介效应

第5章的分析结果表明，只考虑直接效应、未考虑活力这一中介变量影响的情况时，上级支持作用于结果变量员工工作对于家庭的增益效应显著（$\beta=0.300$，$P<0.001$）。将活力纳入模型之后，可基于结构方程分析全模型。此时，上级支持对活力能够形成显著性影响（$\beta=0.193$，P

<0.01）。活力对员工工作之于家庭的增益起到显著性影响（β=0.345，P<0.001）。同时，上级支持对员工工作之于家庭增益的影响依旧显著（β=0.240，P<0.001）。然而在与没有添加中介变量活力之前的结果相对比可知，自变量和结果变量之间对应的标准化路径系数值为0.300，存在明显下降，因此上级支持可以通过活力的部分中介作用促进员工工作对家庭的增益。

（2）活力在同事支持与员工工作对家庭增益之间起部分中介效应

第5章的分析结果表明，只考虑直接效应、未考虑活力这一中介变量影响的情况时，自变量同事支持作用于结果变量员工工作对家庭的增益效应显著（β=0.250，P<0.001）。而将活力纳入模型之后，同事支持对活力能够形成显著性影响（β=0.162，P<0.05）。活力对员工工作之于家庭的增益起到显著性影响（β=0.345，P<0.001）。同时，同事支持对员工工作之于家庭的增益的影响依旧显著（β=0.191，P<0.01）。然而，与没有添加中介变量活力之前进行对比可知，自变量和结果变量之间对应的标准化路径系数值为0.250，存在明显下降，因此同事支持能够通过活力的部分中介作用促进员工工作对家庭的增益。

（3）活力在家庭支持与员工工作对家庭增益之间起完全中介效应

第5章的分析结果表明，只考虑直接效应、未考虑活力这一中介变量影响的情况时，自变量同事支持作用于结果变量员工工作对家庭的增益效应显著（β=0.488，P<0.001）。而将活力纳入模型之后，家庭支持对活力能够形成显著性影响（β=0.162，P<0.05）。活力对员工工作之于家庭的增益起到显著性影响（β=0.345，P<0.001）。同时，家庭支持对员工工作之于家庭的增益的影响不显著（β=0.019，P>0.05）。然而与没有添加中介变量活力之前进行对比，自变量和结果变量之间对应的标准化路径系数值为0.197，存在明显下降，因此家庭支持能够通过活力的完全中介作用促进员工工作对家庭的增益。

综上所述，活力在上级、同事支持与员工工作对家庭的增益之间起部分中介作用，而完全中介于家庭支持与员工工作对家庭的增益之间的关系，故假设H1a得到有效支持，具体的中介作用模型如图6-3所示：

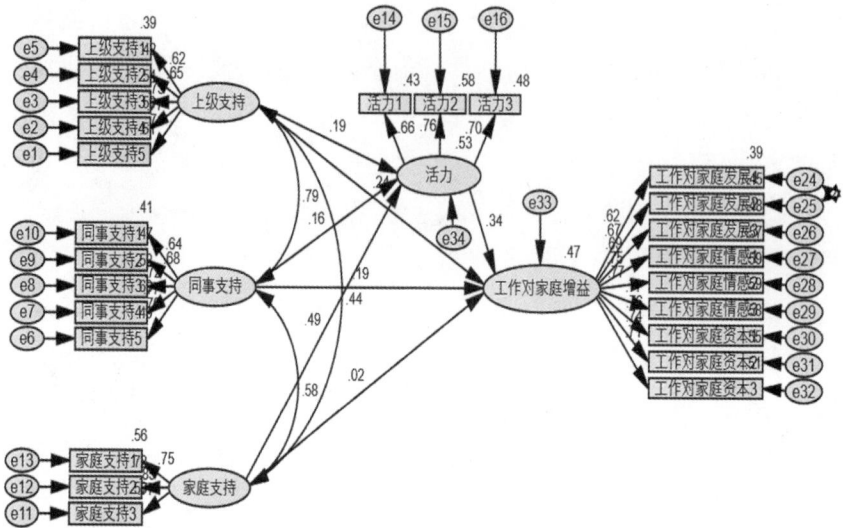

图6-3　活力在社会支持与员工工作对家庭增益之间中介影响效应模型

## 6.3　学习对社会支持与员工工作之于家庭增益关系的中介效应

### 6.3.1　概念模型及研究假设

工作繁荣的另一个维度是学习，这里的"学习"是指个体在工作中获得的知识和技能，并能将之应用到自己的工作中的能力。社会嵌入模型强调学习是嵌入组织社会网络中的，就是说学习不会仅仅发生在个人的头脑中，还发生在工作场所的互动中。基于工作要求-资源理论，个体感受到的社会支持是其所拥有的一种资源，能够在一定程度上促进个体学习能力的提升。因此，当个体能得到来自上级、同事和家庭的支持时，他们能够将更多的精力用于提升个人能力，即来自上级、同事和家人的支持能够为个体的学习积累资源，从而促进其学习状态的繁荣；并且，这种学习的状态不仅能够促进员工的成长、发展和心理健康，此后还能够由工作场所转移到家庭领域。

已有研究表明，从工作和家庭不同领域中获得的支持，不仅能够改善员工的生活质量，还会提升员工在工作中的能力和水平。上级通过对员工的创意和想法给予肯定、对员工的工作成果予以及时的赞扬，能够提升员工的个体繁荣状态，激励员工更加投入到工作当中，进一步提升工作绩效。关于同事支持的实证研究表明，来自同事的支持能够给员工带来积极的情感体验，强化员工的积极情绪。随着经济社会中对分工合作的要求日益增加，在工作中同事之间的交流协作频率也逐步提高，使得同事间的人际关系也更加紧密，有助于员工提升在工作场所的学习行为。已有研究从个体工作与生活之间的关系中展开探索，研究表明个体若能在家庭中营造良好、和谐的氛围，更有利于家庭成员之间互帮互助，培养个体的学习能力，提升个体的知识水平，丰富个体的各项技能，而当个体将这些在家庭生活中获得的资源运用到工作中时，能帮助个体更好地实现工作目标。

社会支持有助于员工感受到组织的信任与支持，从而通过对内在情绪产生的正向影响，增加个体的活力，提升工作和学习的主动性。学习维度主要是指员工可以积极自主地进行新知识的获取和学习，追求工作技能的提升。知识的获取和运用是员工积极行为的重要前置因素，学习能够带来员工工作所需的各项知识技能，提升工作胜任力，降低工作倦怠水平，利于员工工作的长期稳定。资源保存理论指出，个体会倾向于获取、保持、培育和保护其所珍视的资源。个体的工作繁荣状态能够产生循环促进，协助个体学习新的知识与技能，强化自身工作竞争力，促进创新绩效的实现。Kleine等（2019）研究发现，当员工处于工作繁荣状态时更愿意通过学习增强工作能力。资源保存理论指出，个人更倾向于保留现有的资源维护自身优势，并努力持续获取新资源来强化自身。个体的内在动力对其行为表现有重要的作用，工作繁荣所携带的积极状态会促进员工的学习与工作优化，通过知识提升员工的认知水平和随机应变能力，并促使员工将这种胜任力渗入到家庭角色中，实现不同领域角色表现的优化。因而，社会支持有助于个体学习行为的增强，进而提升个体在工作场所的行为表现，推动员工工作-家庭增益。

通过上述分析在此作出以下假设：

H1b：学习在社会支持和员工工作对家庭的增益关系之间具有中介效应。

学习在社会支持与员工工作对家庭增益之间中介作用的概念模型如图6-4所示。

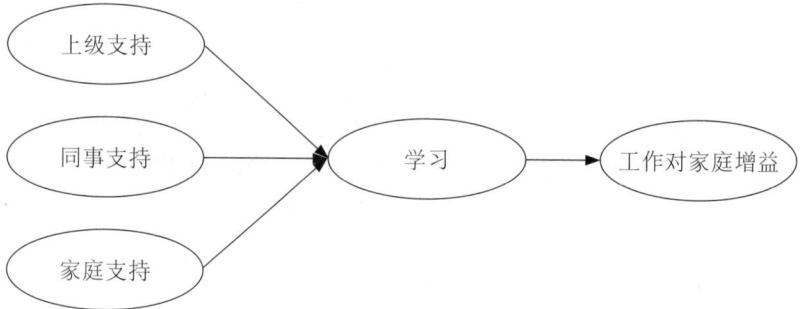

**图6-4　学习在社会支持与员工工作对家庭增益之间中介作用的概念模型**

### 6.3.2　结构方程分析

学习对社会支持与员工工作之于家庭增益关系的中介影响效应拟合指标见表6-4。其中，初始模型Model0拟合值是：$\chi^2/df=4.718$，低于可接受水平5；GFI=0.913、NFI=0.910、CFI=0.928，均高于可接受水平0.9；RMSEA=0.057，低于0.08。虽然RFI=0.898小于0.9，但修正后的结果可接受。

**表6-4　学习对社会支持与员工工作之于家庭增益关系的中介影响效应拟合指标**

| 指标 | $\chi^2$ | df | $\chi^2/df$ | P | GFI | NFI | RFI | CFI | RMSEA |
|---|---|---|---|---|---|---|---|---|---|
| Model0 | 1 250.273 | 265 | 4.718 | 0.000 | 0.913 | 0.910 | 0.898 | 0.928 | 0.057 |
| Model1 | 1 137.804 | 264 | 4.310 | 0.000 | 0.921 | 0.918 | 0.907 | 0.936 | 0.054 |

注：各项拟合指标值均于0.001水平具备显著性。

依据MI修正指数，残差e24和e25间存在一定的相关性。根据上文的分析，社会支持对工作-家庭增益产生的影响包括两方面：工作对于家庭的增益和家庭对工作的增益。因此，两者之间存在一定的相关性，也正因如此残差e24与e25之间存在一定的关联，通过建立相关路径，可得到Model1。对修正后的新模型进行验证性分析，结果显示：$\chi^2/df=4.310$，小于可接受水平5；GFI=0.921、NFI=0.918、CFI=0.936，均高于可接受水平 0.9；RMSEA=0.054，低于 0.08。同时，RFI 提高至 0.907，高于 0.9。由此可知，学习在社会支持 3 维度（上级、同事和家庭支持）与员工工作对家庭的增益之间起到中介影响的效应评估模型成立。

基于上述分析，并结合 Muller 等（2005）在相关研究中指出的中介作用成立的相关条件，研究时针对社会支持 3 维度（上级、同事和家庭支持）通过学习维度对员工工作之于家庭的增益产生作用的中介效应进行综合验证，并据此依照研究提出的假设 H1 展开相应的检验分析。

具体的结构方程分析结果见表 6-5。

表6-5　　　　学习在社会支持与员工工作对家庭增益的
中介作用路径系数及显著性检验

| 模型 | 变量间关系 | 标准化路径系数 | 非准化路径系数 | 标准误 | CR | P | 显著与否 |
|---|---|---|---|---|---|---|---|
| Model0 | 上级支持对工作之于家庭增益 | 0.300 | 0.270 | 0.053 | 5.062 | *** | Y |
| | 同事支持对工作之于家庭增益 | 0.250 | 0.237 | 0.062 | 3.805 | *** | Y |
| | 家庭支持对工作之于家庭增益 | 0.197 | 0.162 | 0.031 | 5.204 | *** | Y |
| Model1 | 上级支持对工作之于家庭增益 | 0.182 | 0.157 | 0.051 | 3.071 | ** | Y |
| | 同事支持对工作之于家庭增益 | 0.182 | 0.165 | 0.058 | 2.865 | ** | Y |
| | 家庭支持对工作之于家庭增益 | 0.073 | 0.058 | 0.031 | 1.854 | 0.064 | N |
| | 上级支持对学习 | 0.336 | 0.243 | 0.047 | 5.129 | *** | Y |
| | 同事支持对学习 | 0.179 | 0.137 | 0.055 | 2.478 | * | Y |
| | 家庭支持对学习 | 0.310 | 0.206 | 0.029 | 7.009 | *** | Y |
| | 学习对工作之于家庭增益 | 0.368 | 0.437 | 0.060 | 7.310 | *** | Y |

注：*表示 P<0.05；**表示 P<0.01；***表示 P<0.001。

表 6-5 中，Model0 与 Model1 分别表示在加入中介变量活力前后的分析结果，社会支持的三维度对员工工作之于家庭增益产生的直接效应分析如下：

（1）上级支持可以通过学习的间接作用对员工工作之于家庭增益产

生影响

第5章的分析结果表明，只考虑直接效应、未考虑学习这一中介变量影响的情况时，上级支持作用于结果变量员工工作对家庭的增益效应显著（β=0.300，P<0.001）。将学习纳入模型之后，可基于结构方程分析全模型。此时，上级支持对学习能够形成显著性影响（β=0.336，P<0.01）。学习对员工工作之于家庭的增益起到显著性影响（β=0.368，P<0.001）。同时，上级支持对员工工作之于家庭增益的影响依旧显著（β=0.182，P<0.01）。然而，与没有添加中介变量学习之前的结果对比可知，自变量和结果变量之间对应的标准化路径系数值为0.300，存在明显下降，因此上级支持能够通过学习的部分中介作用促进员工工作对家庭的增益。

（2）同事支持可以通过学习的间接作用对员工工作之于家庭增益产生影响

如第5章的分析结果所示，只考虑直接效应、未考虑学习这一中介变量影响的情况时，同事支持作用于结果变量员工工作对家庭增益的效应显著（β=0.250，P<0.001）。而将学习纳入模型之后，同事支持对学习能够形成显著性影响（β=0.179，P<0.05）。学习对员工工作之于家庭增益起到显著性影响（β=0.368，P<0.001）。同时，同事支持对员工工作对之于家庭增益的影响依旧显著（β=0.182，P<0.01）。然而，与没有添加中介变量学习前的结果对比可知，自变量和结果变量之间对应的标准化路径系数值为0.250，存在明显下降，因此同事支持能够通过学习的部分中介作用促进员工工作对家庭的增益。

（3）家庭支持可以通过学习的间接作用对员工工作之于家庭增益产生影响

如第5章的分析结果所示，只考虑直接效应、未考虑学习这一中介变量影响的情况时，家庭支持作用于结果变量员工工作对家庭增益的效应显著（β=0.197，P<0.001）。而将学习纳入模型之后，家庭支持对活力能够形成显著性影响（β=0.310，P<0.001）。学习对员工工作之于家庭增益起到显著性影响（β=0.368，P<0.001）。同时，家庭支持对员工工作之于家庭增益的影响不显著（β=0.073，P>0.05）。然而与没有添加中介变量学习前的结果对比，自变量和结果变量之间对应的标准化路径系数值为 0.197，存在明显下降，因此家庭支持能够通过学习的完全中介作用促进员工工作对家庭的增益。

综合以上分析可知，学习部分中介了上级支持、同事支持与结果变量的关系，完全中介了家庭支持与结果变量之间的关系，故假设 H1b 得到有效支持，具体的中介作用模型如图 6-5 所示：

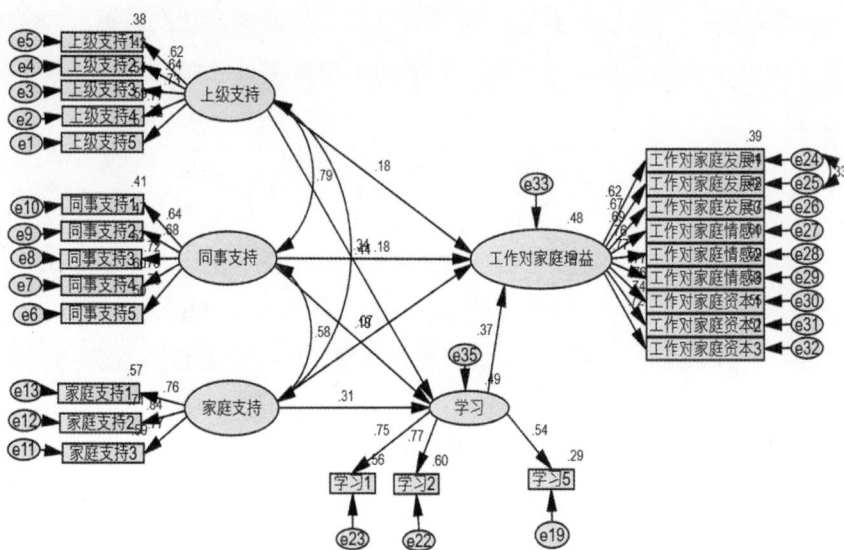

图 6-5　学习在社会支持与员工工作对家庭增益之间中介影响效应模型

## 6.4　活力和学习对社会支持与员工工作之于家庭增益关系的联合中介效应

### 6.4.1　概念模型

社会支持作为重要的组织资源，有助于推动员工工作繁荣。具体来说，社会支持能够削弱员工在工作和生活中感知到的压力，获得高水平社会支持的员工相较于获得低水平社会支持的员工能够得到更高的工作-家庭增益水平。已有研究证明，来自组织中管理者的支持能够为个体的工作和家庭生活带来更多的资源，即上级支持有助于员工工作-家庭增益。当上级对员工的工作成果和个人价值给予肯定、为员工在开展工作的过程中提供资源帮助时，能够使员工切实感受到丰富的社会支持，由此减轻员工在工作和家庭中感受到的压力和负担。家庭支持是社会支持中的一个维度，是个体在家庭领域中可以获得的关键资源，具体表现为个体在家庭中得到的物质和精神支持。已有研究表明获得高水平家庭支持的员工能够拥有更健康的身体和心理状态，因此其在工作中也会减少工作倦怠，更好地完成工作任务、提高工作绩效。来自上级、同事以及家庭的支持能够优化员工工作的态度和行为，进一步提升员工的学习能力，也会使员工在工作中更有活力。

Zhai等（2020）从资源保存理论的视角出发，研究发现工作繁荣状态能够提升员工的工作满意度和生活幸福感，将来自社会支持的资源有效转化为个体资源。一方面，活力能够驱动员工积极从事创新活动。具备活力的员工能够拓展个体的认知和行为边界，有能力和精力开展创新活动，进而提升创新绩效。另一方面，学习能力是决定员工工作表现和成果的关键因素之一。当员工不断提升自身学习能力，丰富自身的知识储备后，更有可能在工作中提出新方法和新创意，并有一定的能力将之付诸实践。具有高水平工作繁荣状态的员工会在完成本职工作之外积极学习新知识、拓宽知识面，因此他们更善于在工作中探索新方法、新任务，进而产生工作对家庭的增益。基于压力缓冲理论，有学者验证了社会支持3个维度在缓解个体工作压力、改善个体工作状态、促进个体工作繁荣（学习和活力维度）中所产生的积极作用。工作-家庭增益理论的溢出-交叉模型指出，对于个体而言，其在担任一个角色时得到的良好体验能够对另一角色产生影响。Camreli（2013）也认为个体具有的活力和学习的繁荣状态也能够从一种角色传递到另一种角色中，即个体在工作场所感知到的来自上级、同事和家人的支持能够提升其完成组织任务时的活力及其在工作中学习的能力，而工作场所中活力和学习的状态又能够进一步传递到家庭领域中，使其在担任家庭角色时也能保持较高的热情和进步的状态，并对工作和家庭中的他人产生正向影响。因此，基于以上对活力和学习在社会支持与员工工作对家庭增益的关系中间接作用的理论阐述，本书认为社会支持能够通过活力和学习的联合间接作用对员工工作之于家庭增益关系产生影响。活力和学习在社会支持与员工工作之于家庭增益关系之间联合中介影响效应概念模型如图6-6所示。

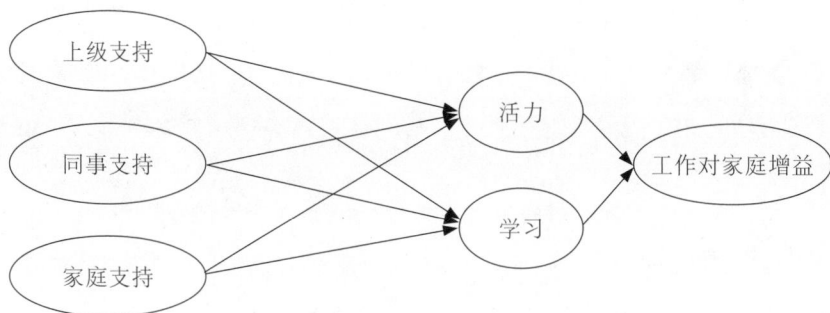

**图6-6　活力和学习在社会支持与员工工作之于家庭增益之间**
**联合中介影响效应概念模型**

## 6.4.2　结构方程分析

活力在社会支持与员工工作之于家庭增益关系的联合中介影响效应拟合指标见表6-6。

表6-6　　　**活力在社会支持与员工工作之于家庭增益关系的**
**联合中介影响效应拟合指标**

| 指标 | $\chi^2$ | df | $\chi^2/df$ | P | GFI | NFI | RFI | CFI | RMSEA |
|------|------|-----|------|------|------|------|------|------|-------|
| Model0 | 1 504.897 | 335 | 4.492 | 0.000 | 0.908 | 0.904 | 0.891 | 0.923 | 0.056 |
| Model1 | 1 284.653 | 333 | 3.858 | 0.000 | 0.920 | 0.917 | 0.906 | 0.937 | 0.051 |

注：各项拟合指标值均于0.001水平具备显著性。

从表6-6可见，初始模型Model0拟合值是：$\chi^2/df=4.492$，低于可接受水平5；GFI=0.908、NFI=0.904、CFI=0.923，均高于可接受水平0.9；RMSEA=0.056，低于0.08。但是RFI的值仅为0.891，低于可接受水平0.9。

依据MI修正指数，残差e24与e25、e34与e35间存在一定的相关性。将e24与e25、e34与e35分别关联后，得到新模型Model1。进一步展开结构方程分析，分析结果呈现拟合，也达到了理想水平。其中：$\chi^2/df=3.858$，比可接受水平5低；GFI=0.920、NFI=0.917、CFI=0.937，均高于可接受水平0.9；RMSEA=0.051，呈现出一定的下降，小于0.08；RFI=0.906，呈现出一定的上升，高于0.9。由于收集到的样本数量有限，故此检验结果可接受。

据此可知，社会支持3维度（上级、同事和家庭支持）能够通过活力和学习的联合中介作用对员工工作之于家庭增益产生影响，假设成立。

基于上述分析，并结合Muller等（2005）在相关研究中指出的中介作用成立的相关条件，研究时针对活力在社会支持3个维度（上级支持、同事支持和家庭支持）和员工工作对家庭增益之间起到联合中介效应进行综合验证，并据此依照研究提出的假设H1a、H1b展开相应的检验分析。具体的结构方程分析结果见表6-7。

表6-7　　　　　活力和学习对社会支持与员工工作之于家庭增益
联合中介作用路径系数及显著性检验

| 模型 | 变量间关系 | 标准化路径系数 | 非准化路径系数 | 标准误 | CR | P | 显著与否 |
|---|---|---|---|---|---|---|---|
| Model0 | 上级支持对工作之于家庭增益 | 0.300 | 0.270 | 0.053 | 5.062 | *** | Y |
| | 同事支持对工作之于家庭增益 | 0.250 | 0.237 | 0.062 | 3.805 | *** | Y |
| | 家庭支持对工作之于家庭增益 | 0.197 | 0.162 | 0.031 | 5.204 | *** | Y |
| Model1 | 上级支持对工作之于家庭增益 | 0.172 | 0.149 | 0.051 | 2.927 | ** | Y |
| | 同事支持对工作之于家庭增益 | 0.169 | 0.153 | 0.057 | 2.666 | ** | Y |
| | 家庭支持对工作之于家庭增益 | 0.004 | 0.003 | 0.034 | 0.081 | 0.935 | N |
| | 上级支持之于活力 | 0.212 | 0.190 | 0.058 | 3.262 | ** | Y |
| | 同事支持之于活力 | 0.137 | 0.129 | 0.068 | 1.897 | 0.058 | N |
| | 家庭支持之于活力 | 0.495 | 0.406 | 0.037 | 10.994 | *** | Y |
| | 活力对工作之于家庭增益 | 0.209 | 0.201 | 0.059 | 3.380 | *** | Y |

| 模型 | 变量间关系 | 标准化路径系数 | 非准化路径系数 | 标准误 | CR | P | 显著与否 |
|------|-----------|---------------|---------------|--------|------|-----|---------|
| Model1 | 上级支持对学习 | 0.329 | 0.239 | 0.048 | 4.950 | *** | Y |
| | 同事支持对学习 | 0.189 | 0.143 | 0.056 | 2.571 | * | Y |
| | 家庭支持对学习 | 0.307 | 0.204 | 0.029 | 6.964 | *** | Y |
| | 学习对工作之于家庭增益 | 0.264 | 0.314 | 0.071 | 4.453 | *** | Y |

注：*对应的是P<0.05；**对应的是P<0.01；***对应的是P值小于0.001。

（1）当将活力和学习联合放入模型中后，活力在社会支持的3个维度和结果变量之间起到中介作用

① 活力部分中介了上级支持对员工工作之于家庭增益的影响。在没有添加活力（中介变量）的条件下，从第5章的分析可知，自变量上级支持作用于结果变量员工工作对家庭增益的效应显著（β=0.300，P<0.001）。将活力纳入模型之后，上级支持对活力能够形成显著性影响（β=0.212，P<0.01）。活力对员工工作之于家庭的增益起到显著性影响（β=0.209，P<0.001）。同时，上级支持对员工工作之于家庭增益的影响依旧显著（β=0.172，P<0.01）。然而在与没有添加中介变量活力之前的结果对比可知，自变量和结果变量之间对应的标准化路径系数值为0.300，存在明显下降，因此上级支持可以通过活力的部分中介作用促进员工工作对家庭的增益。

② 活力部分中介了同事支持对员工工作之于家庭增益的影响。如第5章的分析结果所示，只考虑直接效应、未考虑活力这一中介变量影响的情况时，同事支持作用于结果变量员工工作对家庭增益的效应显著（β=0.250，P<0.001）。而将活力纳入模型之后，同事支持对活力能够形成一般显著性影响（β=0.137，P<0.01）。活力对员工工作之于家庭增益起到显著性影响（β=0.209，P<0.001）。同时，同事支持对员工工作之于家庭增益的影响依旧显著（β=0.169，P<0.01）。然而，与没有添加中介变量活力前的结果对比可知，自变量和结果变量之间对应的标

准化路径系数值为0.250，存在明显下降，因此同事支持能够通过活力的部分中介作用促进员工工作对家庭的增益。

③ 活力完全中介了家庭支持与员工工作之于家庭增益的影响。如第5章的分析结果所示，只考虑直接效应、未考虑活力这一中介变量影响的情况时，家庭支持作用于结果变量员工工作对家庭增益的效应显著（β=0.197，P＜0.001）。而将活力纳入模型之后，家庭支持对活力能够形成显著性影响（β=0.495，P＜0.001）。活力对员工工作之于家庭增益起到显著性影响（β=0.209，P＜0.001）。同时，家庭支持对员工工作之于家庭增益的影响不显著（β=0.004，P＞0.05）。然而与没有添加中介变量活力前的结果对比可知，自变量和结果变量之间对应的标准化路径系数值为0.197，存在明显下降，因此家庭支持能够通过活力的完全中介作用促进员工工作对家庭的增益。

（2）上级、同事支持通过学习的部分中介作用对员工工作对于家庭增益产生影响，而家庭支持则为完全中介效应

①上级支持可以通过学习的间接作用对员工工作之于家庭增益产生影响。如第5章的分析结果所示，只考虑直接效应、未考虑学习这一中介变量影响的情况时，上级支持作用于结果变量员工工作对家庭增益的效应显著（β=0.329，P＜0.001）。将学习纳入模型之后，可基于结构方程分析全模型。学习对员工工作之于家庭增益起到显著性影响（β=0.264，P＜0.001）。同时，上级支持对员工工作之于家庭增益的影响依旧显著（β=0.172，P＜0.01）。然而，与没有添加中介变量学习之前的结果对比可知，自变量和结果变量之间对应的标准化路径系数值是0.300，存在明显下降，因此上级支持能够通过学习的部分中介作用促进员工工作对家庭的增益。

②同事支持可以通过学习的间接作用对员工工作之于家庭增益产生影响。如第5章的分析结果所示，只考虑直接效应、未考虑学习这一中介变量影响的情况时，同事支持作用于结果变量员工工作对家庭增益的效应显著（β=0.250，P＜0.001）。而将学习纳入模型之后，同事支持对学习能够形成显著性影响（β=0.89，P＜0.05）。学习对员工工作之于家庭增益起到显著性影响（β=0.264，P＜0.001）。同时，同事支持对员工

工作之于家庭增益的影响依旧显著（β=0.169，P＜0.01）。然而，与没有添加中介变量学习前的结果对比可知，自变量和结果变量之间对应的标准化路径系数值是0.250，存在明显下降，因此同事支持能够通过学习的部分中介作用促进员工工作对家庭的增益。

③家庭支持可以通过学习的间接作用对员工工作之于家庭增益产生影响。如第5章的分析结果所示，只考虑直接效应、未考虑学习这一中介变量影响的情况时，家庭支持作用于结果变量员工工作对家庭增益的效应显著（β=0.197，P＜0.001）。而将学习纳入模型之后，家庭支持对活力能够形成显著性影响（β=0.307，P＜0.001）。学习对员工工作之于家庭增益起到显著性影响（β=0.264，P＜0.001）。同时，家庭支持对员工工作之于家庭增益的影响不显著（β=0.004，P＞0.05）。然而，与没有添加中介变量学习前的结果对比可知，自变量和结果变量之间对应的标准化路径系数值是0.197，存在明显下降，因此家庭支持能够通过学习的完全中介作用促进员工工作对家庭的增益。

经过调查研究，在上述结果中存在一些"有趣"的现象。借由对活力在自变量和因变量之间存在的中介作用展开的相关分析，可以得出结论：来自上级、同事、家庭的支持通过活力的部分中介作用对员工工作之于家庭增益产生影响。但是，通过研究活力和学习在社会支持3维度和员工工作对家庭增益之间起到中介效应之后可知，上级支持、同事支持通过活力的部分中介作用对员工工作之于家庭增益产生影响，而家庭支持则不可以。

与以上结论相似的是，社会支持3维度均可通过学习的部分中介作用对员工工作之于家庭增益产生影响，但是在联合中介效应验证中则发现，上级支持、同事支持可以通过学习的部分中介作用对员工工作之于家庭增益产生影响，家庭支持则不可以。

因为活力和学习之间同样存在一定的关联性，导致了上述现象的产生，两者在自变量和因变量之间起到的中介效应可以通过交互影响而综合或抵消。综上所述，本书提出的假设H1a和H1b得到验证，具体的联合效应模型如图6-7所示。

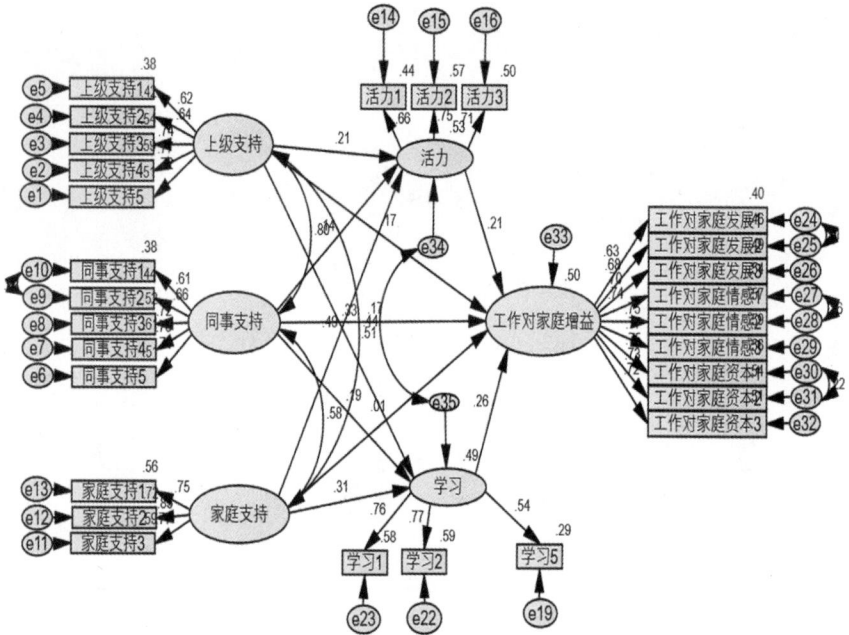

图6-7 活力和学习在社会支持与员工工作之于家庭增益之间
联合中介影响效应模型

## 6.5 工作繁荣对社会支持与员工家庭之于工作增益关系的中介效应

### 6.5.1 概念模型及研究假设

通过归纳总结国内外学者关于工作-家庭增益的相关研究后，可以发现来自亲属、同事及友人的支持性资源能够通过情感路径对工作-家庭增益的实现造成影响。而已有研究表明，社会支持能促进个体实现工作繁荣，来自组织和家庭领域的支持提高了员工的生活水平和工作积极性。社会支持主要包括上级支持、同事支持和家庭支持。其中，上级支持作为工作资源对缓解员工工作压力、处理工作-家庭冲突和提升员工幸福感具有关键作用。同事支持通过帮助员工按时完成工作任务，有效降低了工作负荷对工作紧张的影响。个体从家庭域中获得的多样化资源是来自家庭支持的重要表现形式之一，能够对个体的现有资源进行丰富和完善，激发个体内在的积极情绪，从而使其体现出正向的行为表现。当个体自身具备丰富的可以依托的资源时，能够保持较高的情绪状态，积极主动地完成各项工作任务要求，提升自己的工作表现，以此来实现可持续发展。由此可见，员工获得的社会支持能为员工带来更多的资源，并通过个体在工作域和家庭域的角色转换进行相互影响，帮助个体的不同角色表现都能得到有效提升，使个体将获得的资源更有效地投入到工作和家庭中，实现二者的增益。

工作繁荣的个体在生活和工作中都拥有更高的满意度，对其工作的态度与行为也有显著影响，这种内在因素可以激发个体潜力并使其扩大可得资源的利用，更好地履行工作和家庭的职责。此外，工作-家庭增益是个体在不同领域内角色交互作用产生的，个体在某个领域内的角色资源会通过情感性路径或工具性路径对个体的另一种角色体验产生影响。综上所述，在企业中员工的工作繁荣状态主要受到来自组织的工作资源的影响，而员工所感受到的社会支持可以看作员工所拥有的一种资源，因此增加员工获得的社会支持能够促进员工实现工作繁荣。此时，达到高水平工作繁荣状态的员工会获得更多有价值的情绪（情感）资源和实践资源（如发展新技术、找到新角度、提高人力资本及效率等），并且会将这些丰富的资源灵活应用到处理工作和家庭关系的过程中，进而促进员工工作-家庭增益的产生。由此可见，当员工的工作繁荣状态提升时，会对其在家庭的状态产生积极影响，在家庭生活中的和谐体验又会反作用于员工在工作中的状态。因此，社会支持能够通过工作繁荣的间接作用促进员工家庭对工作的增益。

H2：工作繁荣在社会支持与员工家庭对工作增益关系之间起到中介作用

其概念模型如图6-8所示。

图6-8 工作繁荣在社会支持与员工家庭对工作增益关系之间中介作用概念模型

## 6.5.2 结构方程分析

工作繁荣在社会支持与员工家庭对工作增益之间中介作用系数见表6-8。以员工工作对家庭增益为因变量，M1（模型1，下同）仅存在控制变量，M2、M3是在M1的基础上分别加入社会支持、工作繁荣。将社会支持和工作繁荣引入到模型中，可以构建M4。结果显示，工作繁荣对员工家庭之于工作增益有显著正向影响（$\beta=0.256$，$P<0.001$），社会支持对员工家庭之于工作增益也有显著正向影响（$\beta=0.466$，$P<0.05$），但是 $\beta$ 系数从 0.637 减小为 0.466，表明工作繁荣在社会支持和员工家庭对工作增益之间起部分中介作用。

表6-8 工作繁荣在社会支持与员工家庭对工作增益之间中介作用的系数

| 变量 | 工作繁荣 | | | | 家庭对工作增益 | | | | | |
| --- | --- | --- | --- | --- | --- | --- | --- | --- | --- | --- |
| | 模型1 | | 模型2 | | 模型3 | | 模型4 | | 模型5 | |
| | β值 | T值 | β值 | T值 | β值 | T值 | β值 | T值 | β值 | T值 |
| 控制变量 | | | | | | | | | | |
| 性别 | -0.047 | -1.580 | -0.058 | -2.554 | -0.004 | -0.130 | -0.014 | -0.585 | 0.001 | 0.052 |
| 年龄 | 0.058 | 1.356 | 0.087 | 2.554 | -0.059 | -1.399 | -0.031 | -0.953 | -0.054 | -1.678 |
| 学历 | 0.015 | 0.502 | -0.003 | -0.118 | 0.013 | 0.418 | -0.004 | -0.192 | -0.004 | -0.168 |
| 工作年限 | -0.084 | -1.973 | -0.024 | -0.752 | -0.024 | -0.575 | 0.033 | 0.998 | 0.039 | 1.222 |
| 自变量 | | | | | | | | | | |
| 社会支持 | | | 0.665*** | 29.560 | | | 0.637*** | 27.471 | 0.466*** | 15.578 |
| 中介变量 | | | | | | | | | | |
| 工作繁荣 | | | | | | | | | 0.256*** | 8.607 |
| $R^2$ | 0.002 | | 0.438 | | 0.003 | | 0.402 | | 0.439 | |
| $\Delta R^2$ | 0.005 | | 0.435 | | 0.006 | | 0.399 | | 0.037 | |
| $F$ | 1.466 | | 176.835 | | 1719 | | 153.225 | | 148.328 | |

注：*表示P<0.05；**表示P<0.01；***表示P<0.001。

综上所述，工作繁荣在社会支持与员工家庭对工作增益之间起部分中介作用，故假设 H2 得到有效支持。

## 6.6 活力对社会支持与员工家庭之于工作增益关系的中介效应

### 6.6.1 概念模型与研究假设

家庭对工作的增益表现为个体在家庭中所承担角色的状态能够影响到其在工作中的角色，且其在家庭领域获得的资源也能够促进个体工作的顺利开展。例如，个体在家庭中获得的社会资源和角色经验有助于个体构建丰富的社会网络，从而为工作的开展获得更多的资源。研究发现，良好的家庭环境与积极的组织行为密切相关；而来自家庭领域的支持，能够对员工在工作领域的行为产生积极影响。基于工作-家庭增益模型可知，和谐的家庭关系及积极的家庭氛围，能够使个体无后顾之忧，更加专心地投入到工作中，从而将这种健康向上的氛围增益到工作场所中去。因此，本书认为，社会支持能够促进员工家庭对工作的增益。社会支持的 3 个维度会通过影响个体所掌握的各类资源进一步对个体的工作繁荣状态产生一定的积极作用。

基于前文的分析，社会支持能够对个体的活力产生积极的作用，这种作用不仅体现在工作领域，也体现在家庭领域。郑晓明和卢舒野（2013）也指出，组织情境是员工繁荣状态的重要影响因素，因此来自上级、同事和家人的支持能够让员工提升效率，更好地完成工作，从而把更多的时间和精力放在家庭领域，增加回归家庭的热情。Carmeli（2013）认为繁荣包括了个体在家庭中的繁荣，他指出个体获得积极的情感和实践体验，使其在家庭领域更具活力。良好的家庭氛围能给员工带来更高的幸福感和心理安全感，减少其工作的后顾之忧，即员工承担家庭角色的活力能够进一步增益到工作中去，从而更有利于其承担工作角色。因此，本书认为社会支持 3 维度能够通过活力的间接作用促进员工家庭对工作的增益。

通过上述分析在此作出以下假设：

**H2a**：活力在社会支持和员工家庭对工作增益之间起到中介效应。

活力在社会支持与员工家庭对工作增益之间中介作用的概念模型如图6-9所示。

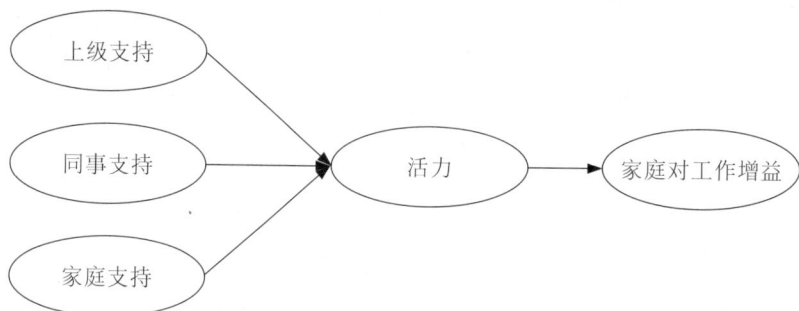

图6-9　活力在社会支持与员工家庭对工作增益之间中介作用的概念模型

### 6.6.2　结构方程分析

活力在社会支持与员工家庭对工作增益之间的中介影响效应拟合指标见表6-9。初始模型Model0拟合值是：$\chi^2=1\,170.940$，df=265；$\chi^2/df=4.419$，低于可接受值5；RMSEA=0.055，低于0.08；GFI=0.921、NFI=0.912、RFI=0.900、CFI=0.930，都比可接受值0.9高。由此，评估模型成立。

表6-9　活力在社会支持与员工家庭对工作增益之间的中介影响效应拟合指标

| 指标 | $\chi^2$ | df | $\chi^2/df$ | P | GFI | NFI | RFI | CFI | RMSEA |
|---|---|---|---|---|---|---|---|---|---|
| Model0 | 1 170.940 | 265 | 4.419 | 0.000 | 0.921 | 0.912 | 0.900 | 0.930 | 0.055 |

注：各项拟合指标值均于0.001水平具备显著性。

基于上述分析，并结合Muller等（2005）在相关研究中指出的中介作用成立的相关条件，研究时针对活力在社会支持3维度（上级、同事和家庭支持）与员工家庭对工作增益之间产生作用的中介效应绩效综合验证，并据此依照研究提出的假设H2a展开相应的检验分析。

具体的结构方程分析结果见表6-10。

表6-10　　　　活力在社会支持与员工家庭对工作增益之间的
中介作用路径系数及显著性检验

| 模型 | 变量间关系 | 标准化路径系数 | 非准化路径系数 | 标准误 | CR | P | 显著与否 |
|---|---|---|---|---|---|---|---|
| Model0 | 上级支持对家庭之于工作增益 | 0.267 | 0.258 | 0.054 | 4.781 | *** | Y |
| | 同事支持对家庭之于工作增益 | 0.154 | 0.157 | 0.063 | 2.488 | * | Y |
| | 家庭支持对家庭之于工作增益 | 0.426 | 0.377 | 0.034 | 10.989 | *** | Y |
| Model1 | 上级支持对家庭之于工作增益 | 0.239 | 0.232 | 0.054 | 4.291 | *** | Y |
| | 同事支持对家庭之于工作增益 | 0.130 | 0.134 | 0.063 | 2.137 | * | Y |
| | 家庭支持对家庭之于工作增益 | 0.355 | 0.313 | 0.040 | 7.870 | *** | Y |
| | 上级支持对活力 | 0.195 | 0.175 | 0.057 | 3.067 | ** | Y |
| | 同事支持对活力 | 0.161 | 0.154 | 0.067 | 2.277 | * | Y |
| | 家庭支持对活力 | 0.488 | 0.400 | 0.037 | 10.884 | *** | Y |
| | 活力对家庭之于工作增益 | 0.145 | 0.156 | 0.051 | 3.068 | ** | Y |

注：*表示P<0.05；**表示P<0.01；***表示P<0.001。

表6-10中，Model0与Model1分别表示在加入中介变量活力前后的分析结果。社会支持的三维度对家庭之于工作增益产生的直接效应分析如下：

（1）上级支持通过活力的部分中介作用对员工家庭之于工作增益产生影响

如第5章的分析结果所示，只考虑直接效应、未考虑活力这一中介变量影响的情况时，上级支持作用于结果变量员工家庭对工作增益的效应显著（β=0.267，P<0.01）。将活力纳入模型之后，可基于结构方程进行全模型分析。此时，上级支持对活力能够形成显著性影响（β=0.195，P<0.01）。活力对员工家庭之于工作增益起到显著性影响（β=0.145，P<0.01）。同时，上级支持对员工家庭之于工作增益的影响依

旧显著（β=0.239，P＜0.001）。然而，在与没有添加中介变量活力之前的结果相对比可知，自变量和结果变量之间对应的标准化路径系数值为0.267，存在明显下降，因此上级支持能够通过活力的部分中介作用促进员工家庭对工作的增益。

（2）同事支持通过活力的部分中介作用对员工家庭之于工作增益产生影响

如第5章的分析结果所示，只考虑直接效应、未考虑活力这一中介变量影响的情况时，同事支持作用于结果变量员工家庭对工作增益的效应显著（β=0.161，P＜0.05）。活力对员工家庭之于工作增益起到显著性影响（β=0.145，P＜0.01）。同时，同事支持对员工工作之于家庭增益的影响依旧显著（β=0.130，P＜0.05）。然而，与没有添加中介变量活力前的结果对比可知，自变量和结果变量之间对应的标准化路径系数值是0.154，有显著降低，所以同事支持能够通过活力的部分中介作用促进员工工作对家庭的增益。

（3）家庭支持通过活力的部分中介作用对员工家庭之于工作增益产生影响

如第5章的分析结果所示，只考虑直接效应、未考虑活力这一中介变量影响的情况时，家庭支持作用于结果变量员工家庭对工作增益的效应显著（β=0.426，P＜0.001）。而将活力纳入模型之后，家庭支持对活力能够形成显著性影响（β=0.488，P＜0.001）。活力对员工家庭之于工作增益起到显著性影响（β=0.145，P＜0.01）。同时，家庭支持对员工家庭之于工作增益的影响显著（β=0.355，P＜0.01）。然而，与没有添加中介变量活力前的结果对比，自变量和结果变量之间对应的标准化路径系数值是0.426，存在明显下降，因此家庭支持能够通过活力的部分中介作用促进员工家庭对工作的增益。

综上所述，活力在社会支持的3个维度（上级、同事和家庭支持）与员工家庭对工作增益之间都能够起到部分中介效应，故假设H2a得到有效支持，具体的中介作用模型如图6-10所示。

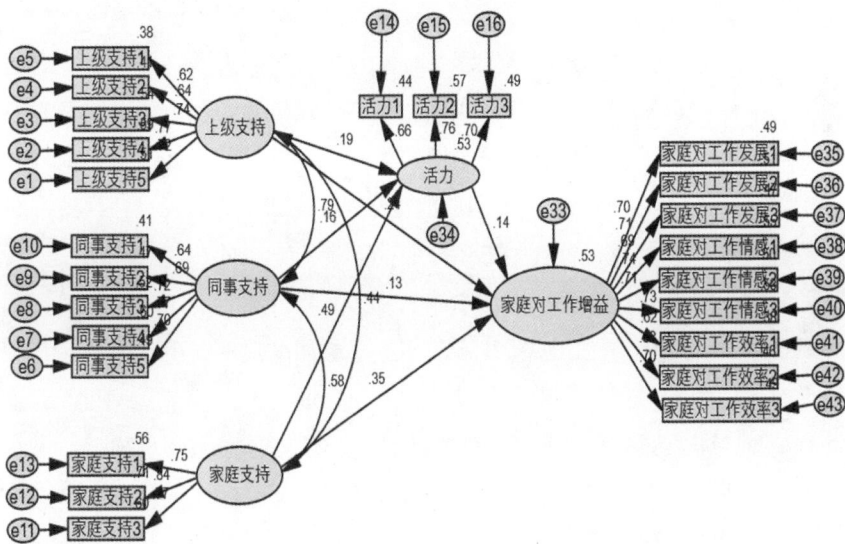

图6-10　活力在社会支持与员工家庭对工作增益之间中介影响效应模型

## 6.7　学习对社会支持与员工家庭之于工作增益关系的中介效应

### 6.7.1　概念模型与研究假设

有研究者认为，社会支持是有利于员工进一步平衡好工作和家庭生活的坚实的外部力量，其作为员工工作-家庭增益的重要前因变量，可以通过上级支持、同事支持和家庭支持3个维度给予员工正向的情感承诺和重要资源，也可以正向促进员工工作繁荣的产生，而工作繁荣通过活力维度促进了员工工作-家庭增益的实现。此外，已有研究综合运用社会交换理论与社会认同理论，构建了员工从社会支持中获得的资源对员工的工作繁荣状态产生影响的作用路径。该研究以上级和同事作为调查对象，研究结果表明组织认同与同事关系认同分别在领导-成员交换和同事支持影响员工工作繁荣状态的过程中发挥中介效应，即来自上级和同事的支持积极影响了员工的工作繁荣状态。同时，个体从家庭领域中得到的物质和精神支持，有利于优化个体的学习和活力水平，进而推动个体实现工作繁荣状态。

具有高水平工作繁荣状态的员工在工作中更有活力和动力，表现出更多的积极性和创新性。已有研究表明，当个体在工作角色中获得较多的心理资源，经历更多积极乐观的情绪情感体验时，有助于个体在家庭领域产生增益。此外，Wallace等（2016）研究发现充满活力的员工往往具备更灵活的思维和意识，进而作出积极行为。此外，工作中建立的情感、态度、行为会影响家庭，当员工在工作中充满活力时，更加乐于学习新知识、发现新技能，在工作中提出创新性方法，从而更加高效地实现工作目标，使自己有更多的时间和精力投入到家庭生活中，促进工作与家庭间的资源流动和增益，即实现工作对家庭领域的增益。基于工作-家庭增益模型，个体可以通过工具和情感双重路径使家庭对工作产生增益。前者是指，个体承担家庭成员角色时获得的有助于学习提升的资源，能够为其工作带来便利；后者是指，个体承担家庭角色所获得的资源不仅可以提升其在家庭中的积极情绪，还能够让其在工作中表现出更强烈的学习愿望。因此，本书认为社会支持能够通过学习的间接作用促进员工家庭对工作产生增益。

通过上述分析在此作出以下假设：

H2b：学习在社会支持与员工家庭对工作增益之间起到中介效应。

学习在社会支持与员工家庭对工作增益之间的中介作用概念模型如图6-11所示。

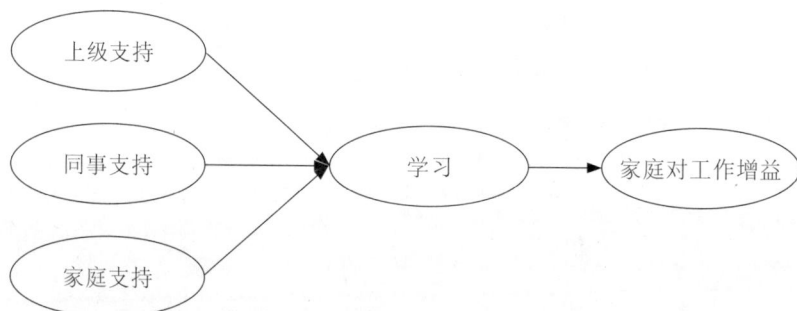

图6-11 学习在社会支持与员工家庭对工作增益之间的中介作用概念模型

### 6.7.2 结构方程分析

学习在社会支持与员工家庭对工作增益之间的中介影响效应拟合指

标见表6-11。初始模型Model0拟合值是：$\chi^2=1\,237.906$，df=265；$\chi^2/\text{df}=$ 4.671，RMSEA=0.057，分别低于5和0.08；GFI=0.919、NFI=0.907、CFI=0.925，均高于0.9；但RFI=0.895，低于0.9。

表6-11 学习在社会支持与员工家庭对工作增益之间的中介影响效应拟合指标

| 指标 | $\chi^2$ | df | $\chi^2/\text{df}$ | P | GFI | NFI | RFI | CFI | RMSEA |
|---|---|---|---|---|---|---|---|---|---|
| Model0 | 1 237.906 | 265 | 4.671 | 0.000 | 0.919 | 0.907 | 0.895 | 0.925 | 0.057 |
| Model1 | 1 162.471 | 264 | 4.403 | 0.000 | 0.924 | 0.913 | 0.901 | 0.931 | 0.055 |

注：各项拟合指标值均于0.001水平具备显著性。

依据MI修正指数，残差e31与e32间存在一定的相关性。根据上文的分析，社会支持对员工工作-家庭增益产生的影响是包括两方面的，包括工作对家庭的增益和家庭对工作的增益。因此，两者间存在一定的相关性，也正因如此残差e31与e32之间存在一定的关联，通过建立相关路径，可得到Model1。对修正后的新模型进行验证性分析，结果显示：$\chi^2=1\,162.471$，df=264；$\chi^2/\text{df}=4.403$，小于可接受水平5；GFI=0.924、NFI=0.913、CFI=0.931，均高于0.9，可接受；RMSEA=0.055，低于0.08；RFI提高至0.901，高于0.9。由此，评估模型成立。

基于上述分析，并结合Muller等（2005）在相关研究中指出的中介作用成立的相关条件，研究时针对学习在社会支持的3个维度（上级、同事和家庭支持）和员工家庭对工作增益之间起到的中介效应实施验证，并据此依照研究提出的假设H2b展开相应的检验分析。

具体的结构方程分析结果见表6-12。

表6-12　　学习在社会支持与员工家庭对工作增益之间的
中介作用路径系数及显著性检验

| 模型 | 变量间关系 | 标准化路径系数 | 非准化路径系数 | 标准误 | CR | P | 显著与否 |
|---|---|---|---|---|---|---|---|
| Model0 | 上级支持对员工家庭之于工作增益 | 0.267 | 0.258 | 0.054 | 4.781 | *** | Y |

续表

| 模型 | 变量间关系 | 标准化路径系数 | 非准化路径系数 | 标准误 | CR | P | 显著与否 |
|---|---|---|---|---|---|---|---|
| Model0 | 同事支持对员工家庭之于工作增益 | 0.154 | 0.157 | 0.063 | 2.488 | * | Y |
| | 家庭支持对员工家庭之于工作增益 | 0.426 | 0.377 | 0.034 | 10.989 | *** | Y |
| Model1 | 上级支持对员工家庭之于工作增益 | 0.187 | 0.183 | 0.056 | 3.294 | *** | Y |
| | 同事支持对员工家庭之于工作增益 | 0.125 | 0.129 | 0.063 | 2.052 | * | Y |
| | 家庭支持对员工家庭之于工作增益 | 0.367 | 0.329 | 0.036 | 9.166 | *** | Y |
| | 上级支持对学习 | 0.333 | 0.241 | 0.047 | 5.097 | *** | Y |
| | 同事支持对学习 | 0.183 | 0.140 | 0.055 | 2.532 | * | Y |
| | 家庭支持对学习 | 0.309 | 0.205 | 0.029 | 6.974 | *** | Y |
| | 学习对员工家庭之于工作增益 | 0.204 | 0.276 | 0.061 | 4.535 | *** | Y |

注：*表示 $P<0.05$；**表示 $P<0.01$；***表示 $P<0.001$。

表6-12中，Model0与Model1分别表示在加入中介变量学习前后的分析结果。社会支持的3个维度对结果变量的直接影响分析，具体如下：

（1）上级支持可以通过学习的间接作用对员工家庭之于工作增益产生影响

如第5章的分析结果所示，只考虑直接效应、未考虑学习这一中介变量影响的情况时，上级支持作用于结果变量员工家庭对工作增益的效应显著（$\beta=0.267$，$P<0.001$）。将学习纳入模型之后，可基于结构方程分析全模型。此时，上级支持对学习能够形成显著性影响（$\beta=0.333$，$P<0.001$）。学习对员工家庭之于工作增益起到显著性影响（$\beta=0.204$，$P$

＜0.001）。同时，上级支持对员工家庭之于工作增益的影响依旧显著（β=0.187，P＜0.001）。然而，与没有添加中介变量学习之前的结果对比可知，自变量和结果变量之间对应的标准化路径系数值是0.267，存在明显下降，因此上级支持能够通过学习的部分中介作用促进员工家庭对工作增益。

（2）同事支持可以通过学习的间接作用对员工家庭之于工作增益产生影响

如第5章的分析结果所示，只考虑直接效应、未考虑学习这一中介变量影响的情况时，同事支持作用于结果变量员工家庭对工作增益的效应显著（β=0.154，P＜0.05）。而将学习纳入模型之后，同事支持对学习能够形成显著性影响（β=0.183，P＜0.05）。学习对员工家庭之于工作增益起到显著性影响（β=0.204，P＜0.001）。同时，同事支持对员工家庭之于工作增益的影响依旧显著（β=0.125，P＜0.05）。然而，与没有添加中介变量学习前的结果对比可知，自变量和结果变量之间对应的标准化路径系数值是0.154，存在明显下降，因此同事支持能够通过学习的部分中介作用促进员工家庭对工作增益。

（3）家庭支持可以通过学习的间接作用对员工家庭之于工作增益产生影响

如第5章的分析结果所示，只考虑直接效应、未考虑学习这一中介变量影响的情况时，家庭支持作用于结果变量员工家庭对工作增益的效应显著（β=0.426，P＜0.001）。而将学习纳入模型之后，家庭支持对学习能够形成显著性影响（β=0.309，P＜0.001）。学习对员工家庭之于工作增益起到显著性影响（β=0.204，P＜0.001）。同时，家庭支持对员工家庭之于工作增益的影响显著（β=0.367，P＜0.001）。然而，与没有添加中介变量学习前的结果对比可知，自变量和结果变量之间对应的标准化路径系数值是0.426，存在明显下降，因此家庭支持能够通过学习的部分中介作用促进员工家庭对工作增益。

综合以上分析可知，学习部分中介了社会支持与结果变量之间的关系，所以假设H2b可获得验证，相应中介作用模型具体如图6-12所示。

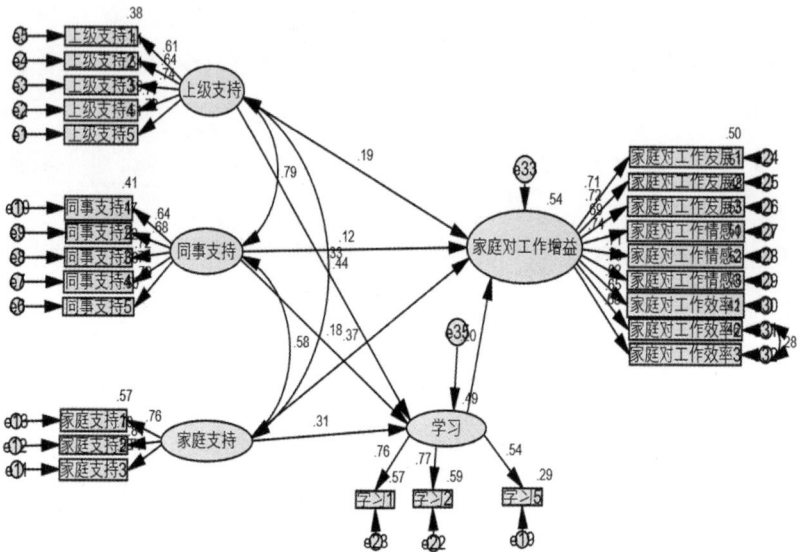

图6-12　学习在社会支持与员工家庭对工作增益之间中介影响效应模型

## 6.8　活力和学习对社会支持与员工家庭之于工作增益关系的联合中介效应

### 6.8.1　概念模型

工作繁荣是一个正向且具有持续性的过程，并且个体能在此种状态内促进自身的发展与进步。同时，工作繁荣作为一种动态变化的连续过程，能够通过时间的推移随之产生改变，这意味着，工作繁荣对个体而言是某种即时状态，并非稳定的特质。工作繁荣包括学习体验和活力体验两个维度。员工工作繁荣的产生及状态变化会随工作环境的改变而改变，具有一定的敏感性。

基于资源保存理论可知，当个体拥有充足资源时，个体容易达成目标并进一步获取新资源。个体自身所具备的学习与活力会对其行为表现产生影响，当员工以积极有活力的状态投入工作时，会对员工的工作行为产生促进。而当个体的学习能力较优时，自身所具备的知识储备和工作技能会促进员工更高效地完成工作任务安排，学以致用，进而对自身资源的扩充和积累产生重要助力，从而实现工作-家庭增益。另外，社会支持对工作繁荣的作用方式主要体现在其对学习和活力这两个维度的交互影响。首先，工作繁荣在学习维度的优化主要表现在，来自上级、同事以及家庭的支持会使员工拥有更加饱满的工作状态，从而为了实现自身更好的发展而加强对知识和技能的学习，提升个体的竞争力。其次，个体通过获得的社会支持而拥有更多的资源，这些资源作为重要的支撑能够对个体在工作领域的表现进行优化，会促进员工工作繁荣活力维度的提升。当员工的活力维度和学习维度同时提升时，会对其在家庭中的状态产生积极影响，在家庭生活中的和谐体验又会反作用于员工在工作中的状态。由此可见，活力和学习的联合效应会积极影响社会支持对员工家庭之于工作增益的作用（如图6-13所示）。

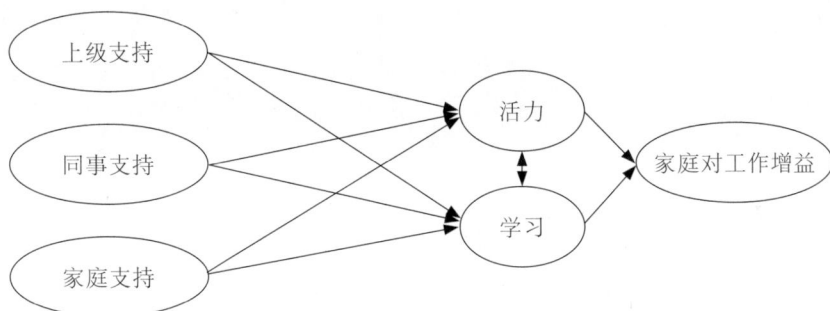

图6-13　活力和学习在社会支持与员工家庭对工作增益之间的
联合中介影响效应概念模型

### 6.8.2　结构方程分析

活力和学习在社会支持与员工家庭对工作增益之间的中介影响效应拟合指标见表6-13。

表6-13　活力和学习在社会支持与员工家庭对工作增益之间的
中介影响效应拟合指标

| 指标 | $\chi^2$ | df | $\chi^2/df$ | P | GFI | NFI | RFI | CFI | RMSEA |
|---|---|---|---|---|---|---|---|---|---|
| Model0 | 1 526.836 | 336 | 4.544 | 0.000 | 0.912 | 0.898 | 0.885 | 0.918 | 0.056 |
| Model1 | 1 263.974 | 333 | 3.796 | 0.000 | 0.926 | 0.915 | 0.904 | 0.936 | 0.050 |

注：各项拟合指标值均于0.001水平具备显著性。

初始模型 Model0 拟合值是：$\chi^2$=1 526.836，df=336；$\chi^2$/df=4.544，小于 5；GFI=0.912、CFI=0.918，二者均大于 0.9；RMSEA=0.056，低于 0.08。虽然初始模型 Model0 对应的 $\chi^2$/df、GFI、CFI 及 RMSEA 等结果较为理想，但是 NFI=0.898、RFI=0.885，二者均低于 0.9，缺乏一定的效力。

依据 MI 修正指数，残差 e34 与 e35、e25 与 e26、e31 与 e32 间存在一定的相关性。据此，分别将 e34 与 e35、e25 与 e26、e31 与 e32 相关联，对新构建的 Model1 进一步实施结构方程分析，具体结果显示，修改后的模型各项拟合指标值有显著改善，达到了理想水平。其中：$\chi^2$=1 263.974，df=333；$\chi^2$/df=3.796，小于 5，拟合效果较好；GFI=0.926、NFI=0.915、RFI=0.904、CFI=0.936，均高于 0.9，可接受；RMSEA=0.050，有所降低，小于 0.08。

据此可知，社会支持 3 维度（上级、同事和家庭支持）能够通过活力和学习的联合中介作用对员工家庭之于工作增益产生影响，假设成立。

基于上述分析，并结合 Muller 等（2005）在相关研究中指出的中介作用成立的相关条件，研究时针对活力和学习在社会支持 3 维度（上级、同事和家庭支持）与员工家庭对工作增益之间的联合中介效应进行综合验证，并据此依照研究提出的假设 H1、H2 展开相应的检验分析。

具体的结构方程分析结果见表6-14。

表6-14　活力和学习在社会支持与员工家庭对工作增益之间的联合中介作用路径系数及显著性检验

| 模型 | 变量间关系 | 标准化路径系数 | 非准化路径系数 | 标准误 | CR | P | 显著与否 |
|---|---|---|---|---|---|---|---|
| Model0 | 上级支持对家庭之于工作增益 | 0.267 | 0.258 | 0.054 | 4.781 | *** | Y |
| | 同事支持对家庭之于工作增益 | 0.154 | 0.157 | 0.063 | 2.488 | * | Y |
| | 家庭支持对家庭之于工作增益 | 0.426 | 0.377 | 0.034 | 10.989 | *** | Y |
| Model1 | 上级支持对家庭之于工作增益 | 0.179 | 0.173 | 0.055 | 3.163 | ** | Y |

续表

| 模型 | 变量间关系 | 标准化路径系数 | 非准化路径系数 | 标准误 | CR | P | 显著与否 |
|---|---|---|---|---|---|---|---|
| Model1 | 同事支持对家庭之于工作增益 | 0.124 | 0.126 | 0.062 | 2.039 | * | Y |
| | 家庭支持对家庭之于工作增益 | 0.355 | 0.313 | 0.039 | 7.946 | *** | Y |
| | 上级支持对活力 | 0.199 | 0.178 | 0.057 | 3.134 | ** | Y |
| | 同事支持对活力 | 0.159 | 0.151 | 0.067 | 2.242 | * | Y |
| | 家庭支持对活力 | 0.488 | 0.400 | 0.037 | 10.901 | *** | Y |
| | 活力对家庭之于工作增益 | 0.049 | 0.052 | 0.064 | 0.818 | 0.413 | N |
| | 上级支持对学习 | 0.330 | 0.239 | 0.047 | 5.055 | *** | Y |
| | 同事支持对学习 | 0.189 | 0.145 | 0.055 | 2.618 | ** | Y |
| | 家庭支持对学习 | 0.306 | 0.203 | 0.029 | 6.946 | *** | Y |
| | 学习对家庭之于工作增益 | 0.185 | 0.247 | 0.076 | 3.241 | ** | Y |

注：*表示 $P<0.05$；**表示 $P<0.01$；***表示 $P<0.001$。

表6-14中，Model0与Model1分别表示在加入中介变量活力和学习前后的分析结果。社会支持的3个维度对员工家庭之于工作增益产生的直接效应分析，具体如下：

（1）将活力和学习联合放入模型后，活力并未在社会支持的3个维度和结果变量之间起到中介作用

① 活力在上级支持和结果变量之间未起到中介效应。如第5章的分析结果所示，只考虑直接效应、未考虑活力这一中介变量影响的情况时，作用于结果变量员工家庭对工作增益的效应显著（$\beta=0.267$，$P<0.001$）。将活力纳入模型之后，上级支持对活力能够形成显著性影响（$\beta=0.199$，$P<0.01$）。活力对员工家庭之于工作增益的影响不显著（$P=0.413$）。通过Muller等（2005）提出的中介作用判定条件可知，中介作用应对四个条件都予以满足，但是研究发现其无法满足第三个条件，也就是"中介变量对于因变量存在显著影响"。所以，活力在上级

支持和员工家庭对工作增益之间未起到中介效应。

② 活力在同事支持和员工家庭对工作增益之间起到部分中介效应。如第5章的分析结果所示，只考虑直接效应、未考虑活力这一中介变量影响的情况时，作用于结果变量员工家庭对工作增益的效应显著（β=0.154，P<0.05）。而将活力纳入模型之后，同事支持对活力能够形成一般显著性影响（β=0.159，P<0.05）。活力对员工家庭之于工作增益起到显著性影响（β=0.209，P<0.001）。同时，同事支持对员工家庭之于工作增益的影响依旧显著（β=0.169，P<0.01）。然而，与没有添加中介变量活力前的结果对比可知，自变量和结果变量之间对应的标准化路径系数值是0.250，存在明显下降，因此同事支持能够通过活力的部分中介作用促进员工家庭对工作增益。

③ 活力在家庭支持和员工家庭对工作增益之间未起到中介效应。如第5章的分析结果所示，只考虑直接效应、未考虑活力这一中介变量影响的情况时，家庭支持作用于结果变量员工家庭对工作增益的效应显著（β=0.426，P<0.001）。而将活力纳入模型之后，家庭支持对活力能够形成显著性影响（β=0.488，P<0.001）。然而活力针对结果变量并不存在显著性影响，P=0.413，远大于0.05。活力在上级支持和员工家庭对工作增益之间未起到中介效应。

（2）上级支持、同事支持、家庭支持通过学习的间接作用对员工家庭之于工作增益产生影响

① 上级支持可以通过学习的间接作用对员工家庭之于工作增益产生影响。如第5章的分析结果所示，只考虑直接效应、未考虑学习这一中介变量影响的情况时，上级支持作用于结果变量员工家庭对工作增益的效应显著（β=0.267，P<0.001）。将学习纳入模型之后，可基于结构方程分析全模型。学习对员工家庭之于工作增益起到显著性影响（β=0.330，P<0.001）。同时，上级支持对员工家庭之于工作增益的影响依旧显著（β=0.185，P<0.01）。上级支持则针对结果变量继续具备显著性影响（β=0.179，P<0.01），然而在与没有添加中介变量学习之前的结果对比可知，自变量和结果变量之间对应的标准化路径系数值是0.267，存在明显下降，因此上级支持能够通过学习的部分中介作用促

进员工家庭对工作增益。

② 同事支持可以通过学习的间接作用对员工家庭之于工作增益产生影响。如第5章的分析结果所示，只考虑直接效应、未考虑学习这一中介变量影响的情况时，同事支持作用于结果变量员工家庭对工作增益的效应显著（β=0.154，P<0.05）。而将学习纳入模型之后，同事支持对学习能够形成显著性影响（β=0.189，P<0.01）。学习对员工家庭之于工作增益起到显著性影响（β=0.185，P<0.01）。同时，同事支持对员工家庭之于工作增益的影响依旧显著（β=0.124，P<0.05）。然而，对没有添加中介变量学习前的结果对比可知，自变量和结果变量之间对应的标准化路径系数值是0.154，存在明显下降，因此同事支持能够通过学习的部分中介作用促进员工家庭对工作增益。

③ 家庭支持可以通过学习的间接作用对员工家庭之于工作增益产生影响。如第5章的分析结果所示，只考虑直接效应、未考虑学习这一中介变量影响的情况时，同事支持作用于结果变量员工家庭对工作增益的效应显著（β=0.426，P<0.001）。而将学习纳入模型之后，家庭支持对活力能够形成显著性影响（β=0.185，P<0.01）。学习对员工家庭之于工作增益起到显著性影响（β=0.355，P<0.001）。同时，家庭支持对员工家庭之于工作增益的影响不显著（β=0.004，P>0.05）。然而与没有添加中介变量学习前的结果对比可知，自变量和结果变量之间对应的标准化路径系数值是0.426，存在明显下降，因此家庭支持能够通过学习的完全中介作用促进员工家庭对工作增益。

凭借对活力在自变量和因变量之间存在的中介作用展开相关分析，得出来自上级、同事、家庭的支持通过活力的部分中介作用对员工工作之于家庭增益产生影响。但是，通过研究分析活力和学习的联合中介效应之后可知，活力在社会支持3维度和结构变量之间皆不存在中介效应。

通过对学习的中介效应展开研究发现，与活力的作用效果有所不同，对学习展开的独立分析或对学习与活力的联合分析都表明，社会支持3维度能够通过学习对结果变量产生间接影响，中介效应成立。

活力和学习之间存在一定的关联性，因此导致了上述现象的产生，两者在自变量和因变量之间起到的中介效应可以通过交互影响而综合或抵消。综上所述，本章提出的假设 H2a 和 H2b 得到验证，具体的联合效应模型如图6-14所示：

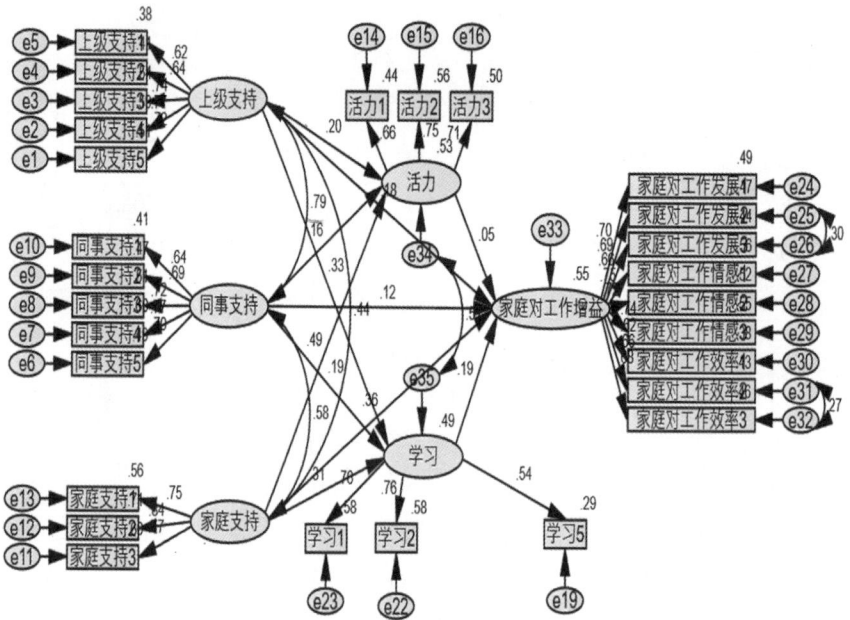

图6-14　活力和学习在社会支持与员工家庭对工作增益之间联合中介影响效应模型

## 6.9　本章小结

本章所得出的结论包括：

第一，社会支持可以通过活力的间接作用对员工工作之于家庭增益产生影响。通过单独分析活力起到的中介效应情况可知，上级、同事和家庭支持能够通过活力对员工工作之于家庭增益产生影响。但是，在研究分析活力和学习的联合中介效应之后可知，上级、同事支持能够通过活力对员工工作之于家庭增益产生影响，而家庭支持则不可以。所以，假设——活力能够在社会支持和员工工作对家庭的增益之间起到中介作用——可获得部分支持。

第二，社会支持可以通过学习的间接作用对员工工作之于家庭增益产生影响。通过单独分析学习起到的中介效应情况可知，社会支持3维度可以通过学习的间接作用对员工工作之于家庭增益产生影响。但是在联合中介效应验证中则发现，上级、同事支持能够通过学习对员工工作之于家庭增益产生影响，而家庭支持则不可以。所以，假设——学习在社会支持和员工工作对家庭增益之间起到中介效应——可获得部分支持。

第三，社会支持可以通过活力的间接作用对员工家庭之于工作增益产生影响。通过单独分析活力起到的中介效应情况可知，上级、同事和家庭支持能够通过活力对员工家庭之于工作增益产生影响。然而，在研究分析活力和学习的联合中介效应之后可知，社会支持3维度均不可通过活力对结果变量产生影响。所以，假设——活力在社会支持和员工工作对家庭增益之间起到中介效应——可获得部分支持。

第四，社会支持可以通过学习的间接作用对员工家庭之于工作增益产生影响。和活力有所不同的是，不管是在对学习的中介作用进行独立分析还是对学习与活力进行联合分析的情况下，社会支持3维度都能够通过学习的间接作用对员工家庭之于工作增益产生影响。所以，假设——学习在社会支持和员工家庭对工作增益之间起到中介效应——可获得全部支持。

出现以上现象的主要原因在于，活力和学习具有明显的相关性，使得二者在模型中的中介效应可以综合起来或互相抵消（如图6-15所示）。

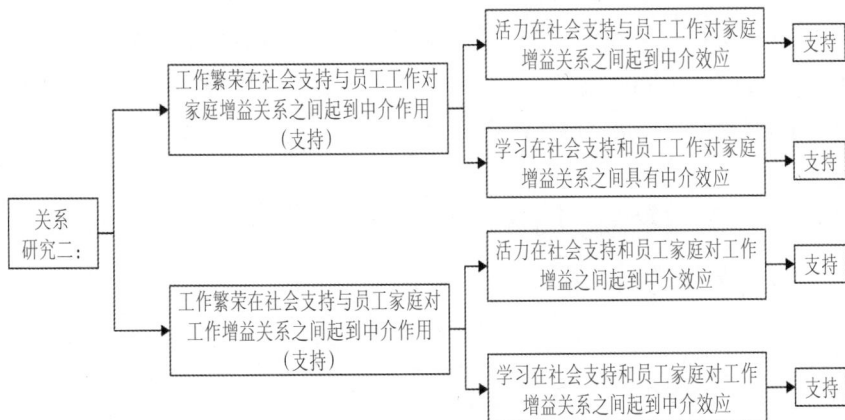

图6-15　中介效应验证结果

# 7 主观幸福感对工作繁荣与员工工作-家庭增益间关系的调节作用研究

已有研究表明，调节变量能够展现某种变量对两个变量间特定关系的影响。第4章对几个关键变量进行了验证性因子分析，本章将在此基础上，深入分析主观幸福感对工作繁荣与员工工作-家庭增益间关系的调节效应。本章在探讨主观幸福感对工作繁荣与员工工作-家庭增益之间关系的调节效应时，将分为主观幸福感在工作繁荣与工作对家庭增益（WFE）之间的调节效应，以及主观幸福感在工作繁荣与员工家庭对工作增益（FWE）之间的调节效应两方面来探讨。

## 7.1 主观幸福感对工作繁荣与员工工作之于家庭增益间关系的调节作用

### 7.1.1 概念模型与研究假设

主观幸福感代表了一种内心愉悦、生活满足的状态，是国内外心理学领域的研究热点。主观幸福感主要包括了两个重要维度，即生活满意感和情感体验。生活满意感作为个体认知因素，是对个体生活质量的综合性评价，也是主观幸福感评价的关键指标。情感体验作为个体情绪状态的表现，包括了积极情绪和消极情绪两个方面，且两者的影响因素和驱动机制也有所不同。主观幸福感不仅对个体的生活体验感、身心健康、人际关系等产生重要影响，也有助于个体增强积极主动的工作状态，提升学习和活力的双重状态，增进个体工作表现，实现更好的绩效水平和个体发展。在管理学领域，已有研究发现员工主观幸福感可以正向预测工作投入，员工的主观幸福感越高其工作表现就越投入。当个体在某一领域获得的资源能为另一领域带来收益和增效时，个体的主观幸福感也会显著增强。现有研究验证了在女性员工群体中，主观幸福感对工作-家庭促进有着重要作用，且工作-家庭促进的两个维度都能有效正向预测主观幸福感。同样，工作-家庭增益与主观幸福感呈现显著正相关的作用机制。

基于目的论可知，不断追求自我价值和努力实现自我目标的人，能够在这过程中感到满足，因而体验到更多的主观幸福感。进一步地，主观幸福感强的人能乐观面对生活中遇到的问题，对自我能力有较高的认知，所以他们在工作过程中会获得很多价值感，也会相应地更加投入工作。由此可见，主观幸福感水平越高的员工认为自己对于工作任务有重要的价值，从工作中也能感受到更多的价值感，并更加积极地投入工作中，从而达到工作繁荣，以此加强员工工作对家庭的增益。具体而言，主观幸福感高的个体通常具有较高水平的身心健康状态，也更能在家庭中营造和谐氛围，从而获得更多的生活满意感和积极情绪体验。同时，这样的个体也能在工作中实现更高水平的工作繁荣，进而产生其工作对家庭的增益。

情感事件理论认为高水平积极情绪特质的个体对积极事件更为敏感，Grzywacz 等（2007）的研究也发现，个体乐观的心理状态能积极地影响工作-家庭增益。此外，资源保存理论指出，员工所获得的资源可以增强他们在相关领域的任务和活动的参与度。根据个体评判资源价值的普适性路径，家庭美满、生活幸福等被视为宝贵的个体资源。基于此，本书认为主观幸福感作为一种积极的心理状态能影响个体在工作或家庭领域的表现，增进个体在工作或家庭领域的物质、条件、个体特征以及能量资源，进而能提高其在另一领域的表现水平，即主观幸福感会在工作繁荣与员工工作对家庭的关系中起到调节作用。Spreitzer 等（2005）提出积极的情感能够让一个人拥有充沛的精力去参与到其他活动中并担任某一角色。为此，主观幸福感这一积极心理情感极有可能激发个体在工作中的活力，从而带来更高水平的工作繁荣，并且这种工作繁荣会从工作领域渗透到家庭领域，产生工作对家庭的增益。除此之外，拥有主观幸福感的个体一般对周围环境的态度是积极的，这种积极心态不仅会改善其与周围人之间的关系，减少工作中产生的冲突，并且会使得个体不断学习新知识与技能以达到工作要求，直面工作中的困难和挑战，进而实现工作繁荣。同样，Greenhaus 和 Powell（2006）认为，主观幸福感会提高员工的工作投入度，而高度投入的员工具有活力和能量的高个体资源，能够拥有快乐的心情去工作。这种情绪可能直接蔓延到家庭领域，促进家庭的作用和性能，从而提高工作对家庭领域的增益。最后，主观幸福感是员工心理满意状态的体现，能减少员工对周围环境的敌意认知，使其尽可能地参与到知识共享中，这为员工实现工作繁荣提供了途径。当员工处于工作繁荣状态时，其得到的成长和提升满足了其在工作领域的需求。个体评判资源价值的特异性路径认为，个体自身的需求或目标的匹配程度决定了资源的价值。因此，繁荣状态的员工认为自身具有更高价值的资源，从而会有更多的精力和资源去承担起家庭领域中的责任和义务。综上所述，本书认为在工作中拥有主观幸福感的员工会促进其在工作中的良好状态，实现工作繁荣，从而进一步加强工作对家庭领域的增益。因此，本书提出以下假设：

H1：主观幸福感对工作繁荣与员工工作之于家庭增益的关系可起到调节作用。

生活满意感是个体对生活质量的综合性评价，是衡量主观幸福感的重要指标。作为主观幸福感中的认知成分，生活满意感一般较为稳定，因此常被用于衡量个体的生活质量。生活满意感对个体而言具有重要意义，高生活满意感有助于维护个体的身心健康，而且与个体在自己学习、工作、人际关系等各个领域的优秀表现和满意度息息相关。而个体生活质量和满意度的评估与感知既涉及了房、车以及进行工作的必需品等由资源本身的物理属性或其所包括的个体身份状态信息所赋予的物质资源的价值，也包括了如婚姻、资历、职位等在内对个体将来的工作与人生有正面影响的条件资源的价值。因此，生活满意感与个体资源息息相关，高生活满意感的员工，其拥有的物质资源、条件资源等也更加丰富。相对于生活幸福感较低的个体来说，生活幸福感较强的个体拥有的资源更充沛，对压力的感知更少，他们会调节自我情绪，对压力的来源进行排解。研究表明，感知压力与员工活力激发正相关，因此，生活幸福感越强的个体，其活力状态越旺盛。基于此，本书提出以下假设：

**H1a：**生活满意感在活力与员工工作对家庭增益关系中具有正向调节作用。

积极情绪有助于拓展个体的即时的思维-行动范畴，包括注意、认知、行动范围等。积极情绪会让个体变得更加开放，促进个体产生一种非特定行动的趋向，在此状态中，个体能够更多尝试新方法，并发展、采用新的问题解决策略。另一方面，积极情绪也能帮助个体构建持久的资源，基于资源保存理论，自信、积极等个人属性能够帮助个体产生抵御应激的能力。积极情绪给人带来的收益是间接、长远的。在思维-行动范畴拓展的状态下，个体能够更好地构建可持续的资源，包括身体、智力、心理、社会资源等。例如，快乐情绪可能会带来"想要玩耍"的冲动，而玩耍既能帮助个体学会一些必备技能，构建身体素质资源，也能让个体学会共享，增强社会联结，同时还可以提高创造性水平以构建智力资源。积极情绪不仅能够使员工被工作中的物质奖励或者职业晋升所激励，还可以促进员工的创新，而创新意味着员工要保持活力状态去探索新领域，从而实现工作对家庭的增益。因此，本书提出以下假设：

**H1b：**积极情绪在活力与员工工作对家庭增益关系中具有正向调节作用。

在消极情绪状态中，个体的思维-行动资源会窄化，进而能更专注于即时的境况，在消极情绪带来的思维-行动资源窄化状态下，个体能够直接、迅速地在战斗-逃跑的情境中获益。个体在面对压力时，一方面会运用自己所掌握的核心资源去减少或者应对压力；另一方面则会进行资源投资以获取新资源，主动构建并维护已有的资源，从而减少未来压力出现的可能性并进行预防。因此，在消极情绪状态下，员工的资源损耗较大，且会选择采取减少资源投入的措施以维持自身的安全状态。王梦凡和周蕾蕾（2022）发现消极情绪与工作脱离行为呈正相关，也就是说消极情绪会使员工主动减少对工作的投入，产生消极敷衍的工作行为。这会负向影响员工的活力状态，也更不可能实现工作对家庭的增益。因此，本书提出以下假设：

H1c：消极情绪在活力与员工工作对家庭增益关系中具有负向调节作用。

生活满意感是一个包括各个生活领域（如工作、人际关系、身体健康）满意度在内的复杂函数。生活满意感并不是各个领域满意度的简单平均值，而是取决于人们对各生活领域赋予的权重，各生活领域之间也会相互作用，进而影响生活满意感。拥有较高生活满意感的个体在工作领域中较少可能产生工作上的怨言，内心需求基本得到了满足，从而能激发员工的内在工作动机。而内在动机的强化又会进一步促进员工的学习欲望，实现工作繁荣，并且学习欲望的加强也会提高个体在家庭领域中的技能习得。因此，本书提出以下假设：

H1d：生活满意感在学习与员工工作对家庭增益关系中具有正向调节作用。

积极情绪有助于员工个体构建、重组丰富的心理资源，从而可以有效提升个体的心理素质，增强抵抗生活挫折和工作压力的能力，进一步削减负面情绪带来的影响。初始资源较多的个体，不仅会降低其面临的资源流失的风险，而且更有可能获得更多的新资源，因此，积极情绪有助于个体保持高水平的初始资源状态，从而获取、利用更多的资源。Fredrickson（2001）在积极情绪拓展建构理论中指出，积极情绪有利于个人能力的提升，其中包括人际交往、心理韧性、复原力等。王振宏等（2011）在研究中指出积极情绪可以建构个人的心理弹性、幸福感、信任感等方面的资源。积极情绪有助于帮助员工改善与同事的关系，形成职场友谊，而这些友谊等有益于员工内部进行交流学习以及提升技能。积极情绪会激发员工学习状态，从而增强工作对家庭的增益效果。综上，本书提出以下假设：

H1e：积极情绪在学习与员工工作对家庭增益关系中具有正向调节作用。

消极情绪也叫负面情感，例如低落、难过、愤怒等属于负面情感，这些负面情感不利于个体的身心发展。在一项针对经理、行政人员和店员的研究中，有学者观察到了消极情绪与倦怠之间存在正相关关系。资源保存理论指出，最开始的资源损耗会产生连锁反应从而导致资源进一步损耗，且损耗的速度越快，负面效应也越强。个体在经历资源损耗时，更易产生紧张和焦虑，包括抑郁、倦怠等多种负面情绪。消极情绪作为一种负面情感，不利于员工继续完成工作或者正常的思考，而学习需要满怀信心以及较强的求知欲望。与积极情绪相反，消极情绪会大大降低员工的学习效果，并且使得员工在工作中也没有精力去进一步解决问题，从而影响工作对家庭增益。因此，本书提出以下假设：

H1f：消极情绪在学习与员工工作对家庭增益关系中具有负向调节作用。

据此构建的相应概念模型具体如图7-1所示。

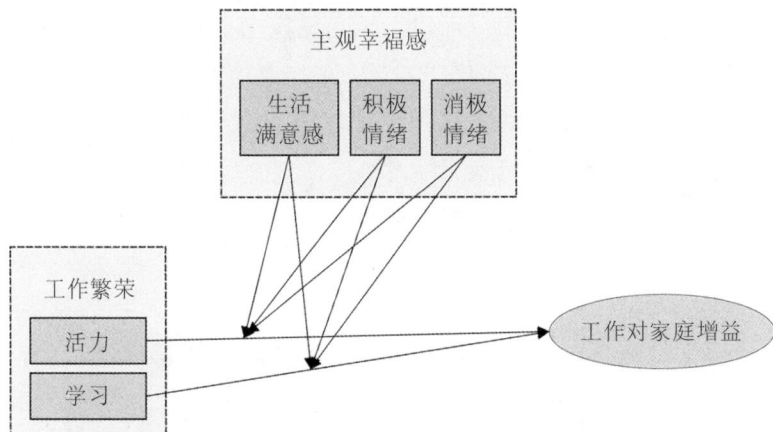

图7-1　主观幸福感在工作繁荣与员工工作对家庭增益之间的调节作用概念模型

### 7.1.2　调节作用检验

（1）主观幸福感在工作繁荣与员工工作对家庭增益间调节作用检验

　　在进行调节作用检验前，对工作繁荣、主观幸福感、工作繁荣*主观幸福感、工作对家庭增益等变量进行中心化处理，以减少多重共线性。同时，采用逐步回归分析，以员工工作对家庭增益为因变量，在考虑被调研员工性别、年龄、学历和工作年限等控制变量的基础之上，依次将中介变量工作繁荣、调节变量主观幸福感、交互项工作繁荣*主观幸福感放入线性回归模型之中，结果见表7-1。

表7-1　主观幸福感在工作繁荣与员工工作对家庭增益之间调节作用的系数

| 变量 | 工作对家庭增益 | | | | | | | |
|---|---|---|---|---|---|---|---|---|
| | 模型 1 | | 模型 2 | | 模型 3 | | 模型 4 | |
| | β值 | T值 | β值 | T值 | β值 | T值 | β值 | T值 |
| 控制变量 | | | | | | | | |
| 性别 | 0.024 | 0.792 | $0.052^{*}$ | 2.137 | $0.050^{*}$ | 2.078 | $0.051^{*}$ | 2.127 |
| 年龄 | $-0.085^{*}$ | $-1.996$ | $-0.119^{**}$ | $-3.465$ | $-0.124^{***}$ | $-3.641$ | $-0.124^{***}$ | $-3.656$ |
| 学历 | 0.003 | 0.098 | $-0.006$ | $-0.246$ | $-0.014$ | $-0.589$ | $-0.015$ | $-0.632$ |
| 工作年限 | 0.043 | 1.015 | $0.093^{**}$ | 2.699 | $0.092^{**}$ | 2.689 | $0.094^{**}$ | 2.749 |
| 中介变量 | | | | | | | | |
| 工作繁荣 | | | $0.591^{***}$ | 24.586 | $0.498^{***}$ | 15.657 | $0.501^{***}$ | 15.676 |
| 调节变量 | | | | | | | | |
| 主观幸福感 | | | | | $0.141^{***}$ | 4.418 | $0.141^{***}$ | 4.424 |
| 交互项 | | | | | | | | |
| 工作繁荣*主观幸福感 | | | | | | | 0.023 | 0.965 |
| $R^2$ | 0.001 | | 0.349 | | 0.360 | | 0.360 | |
| $\Delta R^2$ | 0.004 | | 0.348 | | 0.011 | | 0.001 | |
| $F$ | 1.200 | | 122.364 | | 106.902 | | 91.758 | |

注：*表示 $P<0.05$；**表示 $P<0.01$；***表示 $P<0.001$。

结果显示，主观幸福感不会显著调节工作繁荣对员工工作之于家庭增益的影响（β=0.023，P >0.05），假设H1没有得到验证。

（2）生活满意感在活力与员工工作对家庭增益间调节作用检验

在进行调节作用检验前，对活力、生活满意感、活力*生活满意感、工作对家庭增益等变量进行中心化处理，以减少多重共线性。同时，采用逐步回归分析，以员工工作对家庭增益为因变量，在考虑被调研员工性别、年龄、学历和工作年限等控制变量的基础之上，依次将自变量活力、调节变量生活满意感、交互项活力*生活满意感放入线性回归模型之中。检验结果见表7-2。

表7-2　生活满意感在活力与员工工作对家庭增益之间调节作用的系数

| 变量 | 工作对家庭增益 | | | | | | | |
|---|---|---|---|---|---|---|---|---|
| | 模型1 | | 模型2 | | 模型3 | | 模型4 | |
| | β值 | T值 | β值 | T值 | β值 | T值 | β值 | T值 |
| 控制变量 | | | | | | | | |
| 性别 | 0.024 | 0.792 | 0.036 | 1.382 | 0.047 | 1.867 | 0.050* | 1.995 |
| 年龄 | −0.085* | −1.996 | −0.109** | −2.964 | −0.128*** | −3.604 | −0.122** | −3.458 |
| 学历 | 0.003 | 0.098 | 0.002 | 0.091 | −0.011 | −0.451 | −0.013 | −0.515 |
| 工作年限 | 0.043 | 1.015 | 0.076* | 2.064 | 0.076* | 2.147 | 0.075* | 2.125 |
| 自变量 | | | | | | | | |
| 活力 | | | 0.506*** | 19.685 | 0.404*** | 14.769 | 0.151 | 1.770 |
| 调节变量 | | | | | | | | |
| 生活满意感 | | | | | 0.245*** | 8.928 | −0.063 | −0.616 |
| 交互项 | | | | | | | | |
| 活力*生活满意感 | | | | | | | 0.479** | 3.123 |
| $R^2$ | 0.001 | | 0.256 | | 0.305 | | 0.310 | |
| $\Delta R^2$ | 0.004 | | 0.255 | | 0.049 | | 0.006 | |
| F | 1.200 | | 78.790 | | 83.537 | | 73.553 | |

注：*表示P<0.05；**表示P<0.01；***表示P<0.001。

　　由表7-2可知，在模型3基础之上加入交互项活力*生活满意感，模型4的$R^2$有所提升，增至0.310，这意味着模型4的拟合度是可以接受的。同时，由模型4可知，在有效控制了各项变量并且加入自变量活力和调节变量生活满意感后，活力与生活满意感的交互项对员工工作之于家庭增益具有显著正向影响（β=0.479，T=3.123），这意味着员工对生活的满意度越高，活力对员工工作之于家庭增益的正向调节作用也就越强。由此，假设H1a得到验证。为了更直观展示生活满意感对活力与员工工作之于家庭增益的调节作用，进一步绘制调节作用图（如图7-2所示）。

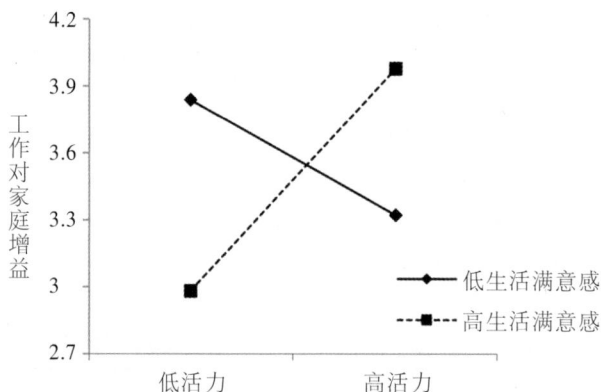

图7-2　生活满意感对活力与员工工作之于家庭增益的调节作用图

（3）积极情绪在活力与员工工作对家庭增益间调节作用检验

　　在进行调节作用检验前，对活力、积极情绪、活力*积极情绪和工作对家庭增益等变量进行中心化处理，以减少多重共线性。同时，采用逐步回归分析，以员工工作对家庭增益为因变量，在考虑被调研员工性别、年龄、学历和工作年限等控制变量的基础之上，依次将自变量活力、调节变量积极情绪、交互项活力*积极情绪放入线性回归模型之中。检验结果见表7-3。

　　由表7-3可知，在模型3基础之上加入交互项活力*积极情绪，模型4的$R^2$有所提升，增至0.336，这意味着模型4的拟合度是可以接受的。同时，由模型4可知，在有效控制了各项变量并且加入自变量活力和调节变量积极情绪后，活力与积极情绪的交互项对员工工作之于家庭

表7-3　积极情绪在活力与员工工作对家庭增益之间调节作用的系数

| 变量 | 工作对家庭增益 | | | | | | | |
|---|---|---|---|---|---|---|---|---|
| | 模型1 | | 模型2 | | 模型3 | | 模型4 | |
| | β值 | T值 | β值 | T值 | β值 | T值 | β值 | T值 |
| 控制变量 | | | | | | | | |
| 性别 | 0.024 | 0.792 | 0.036 | 1.382 | 0.030 | 1.213 | 0.035 | 1.421 |
| 年龄 | −0.085* | −1.996 | −0.109** | −2.964 | −0.1079** | −3.066 | −0.105** | −3.046 |
| 学历 | 0.003 | 0.098 | 0.002 | 0.091 | −0.018 | −0.711 | −0.020 | −0.812 |
| 工作年限 | 0.043 | 1.015 | 0.076* | 2.064 | 0.079* | 2.266 | 0.083* | 2.392 |
| 自变量 | | | | | | | | |
| 活力 | | | 0.506*** | 19.685 | 0.341*** | 11.958 | 0.038 | 0.404 |
| 调节变量 | | | | | | | | |
| 积极情绪 | | | | | 0.320*** | 11.208 | 0.022 | 0.233 |
| 交互项 | | | | | | | | |
| 活力*积极情绪 | | | | | | | 0.529** | 3.349 |
| $R^2$ | 0.001 | | 0.256 | | 0.330 | | 0.336 | |
| $\Delta R^2$ | 0.004 | | 0.255 | | 0.074 | | 0.007 | |
| $F$ | 1.200 | | 78.790 | | 93.868 | | 82.792 | |

注：*表示$P<0.05$；**表示$P<0.01$；***表示$P<0.001$。

增益具有显著正向影响（β=0.529，T=3.349），这意味着员工的积极情绪越高，活力对员工工作之于家庭增益的正向关系也就越强。由此，假设H1b得到验证。为了更直观展示积极情绪对活力与工作之于家庭增益的调节作用，进一步绘制调节作用图（如图7-3所示）。

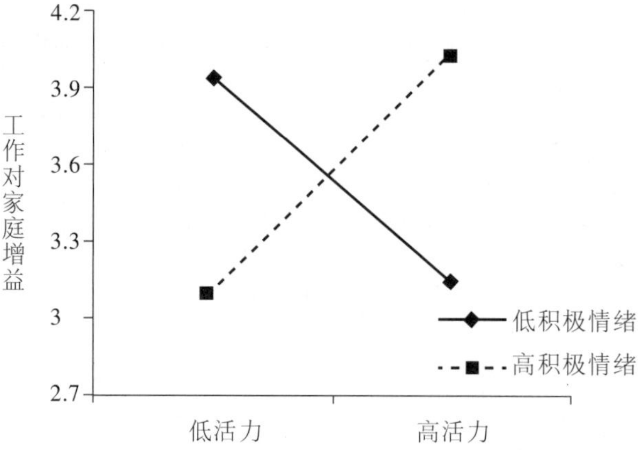

**图7-3 积极情绪对活力与工作之于家庭增益的调节作用图**

（4）消极情绪在活力与员工工作对家庭增益间调节作用检验

在进行调节作用检验前，对活力、积极情绪、活力*积极情绪和工作对家庭增益等变量进行中心化处理，以减少多重共线性。同时，采用逐步回归分析，以员工工作对家庭增益为因变量，在考虑被调研员工性别、年龄、学历和工作年限等控制变量的基础之上，依次将自变量活力、调节变量积极情绪、交互项活力*积极情绪放入线性回归模型之中。检验结果见表7-4。

表7-4　消极情绪在活力与员工工作对家庭增益之间调节作用的系数

| 变量 | 工作对家庭增益 | | | | | | | |
|---|---|---|---|---|---|---|---|---|
| | 模型1 | | 模型2 | | 模型3 | | 模型4 | |
| | β值 | T值 | β值 | T值 | β值 | T值 | β值 | T值 |
| 控制变量 | | | | | | | | |
| 性别 | 0.024 | 0.792 | 0.036 | 1.382 | 0.035 | 1.349 | 0.035 | 1.346 |
| 年龄 | -0.085* | -1.996 | -0.109** | -2.964 | -0.113** | -3.108 | -0.113 | -3.108 |
| 学历 | 0.003 | 0.098 | 0.002 | 0.091 | -0.002 | -0.086 | -0.002 | -0.089 |
| 工作年限 | 0.043 | 1.015 | 0.076* | 2.064 | 0.078* | 2.149 | 0.079* | 2.151 |
| 自变量 | | | | | | | | |

续表

| 变量 | 工作对家庭增益 | | | | | | | |
|---|---|---|---|---|---|---|---|---|
| | 模型1 | | 模型2 | | 模型3 | | 模型4 | |
| | β值 | T值 | β值 | T值 | β值 | T值 | β值 | T值 |
| 活力 | | | 0.506*** | 19.685 | 0.480*** | 18.246 | 0.487*** | 7.144 |
| 调节变量 | | | | | | | | |
| 消极情绪 | | | | | −0.106*** | −4.026 | −0.093 | −0.778 |
| 交互项 | | | | | | | | |
| 活力*消极情绪 | | | | | | | −0.014 | −0.114 |
| $R^2$ | 0.001 | | 0.256 | | 0.266 | | 0.265 | |
| $\Delta R^2$ | 0.004 | | 0.255 | | 0.011 | | 0.000 | |
| $F$ | 1.200 | | 78.790 | | 69.247 | | 59.305 | |

注：*表示P<0.05；**表示P<0.01；***表示P<0.001。

由表7-4可知，在模型3基础之上加入交互项活力*消极情绪，模型4的 $R^2$ 并未提升。同时，由模型4可知，在有效控制了各项变量并且加入自变量活力和调节变量消极情绪后，活力与消极情绪的交互项对员工工作之于家庭增益的影响不具显著性（β=−0.014，T=−0.114），这意味着，假设H1c未得到验证。

（5）生活满意感在学习与员工工作对家庭增益间调节作用检验

在进行调节作用检验前，对学习、生活满意感、学习*生活满意感和工作对家庭增益等变量进行中心化处理，以减少多重共线性。同时，采用逐步回归分析，以员工工作对家庭增益为因变量，在考虑被调研员工性别、年龄、学历和工作年限等控制变量的基础之上，依次将自变量学习、调节变量生活满意感、交互项学习*生活满意感放入线性回归模型之中。检验结果见表7-5。

表7-5　　生活满意感在学习与员工工作对家庭增益之间调节作用系数

| 变量 | 工作对家庭增益 | | | | | | | |
| --- | --- | --- | --- | --- | --- | --- | --- | --- |
| | 模型1 | | 模型2 | | 模型3 | | 模型4 | |
| | β值 | T值 | β值 | T值 | β值 | T值 | β值 | T值 |
| 控制变量 | | | | | | | | |
| 性别 | 0.024 | 0.792 | 0.057* | 2.233 | 0.059* | 2.321 | 0.060* | 2.368 |
| 年龄 | −0.085* | −1.996 | −0.114** | −3.191 | −0.122** | −3.415 | −0.122** | −3.419 |
| 学历 | 0.003 | 0.098 | −0.011 | −0.437 | −0.016 | −0.626 | −0.016 | −0.645 |
| 工作年限 | 0.043 | 1.015 | 0.088* | 2.466 | 0.086* | 2.397 | 0.087* | 2.444 |
| 自变量 | | | | | | | | |
| 学习 | | | 0.540*** | 21.479 | 0.465*** | 14.353 | 0.405*** | 4.877 |
| 调节变量 | | | | | | | | |
| 生活满意感 | | | | | 0.119*** | 3.650 | 0.048 | 0.507 |
| 交互项 | | | | | | | | |
| 学习*生活满意感 | | | | | | | 0.120 | 0.787 |
| $R^2$ | 0.001 | | 0.291 | | 0.298 | | 0.298 | |
| $\Delta R^2$ | 0.004 | | 0.290 | | 0.008 | | 0.000 | |
| F | 1.200 | | 93.620 | | 81.092 | | 69.572 | |

注：*表示P<0.05；**表示P<0.01；***表示P<0.001。

由表7-5可知，在模型3基础之上加入交互项学习*生活满意感，模型4的$R^2$并未提升。同时，由模型4可知，在有效控制了各项变量并且加入自变量学习和调节变量生活满意感后，学习与生活满意感的交互项对员工工作之于家庭增益的影响不具显著性（β=0.120，T=0.787），这意味着，假设H1d未得到验证。

（6）积极情绪在学习与员工工作对家庭增益间调节作用检验

在进行调节作用检验前，对学习、积极情绪、学习*积极情绪和工作对家庭增益等变量进行中心化处理，以减少多重共线性。同时，采用逐步回归分析，以员工工作对家庭增益为因变量，在考虑被调研员工性别、年龄、学历和工作年限等控制变量的基础之上，依次将自变量学习、调节变量积极情绪、交互项学习*积极情绪放入线性回归模型之中。检验结果见表7-6。

表7-6　　　积极情绪在学习与员工工作对家庭增益之间调节作用系数

| 变量 | 工作对家庭增益 | | | | | | | |
|---|---|---|---|---|---|---|---|---|
| | 模型1 | | 模型2 | | 模型3 | | 模型4 | |
| | β值 | T值 | β值 | T值 | β值 | T值 | β值 | T值 |
| 控制变量 | | | | | | | | |
| 性别 | 0.024 | 0.792 | 0.057* | 2.233 | 0.045 | 1.815 | 0.048 | 1.924 |
| 年龄 | −0.085* | −1.996 | −0.114** | −3.191 | −0.109** | −3.119 | −0.110** | −3.139 |
| 学历 | 0.003 | 0.098 | −0.011 | −0.437 | −0.021 | −0.859 | −0.023 | −0.912 |
| 工作年限 | 0.043 | 1.015 | 0.088* | 2.466 | 0.085* | 2.410 | 0.088* | 2.499 |
| 自变量 | | | | | | | | |
| 学习 | | | 0.540*** | 21.479 | 0.377*** | 10.894 | 0.263** | 2.855 |
| 调节变量 | | | | | | | | |
| 积极情绪 | | | | | 0.231*** | 6.678 | 0.126 | 1.467 |
| 交互项 | | | | | | | | |
| 学习*积极情绪 | | | | | | | 0.205 | 1.333 |
| $R^2$ | 0.001 | | 0.291 | | 0.317 | | 0.318 | |
| $\Delta R^2$ | 0.004 | | 0.290 | | 0.027 | | 0.001 | |
| $F$ | 1.200 | | 93.620 | | 88.472 | | 76.139 | |

注：*表示 $P<0.05$；**表示 $P<0.01$；***表示 $P<0.001$。

由表7-6可知，在模型3基础之上加入交互项学习*积极情绪，模型4的 $R^2$ 并未有明显提升。同时，由模型4可知，在有效控制了各项变量并且加入自变量学习和调节变量积极情绪后，学习与积极情绪的交互项对员工工作之于家庭增益的影响不具显著性（β=0.205，T=1.333），这意味着，假设H1e未得到验证。

（7）消极情绪在学习与员工工作对家庭增益间调节作用检验

在进行调节作用检验前，对学习、消极情绪、学习*消极情绪和工作对家庭增益等变量进行中心化处理，以减少多重共线性。同时，采用逐步回归分析，以员工工作对家庭增益为因变量，在考虑被调研员工性别、年龄、学历和工作年限等控制变量的基础之上，依次将自变量学习、调节变量消极情绪、交互项学习*消极情绪放入线性回归模型之中。检验结果见表7-7。

表7-7　　　　消极情绪在学习与员工工作对家庭增益之间调节作用系数

| 变量 | 工作对家庭增益 | | | | | | | |
|---|---|---|---|---|---|---|---|---|
| | 模型1 | | 模型2 | | 模型3 | | 模型4 | |
| | β值 | T值 | β值 | T值 | β值 | T值 | β值 | T值 |
| 控制变量 | | | | | | | | |
| 性别 | 0.024 | 0.792 | 0.057* | 2.233 | 0.055* | 2.179 | 0.055* | 2.180 |
| 年龄 | −0.085* | −1.996 | −0.114** | −3.191 | −0.116** | −3.263 | −0.117** | −3.282 |
| 学历 | 0.003 | 0.098 | −0.011 | −0.437 | −0.013 | −0.526 | −0.014 | −0.548 |
| 工作年限 | 0.043 | 1.015 | 0.088* | 2.466 | 0.089* | 2.497 | 0.091* | 2.521 |
| 自变量 | | | | | | | | |
| 学习 | | | 0.540*** | 21.479 | 0.521*** | 19.747 | 0.545*** | 8.548 |
| 调节变量 | | | | | | | | |
| 消极情绪 | | | | | −0.063* | −2.391 | −0.020 | −0.191 |
| 交互项 | | | | | | | | |
| 学习*消极情绪 | | | | | | | −0.044 | −0.328 |
| $R^2$ | 0.001 | | 0.291 | | 0.294 | | 0.293 | |
| $\Delta R^2$ | 0.004 | | 0.290 | | 0.004 | | 0.000 | |
| F | 1.200 | | 93.620 | | 79.296 | | 67.945 | |

注：*表示P<0.05；**表示P<0.01；***表示P<0.001。

由表7-7可知，在模型3基础之上加入交互项学习*消极情绪，模型4的 $R^2$ 并未提升。同时，由模型4可知，在有效控制了各项变量并且加入自变量学习和调节变量消极情绪后，学习与消极情绪的交互项对员工工作之于家庭增益的影响不具显著性（β=−0.044，T=−0.328），这意味着，假设H1f未得到验证。

## 7.2　主观幸福感对工作繁荣与员工家庭之于工作增益间关系的调节作用

### 7.2.1　概念模型及研究假设

主观幸福感一直受到学者们的重视，它不仅对个人的心理健康、工作绩效和组织创新有积极影响，而且对其家庭品质、人际关系、个人成长等均有显著的正向效应。高水平主观幸福感的个体以积极态度面对工作任务，因此会实现更高的工作繁荣，也更易于获得上级的肯定。而工作繁荣又会不断提高个人幸福感，以此产生良性循环。也就是说，工作繁荣对员工家庭之于工作的增益会有显著性的积极影响产生，从而，在工作繁荣与员工家庭对工作增益之间，主观幸福感就会有调节作用所产生。

情感事件理论认为，员工会将个体的目标与工作场所遇到的事件联系起来，如果两者目标趋于一致，就会产生更多的积极情绪；若两者相悖，则容易产生消极情绪。主观幸福感展现出个体对自我生活的认知态度，它通常体现着个人对整体生活的满意度，这种态度关系着家庭、工作或某一特定领域之间的总体感知，因而主观幸福感也会被认为是个人工作和家庭生活导致的结果。员工在家庭领域中体会到的幸福感意味着员工对现有家庭生活品质的满足，李芳敏等（2022）表示早晚饭质量、娱乐活动以及睡眠三类资源补充因素与员工工作繁荣有紧密联系，因此，员工从家庭中获取的这三类资源有助于强化员工的主观幸福感，继而强化员工的工作繁荣，以达到家庭对工作的增益。除此以外，有研究发现主观幸福感会降低员工的离职率，这表明，若员工在与家人的相处中，体会到心理上的满足感和幸福感，就会将这种积极情绪溢出到工作领域中，提高对工作意义的认知，降低离职的可能性，产生家庭对工作的增益。最后，主观幸福感是个体通过活动评估自我存在的价值。高水平主观幸福感的个体对自己有较强信心，且能客观评价自己的能力，同时也更易于处理工作和家庭生活中的矛盾。基于此，本书提出，"传递效应"存在于主观幸福感所起到的调节作用中，具体而言，高水平的主观幸福感能增强对工作繁荣与员工家庭之于工作增益间关系的影响，与之相反，低水平的主观幸福感对这两者之间的关系影响相对较弱。因此，本书提出如下假设：

H2：主观幸福感在工作繁荣与员工家庭对工作增益关系中可起到调节作用。

有研究认为，主观幸福感是指评判者依照自我规定准则对生活质量所呈现的整体性评价，也是判断个体生活品质整体性的心理指标。生活满意感是一个多元化概念集合，主要体现在情感与认知成分上。生活满意感一般被定义为评价者依据自我所规定准则对生活质量所作出的主观评判，即生活满意感是指个体对所处阶段生活质量满意与否的整体认知。员工在家庭生活中的满意度有助于促进其心理、生理的健康发展，Fini 等（2010）指出，心理健康、生活满意感和主观活力之间存在高度相关性。这些资源的保护、累积及分配情况可以激励员工实现任务目标，提升员工的活力水平。因此，在活力对员工家庭之于工作增益的作用中，生活满意感的提高会进一步强化两者间的作用效果。因此，本书提出了如下假设：

H2a：生活满意感在活力与员工家庭对工作增益关系中具有正向调节作用。

积极情绪作为个体积极的情绪体验，是一种有助于激发个体活力、催人奋进、维持情绪饱满的精神状态。相较于其他员工，具备积极情绪的员工更能表现出主观能动性和工作自主性。通常处于轻松的状态下，个体能体验到积极情绪，从而变得更加专注、思维更加活跃、解决问题的方式更加灵活，更愿意寻求探索新的思路。较高的积极情绪使个体展现为充满活力、注意力完全集中、乐于投入的状态，这与处于工作繁荣下的员工活力有较为紧密的联系。杨宝琰和苏少青（2022）也提出对于积极情绪特质高的员工，家庭-工作增益对工作投入的影响更强。因此，本书提出了如下假设：

H2b：积极情绪在活力与员工家庭对工作增益关系中具有正向调节作用。

情绪不是单一的种类，当积极情绪出现时，消极情绪也可能被体验到，反之，当消极情绪强烈时，也有积极情绪的存在。情感是二维的、相互独立的。消极情绪是指当个体的行为或者认知受阻时所产生的情绪情感体验。依据资源保存理论，一方面，遭受资源损耗的个体更难对资源进行有效的投资，因而更难制止资源的进一步损耗；另一方面，受"损失优先"原则影响，由于资源的损耗会引起焦虑和应激反应，使得个体或组织可供使用的资源相对较少，从而陷入了压力螺旋的恶性循环。因此，与积极情绪相反，消极情绪的个体在家庭中的低落状态也会传递给家人，会使家庭氛围变得相对压抑，而压抑的氛围也会进一步影响员工的工作状态，不利于保持工作活力，从而抑制活力对家庭之于工作增益的促进效果。因此，本书提出如下假设：

H2c：消极情绪在活力与员工家庭对工作增益关系中具有负向调节作用。

生活满意感作为一个主观概念，是主观幸福感的组成成分之一，但与积极情绪和消极情绪指向概念的情感方面不同，生活满意感涉及个体的认知判断方面。生活满意感是根据个体所选择的标准而对自身生活质量进行的整体性评估。生活满意感对个体生活和工作的情绪体验有着深远的影响，并且能有效预测个体的目标设定和行为取向。个体对生活满意感形成了既定的评价，并遵循使其与整体生活满意感一致的原则。感知到生活满意感的员工在生活和工作中有更强烈的学习欲望以实现自己的定位和目标，并且取得的成果也会激发家人的愉悦心情，以此增强家庭对工作的增益。因此，本书提出了如下假设：

H2d：生活满意感在学习与员工家庭对工作增益关系中具有正向调节作用。

积极情绪在思维、行动方面的拓展，为建设个人可持续发展资源提供了机会。积极情绪拓宽了个体的注意和认知，这有益于对困难和阻碍的处理和资源的建构，而合理的解决方式又会使个体产生积极的情绪。这个良性循环是呈螺旋式上升的，使个体的幸福感不断提升。有研究表明，积极情绪对员工展现主动化职业行为有促进作用，这一行为是员工积极工作的行为体现，员工更有可能在此积极行为下通过学习新知识和新技能而实现工作上的繁荣，并进一步影响家庭生活品质。因此，本书提出如下假设：

H2e：积极情绪在学习与员工家庭对工作增益关系中具有正向调节作用。

消极情绪会损耗个体的心理资源，进而产生负面的效果。个体对于保持已有的资源以及获得新的资源都是非常擅长且感兴趣的，若个体意识到对自身资源的潜在威胁，将会积极采取措施阻止资源损失。

一方面，消极情绪作为负面的情绪，本质上侵占了其他任务的心理资源，一定程度上造成了情绪耗竭。另一方面，处于消极情绪状态的个体需要调动更多的资源去进行状态调整，通过将状态调整到更加积极的一面以达到避免或减少损失的目的；或主动构建并维护已有的资源，从而减少未来压力出现的可能性并进行预防。对个体来讲资源损失的影响远比资源获得更为重要，其影响更快，持续时间也更长。消极情绪不仅给员工个体带来心理上的不舒适体验，而且对员工扮演家庭角色、担当家庭责任产生负面影响。如果在员工家庭活动中，需要通过学习来服务家庭生活，那么消极情绪导致的不专注行为可能会引发差的学习效果，甚至是家人的不满，这将极大地削弱家庭对工作的增益。因此，本书提出如下假设：

H2f：消极情绪在学习与员工家庭对工作增益关系中具有负向调节作用。

相应的概念模型如图7-4所示。

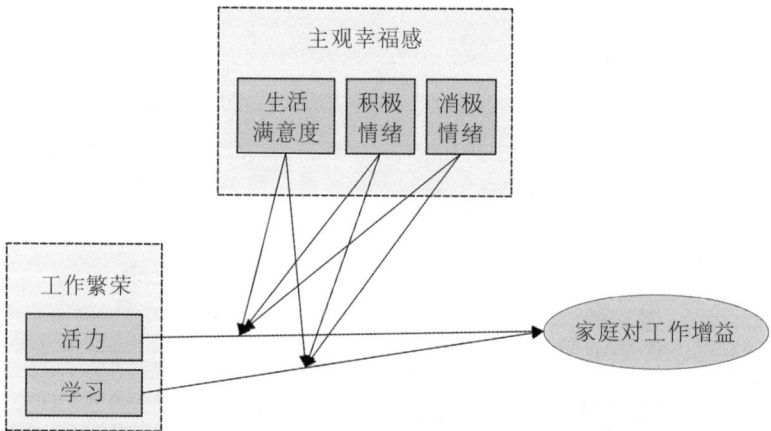

**图7-4　主观幸福感在工作繁荣与员工家庭对工作增益之间调节作用的概念模型**

### 7.2.2　调节作用检验

（1）主观幸福感在工作繁荣与员工家庭对工作增益之间调节作用的检验

在进行调节作用检验前，对工作繁荣、主观幸福感、工作繁荣*主观幸福感和家庭对工作增益等变量进行中心化处理，以减少多重共线性。同时，采用逐步回归分析，以员工家庭对工作增益为因变量，在考虑被调研员工性别、年龄、学历和工作年限等控制变量的基础之上，依次将中介变量工作繁荣、调节变量主观幸福感、交互项工作繁荣*主观幸福感放入线性回归模型之中，结果见表7-8。

表7-8　主观幸福感在工作繁荣与员工家庭对工作增益之间调节作用的系数

| 变量 | 家庭对工作增益 | | | | | | | |
|---|---|---|---|---|---|---|---|---|
| | 模型1 | | 模型2 | | 模型3 | | 模型4 | |
| | β值 | T值 | β值 | T值 | β值 | T值 | β值 | T值 |
| 控制变量 | | | | | | | | |
| 性别 | -0.004 | -0.130 | 0.023 | 0.919 | 0.021 | 0.843 | 0.028 | 1.131 |
| 年龄 | -0.059 | -1.399 | -0.092** | -2.615 | -0.098** | -2.809 | -0.100** | -2.923 |
| 学历 | 0.013 | 0.418 | 0.004 | 0.163 | -0.005 | -0.220 | -0.011 | -0.457 |
| 工作年限 | -0.024 | -0.575 | 0.023 | 0.648 | 0.022 | 0.619 | 0.034 | 0.984 |
| 中介变量 | | | | | | | | |
| 工作繁荣 | | | 0.563*** | 22.864 | 0.456*** | 14.035 | 0.473*** | 14.645 |
| 调节变量 | | | | | | | | |
| 主观幸福感 | | | | | 0.161*** | 4.961 | 0.163*** | 5.053 |
| 交互项 | | | | | | | | |
| 工作繁荣*主观幸福感 | | | | | | | 0.127*** | 5.234 |
| $R^2$ | 0.003 | | 0.318 | | 0.332 | | 0.348 | |
| $\Delta R^2$ | 0.006 | | 0.315 | | 0.015 | | 0.016 | |
| $F$ | 1.719 | | 106.567 | | 94.771 | | 87.055 | |

注：*表示 $P<0.05$；**表示 $P<0.01$；***表示 $P<0.001$。

结果显示，主观幸福感显著调节工作繁荣对员工家庭之于工作增益的影响（β=0.127，$P<0.001$），假设H2得到验证。为了更直观展示主观幸福感对工作繁荣与家庭之于工作增益的调节作用，进一步绘制调节作用图（如图7-5所示）。

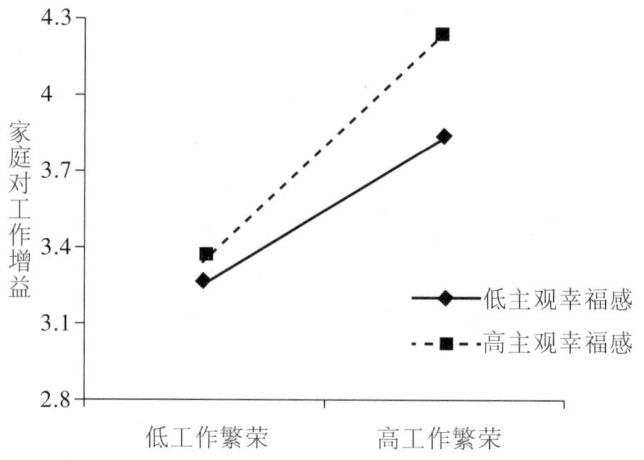

**图7-5 主观幸福感对工作繁荣与员工家庭之于工作增益的调节作用图**

（2）生活满意感在活力与员工家庭对工作增益之间调节作用的检验

在进行调节作用检验前，对活力、生活满意感、活力*生活满意感和家庭对工作增益等变量进行中心化处理，以减少多重共线性。同时，采用逐步回归分析，以员工家庭对工作增益为因变量，在考虑被调研员工性别、年龄、学历和工作年限等控制变量的基础之上，依次将自变量活力、调节变量生活满意感、交互项活力*生活满意感放入线性回归模型之中。检验结果见表7-9。

表7-9 　　　生活满意感在活力与员工家庭对工作增益之间调节作用的系数

| 变量 | 家庭对工作增益 | | | | | | | |
|---|---|---|---|---|---|---|---|---|
| | 模型1 | | 模型2 | | 模型3 | | 模型4 | |
| | β值 | T值 | β值 | T值 | β值 | T值 | β值 | T值 |
| 控制变量 | | | | | | | | |
| 性别 | −0.004 | −0.130 | 0.008 | 0.288 | 0.020 | 0.781 | 0.024 | 0.967 |
| 年龄 | −0.059 | −1.399 | −0.082[*] | −2.209 | −0.103[**] | −2.892 | −0.095[**] | −2.685 |
| 学历 | 0.013 | 0.418 | 0.012 | 0.456 | −0.003 | −0.124 | −0.005 | −0.217 |
| 工作年限 | −0.024 | −0.575 | 0.007 | 0.180 | 0.007 | 0.199 | 0.006 | 0.157 |
| 自变量 | | | | | | | | |
| 活力 | | | 0.482[***] | 18.487 | 0.369[***] | 13.398 | −0.0003 | −0.038 |
| 调节变量 | | | | | | | | |

| 变量 | 家庭对工作增益 | | | | | | | |
| --- | --- | --- | --- | --- | --- | --- | --- | --- |
| | 模型1 | | 模型2 | | 模型3 | | 模型4 | |
| | β值 | T值 | β值 | T值 | β值 | T值 | β值 | T值 |
| 生活满意感 | | | | | 0.271*** | 9.792 | -0.184 | -1.786 |
| 交互项 | | | | | | | | |
| 活力*生活满意感 | | | | | | | 0.707*** | 4.590 |
| $R^2$ | 0.003 | | 0.234 | | 0.294 | | 0.306 | |
| $\Delta R^2$ | 0.006 | | 0.232 | | 0.060 | | 0.013 | |
| $F$ | 1.719 | | 70.142 | | 79.363 | | 72.251 | |

注：*表示 $P<0.05$；**表示 $P<0.01$；***表示 $P<0.001$。

由表7-9可知，在模型3基础之上加入交互项活力*生活满意感，模型4的 $R^2$ 有所提升，增至0.306，这意味着模型4的拟合度是可以接受的。同时，由模型4可知，在有效控制了各项变量并且加入自变量活力和调节变量生活满意感后，活力与生活满意感的交互项对员工家庭之于工作增益具有显著正向影响（β=0.707，T=4.590），这意味着员工对生活的满意度越高，活力对员工家庭之于工作增益的正向关系也就越强。由此，假设H2a得到验证。为了更直观展示生活满意感对活力与员工家庭之于工作增益的调节作用，进一步绘制调节作用图（如图7-6所示）。

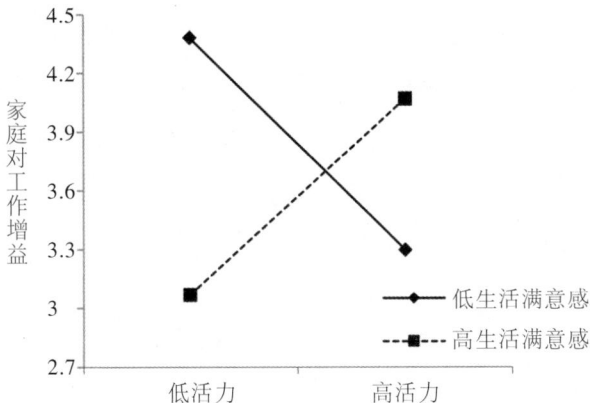

图7-6 生活满意感对活力与员工家庭之于工作增益的调节作用图

（3）积极情绪在活力与员工家庭对工作增益之间调节作用的检验

在进行调节作用检验前，对活力、积极情绪、活力*积极情绪和家庭对工作增益等变量进行中心化处理，以减少多重共线性。同时，采用逐步回归分析，以员工家庭对工作增益为因变量，在考虑被调研员工性别、年龄、学历和工作年限等控制变量的基础之上，依次将自变量活力、调节变量积极情绪、交互项活力*积极情绪放入线性回归模型之中。检验结果见表7–10。

表7–10　积极情绪在活力与员工家庭对工作增益之间调节作用的系数

| 变量 | 家庭对工作增益 | | | | | | | |
|---|---|---|---|---|---|---|---|---|
| | 模型1 | | 模型2 | | 模型3 | | 模型4 | |
| | β值 | T值 | β值 | T值 | β值 | T值 | β值 | T值 |
| 控制变量 | | | | | | | | |
| 性别 | −0.004 | −0.130 | 0.008 | 0.288 | 0.001 | 0.039 | 0.009 | 0.375 |
| 年龄 | −0.059 | −1.399 | −0.082* | −2.209 | −0.080* | −2.289 | −0.078* | −2.263 |
| 学历 | 0.013 | 0.418 | 0.012 | 0.456 | −0.010 | −0.406 | −0.014 | −0.571 |
| 工作年限 | −0.024 | −0.575 | 0.007 | 0.180 | 0.010 | −0.291 | 0.017 | 0.487 |
| 自变量 | | | | | | | | |
| 活力 | | | 0.482*** | 18.487 | 0.299*** | 10.460 | −0.195* | −2.067 |
| 调节变量 | | | | | | | | |
| 积极情绪 | | | | | 0.354*** | 12.364 | −0.132 | −1.425 |
| 交互项 | | | | | | | | |
| 活力*积极情绪 | | | | | | | 0.864*** | 5.493 |
| $R^2$ | 0.003 | | 0.234 | | 0.325 | | 0.342 | |
| $\Delta R^2$ | 0.006 | | 0.232 | | 0.091 | | 0.018 | |
| F | 1.719 | | 70.142 | | 91.819 | | 85.056 | |

注：*表示P<0.05；**表示P<0.01；***表示P<0.001。

由表7–10可知，在模型3基础之上加入交互项活力*积极情绪，模型4的$R^2$有所提升，增至0.342，这意味着模型4的拟合度可以接受。同时，由模型4可知，在有效控制了各项变量并且加入自变量活力和调节变量积极情绪后，活力与积极情绪的交互项对员工家庭之于工作增益具有显著正向影响（β=0.864，T=5.493），这意味着员工的积极情绪越高，活力对员工家庭之于工作增益的正向关系也就越强。由此，假设H2b得到验证。为了更直观展示积极情绪对活力与员工家庭之于工作增益的调节作用，进一步绘制调节作用图（如图7-7所示）。

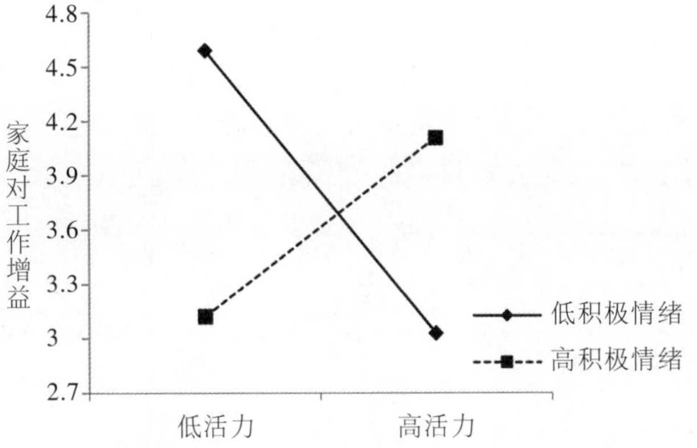

图7-7　积极情绪对活力与员工家庭之于工作增益的调节作用图

（4）消极情绪在活力与员工家庭对工作增益之间调节作用的检验

在进行调节作用检验前，对活力、消极情绪、活力*消极情绪和家庭对工作增益等变量进行中心化处理，以减少多重共线性。同时，采用逐步回归分析，以员工家庭对工作增益为因变量，在考虑被调研员工性别、年龄、学历和工作年限等控制变量的基础之上，依次将自变量活力、调节变量消极情绪、交互项活力*消极情绪放入线性回归模型之中。检验结果见表7-11。

表7-11　　消极情绪在活力与员工家庭对工作增益之间调节作用的系数

| 变量 | 家庭对工作增益 | | | | | | | |
|---|---|---|---|---|---|---|---|---|
| | 模型1 | | 模型2 | | 模型3 | | 模型4 | |
| | β值 | T值 | β值 | T值 | β值 | T值 | β值 | T值 |
| 控制变量 | | | | | | | | |
| 性别 | −0.004 | −0.130 | 0.008 | 0.288 | 0.007 | 0.259 | 0.005 | 0.192 |
| 年龄 | −0.059 | −1.399 | −0.082* | −2.209 | −0.085* | −2.301 | −0.090* | −2.444 |
| 学历 | 0.013 | 0.418 | 0.012 | 0.456 | 0.009 | 0.333 | 0.006 | 0.223 |
| 工作年限 | −0.024 | −0.575 | 0.007 | 0.180 | 0.009 | 0.230 | 0.016 | 0.437 |
| 自变量 | | | | | | | | |

续表

| 变量 | 家庭对工作增益 | | | | | | | |
|------|------|------|------|------|------|------|------|------|
| | 模型 1 | | 模型 2 | | 模型 3 | | 模型 4 | |
| | β 值 | T 值 | β 值 | T 值 | β 值 | T 值 | β 值 | T 值 |
| 活力 | | | 0.482*** | 18.487 | 0.464*** | 17.306 | 0.724*** | 10.512 |
| 调节变量 | | | | | | | | |
| 消极情绪 | | | | | −0.075** | −2.805 | 0.407** | 3.378 |
| 交互项 | | | | | | | | |
| 活力*消极情绪 | | | | | | | −0.501*** | −4.103 |
| $R^2$ | 0.003 | | 0.234 | | 0.239 | | 0.249 | |
| $\Delta R^2$ | 0.006 | | 0.232 | | 0.005 | | 0.011 | |
| F | 1.719 | | 70.142 | | 60.120 | | 54.663 | |

注：*表示 P<0.05；**表示 P<0.01；***表示 P<0.001。

由表 7-11 可知，在模型 3 基础之上加入交互项活力*消极情绪，模型 4 的 $R^2$ 有所提升，增至 0.249，这意味着模型 4 的拟合度可以接受。同时，由模型 4 可知，在有效控制了各项变量并且加入自变量活力和调节变量消极情绪后，活力与消极情绪的交互项对员工家庭之于工作增益具有显著正向影响（β=−0.501，T=−4.103），这意味着员工的消极情绪越高，活力对员工家庭之于工作增益的正向关系也就越弱。由此，假设 H2c 得到验证。为了更直观展示消极情绪对活力与家庭之于工作增益的调节作用，进一步绘制调节作用图（如图 7-8 所示）。

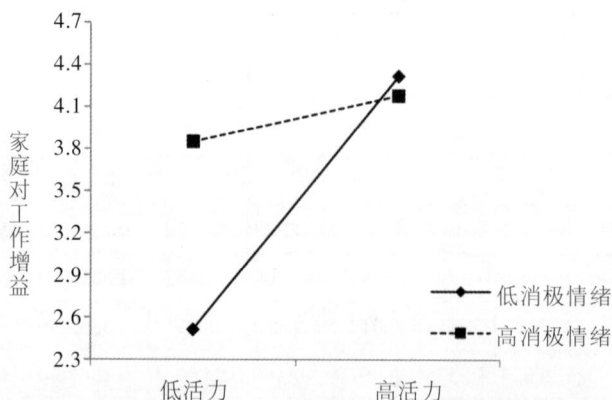

图 7-8　消极情绪对活力与员工家庭之于工作增益的调节作用图

（5）生活满意感在学习与员工家庭对工作增益之间调节作用的检验

在进行调节作用检验前，对学习、生活满意感、学习*生活满意感和家庭对工作增益等变量进行中心化处理，以减少多重共线性。同时，采用逐步回归分析，以员工家庭对工作增益为因变量，在考虑被调研员工性别、年龄、学历和工作年限等控制变量的基础之上，依次将自变量学习、调节变量生活满意感、交互项学习*生活满意感放入线性回归模型之中。检验结果见表7-12。

表7-12　　生活满意感在学习与员工家庭对工作增益之间调节作用的系数

| 变量 | 家庭对工作增益 | | | | | | | |
|---|---|---|---|---|---|---|---|---|
| | 模型1 | | 模型2 | | 模型3 | | 模型4 | |
| | β值 | T值 | β值 | T值 | β值 | T值 | β值 | T值 |
| 控制变量 | | | | | | | | |
| 性别 | −0.004 | −0.130 | 0.027 | 1.058 | 0.030 | 1.175 | 0.035 | 1.379 |
| 年龄 | −0.059 | −1.399 | −0.087* | −2.398 | −0.098 | −2.712 | −0.098 | −2.739 |
| 学历 | 0.013 | 0.418 | −0.001 | −0.030 | −0.007 | −0.289 | −0.009 | −0.366 |
| 工作年限 | −0.024 | −0.575 | 0.019 | 0.512 | 0.015 | −0.404 | 0.022 | 0.611 |
| 自变量 | | | | | | | | |
| 学习 | | | 0.513*** | 20.063 | 0.408*** | 12.453 | 0.172* | 2.059 |
| 调节变量 | | | | | | | | |
| 生活满意感 | | | | | 0.166*** | 5.040 | −0.110 | −1.150 |
| 交互项 | | | | | | | | |
| 学习*生活满意感 | | | | | | | 0.470** | 3.062 |
| $R^2$ | 0.003 | | 0.265 | | 0.280 | | 0.286 | |
| $\Delta R^2$ | 0.006 | | 0.262 | | 0.016 | | 0.006 | |
| $F$ | 1.719 | | 82.368 | | 74.363 | | 65.555 | |

注：*表示$P<0.05$；**表示$P<0.01$；***表示$P<0.001$。

由表7-12可知，在模型3基础之上加入交互项学习*生活满意感，模型4的$R^2$有所提升，增至0.286，这意味着模型4的拟合度可以接受。

同时，由模型4可知，在有效控制了各项变量并且加入自变量学习和调节变量生活满意感后，学习与生活满意感的交互项对员工家庭之于工作增益具有显著正向影响（β=0.470，T=3.062），这意味着员工对生活的满意度越高，学习对员工家庭之于工作增益的正向关系也就越强。由此，假设H2d得到验证。为了更直观展示生活满意感对学习与家庭之于工作增益的调节作用，进一步绘制调节作用图（如图7-9所示）。

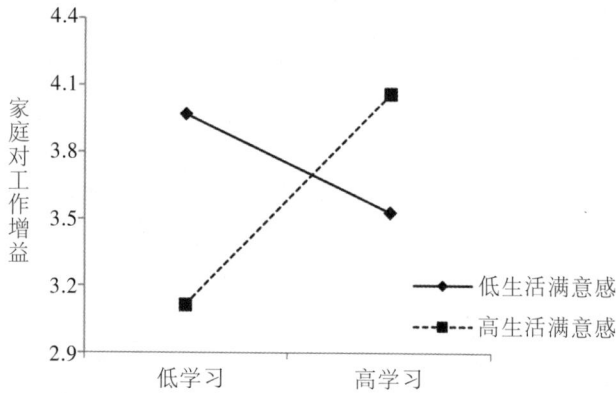

图7-9　生活满意感对学习与员工家庭之于工作增益的调节作用图

（6）积极情绪在学习与员工家庭对工作增益之间调节作用的检验

在进行调节作用检验前，对学习、积极情绪、学习*积极情绪和家庭对工作增益等变量进行中心化处理，以减少多重共线性。同时，采用逐步回归分析，以员工家庭对工作增益为因变量，在考虑被调研员工性别、年龄、学历和工作年限等控制变量的基础之上，依次将自变量学习、调节变量积极情绪、交互项学习*积极情绪放入线性回归模型之中。检验结果见表7-13。

表7-13　积极情绪在学习与员工家庭对工作增益之间调节作用的系数

| 变量 | 家庭对工作增益 | | | | | | | |
|---|---|---|---|---|---|---|---|---|
| | 模型1 | | 模型2 | | 模型3 | | 模型4 | |
| | β值 | T值 | β值 | T值 | β值 | T值 | β值 | T值 |
| 控制变量 | | | | | | | | |
| 性别 | -0.004 | -0.130 | 0.027 | 1.058 | 0.013 | 0.515 | 0.024 | 0.979 |
| 年龄 | -0.059 | -1.399 | -0.087* | -2.398 | -0.081* | -2.303 | -0.084* | -2.408 |

| 变量 | 家庭对工作增益 | | | | | | | |
|---|---|---|---|---|---|---|---|---|
| | 模型 1 | | 模型 2 | | 模型 3 | | 模型 4 | |
| | β值 | T值 | β值 | T值 | β值 | T值 | β值 | T值 |
| 学历 | 0.013 | 0.418 | −0.001 | −0.030 | −0.014 | −0.553 | −0.019 | −0.776 |
| 工作年限 | −0.024 | −0.575 | 0.019 | 0.512 | 0.014 | 0.397 | 0.027 | 0.779 |
| 自变量 | | | | | | | | |
| 学习 | | | 0.513*** | 20.063 | 0.308*** | 8.816 | −0.146 | −1.595 |
| 调节变量 | | | | | | | | |
| 积极情绪 | | | | | 0.293*** | 8.402 | −0.125 | −1.463 |
| 交互项 | | | | | | | | |
| 学习*积极情绪 | | | | | | | 0.816*** | 5.336 |
| $R^2$ | 0.003 | | 0.265 | | 0.308 | | 0.324 | |
| $\Delta R^2$ | 0.006 | | 0.262 | | 0.043 | | 0.017 | |
| $F$ | 1.719 | | 82.368 | | 84.650 | | 78.397 | |

注：*表示 P<0.05；**表示 P<0.01；***表示 P<0.001.

由表7-13，模型4的 $R^2$ 有所提升，增至0.324，这意味着模型4的拟合度可以接受。同时，由模型4可知，在有效控制了各项变量并且加入自变量学习和调节变量积极情绪后，学习与积极情绪的交互项对员工家庭之于工作增益具有显著正向影响（β=0.816，T=5.336），这意味着员工的积极情绪越高，学习对员工家庭之于工作增益的正向关系也就越强。由此，假设H2e得到验证。为了更直观展示积极情绪对学习与员工家庭之于工作增益的调节作用，进一步绘制调节作用图（如图7-10所示）。

（7）消极情绪在学习与员工家庭对工作增益之间调节作用的检验

在进行调节作用检验前，对学习、消极情绪、学习*消极情绪和家庭对工作增益等变量进行中心化处理，以减少多重共线性。同时，采用逐步回归分析，以员工家庭对工作增益为因变量，在考虑被调研员工性别、年龄、学历和工作年限等控制变量的基础之上，依次将自变量学习、调节变量消极情绪、交互项学习*消极情绪放入线性回归模型之中。检验结果见表7-14。

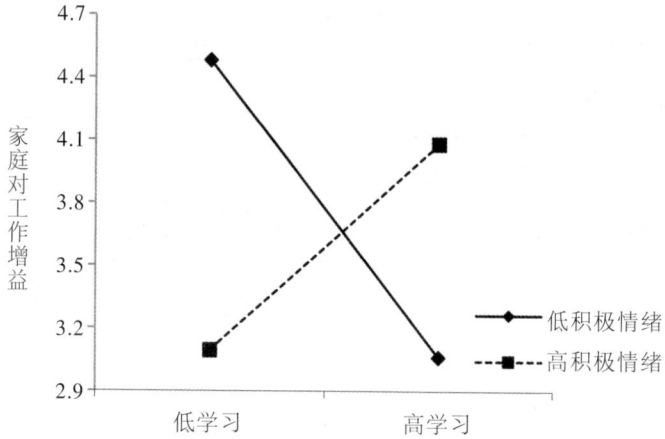

图7-10 积极情绪对学习与员工家庭之于工作增益的调节作用图

表7-14 消极情绪在学习与员工家庭对工作增益之间调节作用的系数

| 变量 | 家庭对工作增益 | | | | | | | |
|---|---|---|---|---|---|---|---|---|
| | 模型 1 | | 模型 2 | | 模型 3 | | 模型 4 | |
| | β值 | T值 | β值 | T值 | β值 | T值 | β值 | T值 |
| 控制变量 | | | | | | | | |
| 性别 | −0.004 | −0.130 | 0.027 | 1.058 | 0.027 | 1.028 | 0.027 | 1.051 |
| 年龄 | −0.059 | −1.399 | −0.087* | −2.398 | −0.089* | −2.432 | −0.098 | −2.724 |
| 学历 | 0.013 | 0.418 | −0.001 | −0.030 | −0.002 | −0.076 | −0.008 | −0.323 |
| 工作年限 | −0.024 | −0.575 | 0.019 | 0.512 | 0.019 | 0.525 | 0.032 | 0.877 |
| 自变量 | | | | | | | | |
| 学习 | | | 0.513*** | 20.063 | 0.503*** | 18.713 | 0.771 | 11.955 |
| 调节变量 | | | | | | | | |
| 消极情绪 | | | | | −0.033 | −1.247 | 0.430 | 4.094 |
| 交互项 | | | | | | | | |
| 学习*消极情绪 | | | | | | | −0.473 | −4.561 |
| $R^2$ | 0.003 | | 0.265 | | 0.265 | | 0.278 | |
| $\Delta R^2$ | 0.006 | | 0.262 | | 0.001 | | 0.013 | |
| $F$ | 1.719 | | 82.368 | | 68.9333 | | 63.098 | |

注：*表示P<0.05；**表示P<0.01；***表示P<0.001。

由表7-14可知，在模型3基础之上加入交互项学习*消极情绪，模型4的$R^2$有所提升，增至0.278，这意味着模型4的拟合度可以接受。同时，由模型4可知，在有效控制了各项变量并且加入自变量学习和调节变量消极情绪后，学习与消极情绪的交互项对员工家庭之于工作增益具有显著正向影响（β=-0.473，T=-4.561），这意味着员工的消极情绪越高，学习对员工家庭之于工作增益的正向关系也就越弱。由此，假设H2f得到验证。为了更直观展示消极情绪对学习与员工家庭之于工作增益的调节作用，进一步绘制调节作用图（如图7-11所示）。

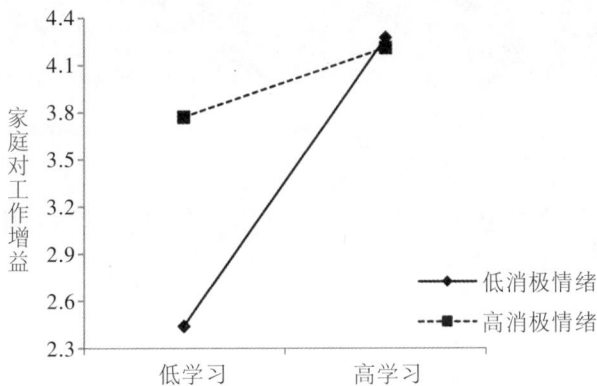

图7-11　消极情绪对学习与员工家庭之于工作增益的调节作用图

## 7.3　本章小结

根据已有学者判断调节效应成立的标准，本章探讨分析了主观幸福感在工作繁荣和员工工作对家庭增益之间、工作繁荣和员工家庭对工作增益之间所起到的调节效应问题，弥补了过去学者总是孤立地探讨工作繁荣、主观幸福感、员工工作-家庭增益这三个变量的不足。Greenhaus和Powell（2006）将主观幸福感作为调节变量，构建了工作-家庭增益双路径模型，研究了主观幸福感所发挥的边界作用。企业应充分考虑员工个体的主观幸福感水平，在此基础上为不同员工构建能够满足其不同需求的工作-家庭增益路径。本章通过实证分析研究主要得出如下结论：

第一，在工作繁荣和员工工作对家庭增益之间，主观幸福感没有显著调节工作繁荣对员工工作之于家庭增益的影响，假设H1没有得到验证，同时假设H1c、H1d、H1e、H1f也未验证成立。首先，消极情绪并未显著负向调节活力与工作对家庭增益的关系，这说明，在员工充满活力的状态下，积极情绪会更有益于其将精力从工作中转移到家庭中，而消极情绪在高水平活力状态下会被员工自我消化掉，起到的负向影响较弱。其次，主观幸福感的3个维度均无法调节学习与工作对家庭增益之间的关系，这说明，当员工在工作中有较强学习欲望时，其被心理情感所影响的可能性较弱，不管是积极还是消极，员工的关注更多地会被学习知识和技能所吸引，所以主观幸福感无法调节学习与工作对家庭增益的关系。

第二，在工作繁荣和员工家庭对工作增益之间，主观幸福感发挥出显著的调节作用，也就是说，员工的主观幸福感水平的高低，会影响工作繁荣对员工家庭之于工作增益产生的作用。当员工拥有较为积极的心理情感时，并且处于一个旺盛的学习状态时，其从家庭中获得的资源和能量，会造成积极溢出效应，改善员工的工作角色表现，从而实现员工家庭对工作增益。

调节效应验证结果如图7-12所示。

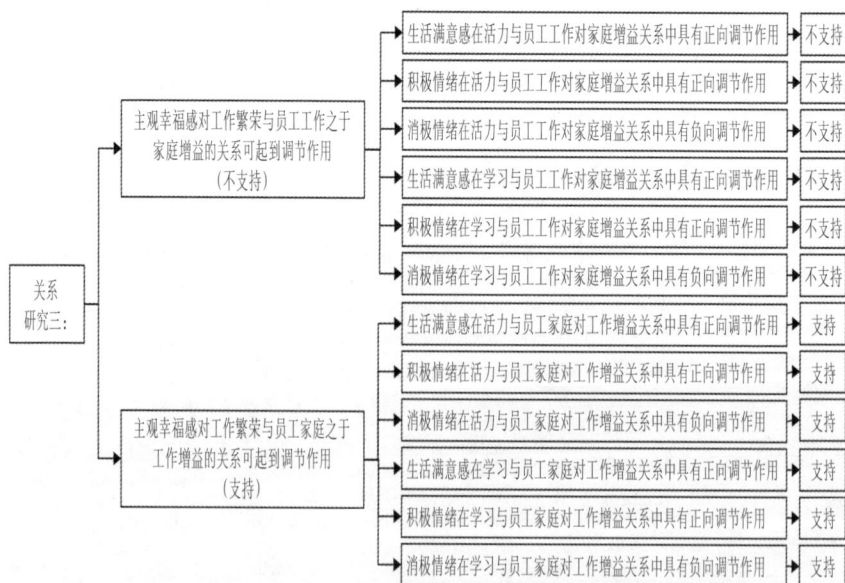

图7-12　调节效应验证结果

# 8  结论与启示

## 8.1  研究结论

　　工作和家庭是生活中紧密相连的两个领域，尤其在我国经济发展和科技水平飞速增长的社会背景下，更加强调实现高质量发展与创造高品质生活二者的平衡。而随着人口结构和工作特点等因素的改变，人们面临的角色要求更加多样化，不同领域间的影响和关联逐渐扩大，越来越多的人面临着兼顾工作与家庭责任的挑战。随着经济水平提高，技术手段和科技平台不断完善，工作与家庭领域间的界限逐渐模糊，进而推动了两个领域间资源的相互渗透。人们在拥有更多机会的同时，也面临着更多工作与家庭等不同生活场景角色要求的冲突与压力。本书以资源保存理论为基础，结合资源保存理论、角色累积理论和情感事件理论，以工作繁荣为中介，以主观幸福感为调节，构建了一个有调节的中介模型，采用问卷调查法收集了来自上海、江苏、河北、四川等地85家企业的1 131份问卷，进一步探究社会支持影响员工工作-家庭增益的内部机理与边界条件。在探究员工工作-家庭增益时，本书将其具体划分为工作对家庭增益（以下简称 WFE）和家庭对工作增益（以下简称 FWE）两个维度，并将中介变量工作繁荣拆分为活力和学习两个维度，详细论证了社会支持的 3 个维度上级支持（以下简称 SS）、同事支持（以下简称 CS）、家庭支持（以下简称 FS）与员工工作-家庭增益间活力与学习的中介作用以及联合中介作用。与此同时，研究深入探讨了主观幸福感的 3 个维度生活满意感（以下简称 LS）、积极情绪（以下简称 PE）、消极情绪（以下简称 NE）在工作繁荣与员工工作-家庭增益间的边界效应。基于此，本书主要得出如下结论：

### 8.1.1　各量表均在中国情境下得到验证

本书基于 85 家企业的 1 131 份有效问卷，对工作繁荣、主观幸福感、社会支持、工作-家庭增益量表进行了验证性因子分析。根据研究结果，各量表的因子结构均得到验证。具体情况如下：

Allen 等人开发的社会支持量表在中国情境下得到验证，仍包括 SS量表的 5 个题项、CS 量表的 5 个题项和 FS 量表的 3 个题项，共计 13 个题项。

Greenhaus 和 Powell（2006）提出的工作-家庭增益量表同样得到了验证，涉及工作对家庭增益与家庭对工作增益两个维度，每个维度 9 个题项，共计 18 个题项。

Porath 等（2012）开发的工作繁荣量表，包括学习维度 3 个题项，活力维度 3 个题项，共计 6 个题项，两个维度得到验证。

Su 等（2014）开发的主观幸福感量表，主要包括生活满意感，积极情绪和消极情绪 3 个维度，每个维度 3 个题项，所有维度均得到验证。

### 8.1.2　社会支持显著正向影响员工工作-家庭增益

本书的实证分析结果表明，社会支持对员工工作-家庭增益具有显著的直接影响效应。在已有关于社会支持与工作家庭关系的研究中，主要论证了社会支持能够削弱员工感知到的工作家庭冲突。进一步地，员工从上级、同事和家庭 3 个维度得到的支持会提高其生活质量和水平，并且能激励员工更全身心地投入到工作中。但是已有研究中涉及社会支持与员工工作-家庭增益的两个增益方向的成果少之又少，可见来自上级、同事及家庭的支持对员工工作-家庭增益的影响机制还需做深入的研究。

研究结果表明：第一，社会支持对员工WFE可产生明显正向影响。基于本书得到的实证分析结果可知，社会支持的3个维度（SS、CS以及FS）对员工WFE均可产生显著正向影响。第二，社会支持对员工FWE可产生显著正向影响。且社会支持的3个维度对员工FWE均可产生显著正向影响。其中FS对员工FWE的影响最为显著，SS对员工FWE的影响次之，CS对员工WFE的影响最弱。整体而言，社会支持的3个维度对员工工作-家庭增益的两个增益方向都可产生显著正向影响。

经过本书的研究结果可知，社会支持与员工工作-家庭增益是显著的正相关关系。个体从社会支持中能够收获丰富的工作经验和资源，有助于个体进一步构建覆盖面更广的社会网络，从而提高工作效率和绩效。基于领域间资源流动的视角，工作和家庭领域所拥有的资源具有互通性，即个体从工作和家庭两个领域中获得的资源是互通的，当组织向员工提供与家庭生活相关的福利后，员工的家人会更加认同员工所从事的工作，进而对员工的工作给予更多的支持，这有利于提升员工工作-家庭增益。

### 8.1.3 工作繁荣在社会支持和员工工作-家庭增益之间起部分中介作用

根据前文的数据分析可知，工作繁荣在社会支持与员工工作-家庭增益之间发挥部分中介作用。关于工作繁荣与员工工作-家庭增益之间的关系，已有研究主要考察了员工工作-家庭增益对工作繁荣的作用机制，本书的研究结果则验证了工作繁荣在社会支持和员工工作-家庭增益之间的中介效应。

研究所得出的结论包括：第一，活力在社会支持和员工WFE之间可起到中介效应。联合中介效应下，活力能够在SS和员工WFE之间、CS和员工WFE之间起到部分中介效应，而在FS和员工WFE之间起到完全中介效应。第二，学习在社会支持和员工 WFE 之间可起到中介效应。学习对 SS、CS 和 FS3 个维度与员工 WFE 之间都可起到部分中介效应。在联合中介效应验证中则发现，学习在 FS 和员工 WFE 之间不存在中介效应，至于在 SS 和员工 WFE、CS 和员工 WFE 之间则可起到部分中介效应。第三，活力在社会支持和员工 FWE 之间可起到中介效应。活力能够在 SS、CS、FS3 个维度和员工 FWE 之间都起到部分中介效应。在联合中介效应情况下，活力在社会支持 3 维度和员工 WFE 之间均未起到部分中介效应。第四，学习于社会支持和员工 FWE 之间可起到中介效应。具体而言，学习能够在社会支持 3 维度和员工 FWE 之间均起到部分中介效应。

根据工作繁荣社会嵌入模型，个体在工作过程中所拥有的资源能够最终引发其工作繁荣的产生。由于工作繁荣包括学习和活力两个方面，因而社会支持对员工工作繁荣的作用主要体现在以下两个角度：第一，来自上级、同事以及家庭的支持会使员工拥有更加饱满的工作状态，从而促使其更有动力去提升自己的知识储备以及学习能力，这就会促进员工工作繁荣的学习维度的提升；第二，个体通过所得的社会支持能够拥有更多的资源，并将这些资源渗透到不同的工作角色中，以促使个体在工作领域有更好的表现，这就会促进员工工作繁荣的活力维度的提升。结合实证分析结果可知，在企业中员工的工作繁荣状态主要受到来自组织的工作资源的影响，而员工所感受到的社会支持可以看作员工所拥有的一种资源，因此增加员工获得的社会支持能够促进员工实现工作繁荣。此时，达到高水平工作繁荣状态的员工会获得更多有价值的情绪（情感）资源和实践资源（如发展新技术、找到新角度、提高人力资本及效率等），并且会将这些丰富的资源灵活应用到处理工作和家庭关系的过程中，进而促进员工工作-家庭增益的产生。

### 8.1.4 主观幸福感正向调节工作繁荣与员工工作-家庭增益间的关系

本书主要从两个方面来探讨分析了工作繁荣和员工 WFE 之间、工作繁荣和员工 FWE 之间，主观幸福感所起到的调节影响效应问题，一定程度上弥补了过去学者们总是孤立地探讨工作繁荣、主观幸福感、员工工作-家庭增益这三个变量这一不足。对于具有不同主观幸福感水平的员工而言，主观幸福感对其工作-家庭增益的影响程度是不同的。进一步地，LS在活力与员工工作-家庭增益关系中具有正向调节作用；PE在活力与员工工作-家庭增益关系中具有正向调节作用；NE在活力与员工工作-家庭增益关系中具有负向调节作用；LS在学习与员工工作-家庭增益关系中具有正向调节作用；PE在学习与员工工作-家庭增益关系中具有正向调节作用；NE在学习与员工工作-家庭增益关系中具有负向调节作用。

研究结果显示：首先，在工作繁荣和员工WFE之间，主观幸福感主要起到了调节作用，且作用显著，这也验证了H1的假设是成立的。但是假设H1c、H1d、H1e、H1f并未验证成立：第一，NE并未显著负向调节活力与WFE的关系，这说明，在员工充满活力的状态下，PE会更有益于其将精力从工作中转移到家庭中，而NE在高水平活力状态下会被员工自我消化掉，起到的负向影响较弱。第二，主观幸福感的3个维度均无法调节学习与WFE之间的关系，这说明，当员工在工作中有较强学习欲望时，其被心理情感所影响的可能性较弱，不管是积极还是消极，员工的关注更多地会被学习知识和技能所吸引，所以主观幸福感无法调节学习与WFE的关系。其次，在工作繁荣和员工FWE之间，主观幸福感发挥出显著的调节作用，也就是说，员工的主观幸福感水平的高低，会影响工作繁荣对FWE产生的作用。当员工拥有较为积极的心理情感时，并且处于一个旺盛的学习状态时，其从家庭中获得的资源和能量，会造成积极溢出效应，改善员工的工作角色表现，从而实现员工的FWE。当个体消极情绪水平越高时，学习和活力对FWE的影响都越弱。

基于目的论可知，不断追求自我价值和努力实现自我目标的人，能够在这个过程中感到满足，因而体验到更多的主观幸福感。进一步地，主观幸福感强的人能够勇敢面对在工作中遇到的困难，对自己的工作能力充满自信，相信自己可以克服工作中的困难，所以他们在工作过程中会获得很多价值感，也会相应地更加投入工作。结合实证分析结果可知，主观幸福感水平越高的员工认为自己对于工作任务有越重要的价值,从工作中也能感受到更多的价值感,并更加积极地投入工作活动,从而达到高水平的工作繁荣状态,增强工作繁荣对工作-家庭增益的作用。具体而言,主观幸福感高的个体通常具有较高水平的身心健康状态,也更能在家庭中营造和谐氛围,从而获得更多的生活满意感和积极情绪体验。同时,这样的个体也更能在工作中实现高水平的工作繁荣,进而提升工作-家庭增益。与此相反,受消极情绪影响的员工难以投入工作当中,感受到的工作繁荣程度也较低,从而削弱了其工作-家庭增益。

### 8.1.5 社会支持对员工工作-家庭增益影响机制的综合模型

根据本书的实证检验,本书最终构建了社会支持对员工工作-家庭增益作用路径的综合模型(如图8-1所示)。由此模型可知,社会支持对员工工作-家庭增益的影响机制主要包括以下路径:

一是社会支持的3个维度,即SS、CS和FS,都能够对WFE和FWE产生直接作用。

二是社会支持可以通过工作繁荣的两个维度,即学习和活力,对WFE和FWE产生影响。

三是主观幸福感水平越高,工作繁荣对员工WFE的影响越大。

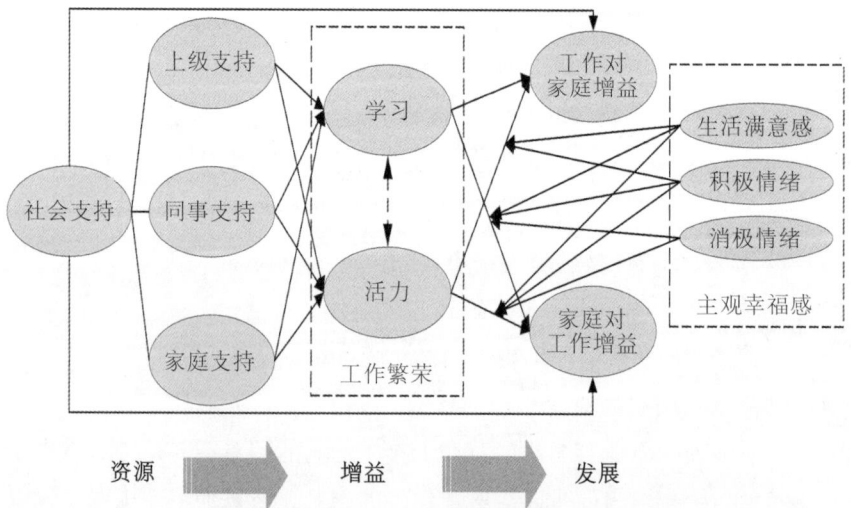

图8-1 社会支持对员工工作-家庭增益作用路径的综合模型

## 8.2 理论贡献

本书依据资源－增益－发展模型构建了社会支持对工作－家庭增益的概念模型，探讨了社会支持的3个维度对工作－家庭增益的直接作用机制。同时，基于资源保存理论、角色累积理论以及情感事件理论的综合应用，将工作繁荣、主观幸福感纳入概念模型，深入阐释了社会支持对工作－家庭增益的中介和调节作用机制。本书对工作－家庭增益等方面的研究有着一定的理论贡献：一是关于社会支持与工作－家庭增益变量的独立研究，丰富了两者间的内在影响路径。二是关于工作繁荣的深层次探讨，进一步充实了工作繁荣的作用机制。三是关于主观幸福感在管理实践中的作用，完善了个体资源在家庭与工作两个领域内循环流动的理论框架与具体路径。

### 8.2.1 关于社会支持与工作－家庭增益变量独立研究

研究揭示了社会支持对工作－家庭增益这一工作－家庭域积极构念的影响关系，弥补了各自孤立研究的不足，进而通过社会支持与工作－家庭增益的内在机制探索，丰富了两者间的内在影响路径。此外，研究还丰富了资源保存理论和角色累积理论在实践中的应用。

第一，研究深化了工作－家庭增益的独立研究成果。大量研究表明工作与家庭领域是相互关联、彼此影响的，工作场所的资源会推动家庭生活的变化，家庭领域获取的资源以及面临的困境也会对工作表现产生巨大的影响。Werbel 和 Walter（2002）指出，工作和家庭领域间相互重叠和渗透有助于两个领域的彼此联系和相互促进，即领域间的联系推动了工作和家庭领域的增益。因而，本书通过将工作－家庭增益具体划分为 WFE 和 FWE 两个维度，分别对各维度的概念、研究、测量以及实证检验进行深入研究，进一步深化了工作－家庭增益的研究成果。

第二，研究揭示了社会支持对员工工作－家庭增益这一积极构念的影响关系。一方面，现有关于社会支持与员工工作－家庭关系的研究主要集中在工作－家庭冲突上，而缺乏对工作－家庭增益这一积极关系的相关研究。另一方面，现有关于工作-家庭增益前因变量的研究多关注于客观具体的企业资源等因素，而缺乏对包括上级、同事及家庭资源在内的社会支持的全部因素的探索。社会支持可以让个体有被鼓励和可以依靠的感觉，可以带给个体帮助，包括精神支持或物质帮助，有助于个体能够更好地应对工作和生活上的要求。有鉴于此，本书通过探究社会支持的 3 个维度，即 SS、CS 及 FS 对 WFE 和 FWE 的影响，丰富了影响员工工作-家庭增益的前置研究范畴，为开展工作-家庭增益的影响因素研究提供了新思路，有助于进一步优化和完善工作-家庭增益的相关理论研究。

第三，研究整合了角色累积理论和资源保存理论，构建了综合性的理论框架。以往的工作家庭关系研究重点关注个体工作角色和家庭角色间的冲突，并指出：个体在扮演其中一个角色时会投入大量的时间和精力，与此同时就会相应地削弱参与到另一个角色的时间和精力。而角色累积理论认为个体具备同时扮演多种角色的能力，且不同的角色之间也是互利互惠的。鉴于此，本书从角色累积理论出发，探究个体从上级、同事和家庭所获得的支持和资源对其参与工作和家庭角色活动产生的积极影响，打破了角色稀缺假说的传统研究模式，为研究工作-家庭关系提供了新的理论视角，丰富了角色累积理论在工作-家庭增益领域的应用。然而，仅从角色累积理论出发并不足以阐明工作-家庭增益的发生机理。因此，本书结合资源保存理论，构建综合性的理论框架，而不是仅局限于运用单一的角色累积理论来研究工作-家庭增益问题，填补了角色累积理论在工作-家庭增益领域的空白。

### 8.2.2　关于工作繁荣前因与结果变量的深层次探讨

本书深入拓展了工作繁荣的独立研究，填补了现有文献的研究不足并丰富了资源保存理论。研究将工作繁荣引入社会支持与工作-家庭增益的概念模型，揭示了其对工作-家庭增益的作用路径。

首先，本书拓展了工作繁荣的独立研究，丰富了工作繁荣的研究成果。工作繁荣作为员工成长与发展的积极状态，是组织实现经营效益和长远发展的重要基础。工作繁荣的社会嵌入模型表明，积极的组织特征与个体资源有助于提高个体的专注度和主动性，进一步增强个体工作繁荣状态。本书立足于社会支持的多个维度，从员工的个体状态具体探讨了工作繁荣在社会支持和工作–家庭增益间的中介作用，拓展了工作繁荣的理论研究。

其次，本书将工作繁荣引入社会支持与员工工作–家庭增益的关系研究中，拓宽了工作繁荣的作用机制研究边界。以往关于个体工作感受的研究主要聚焦于工作满意度，即从享乐的角度出发理解个体工作体验。工作繁荣则提供了探究个体工作感受的新视角，即从个体主观工作体验的角度出发来研究促进个体自身提升和工作发展的路径。国外学者对工作繁荣领域展开了许多相关研究，国内学术界对工作繁荣的研究尚有不足。此外，已有研究更侧重关注领导个人的风格、特质等个体因素对员工在工作场所繁荣状态的影响。工作繁荣作为个体情感状态和认知发展水平的有效体现，对个体的行为选择有着重要影响。因而，本书将工作繁荣作为重要的工作资源，探究其驱动机制和对工作与家庭领域的重要作用，研究结果填补了现有文献的研究不足并丰富了工作繁荣的相关理论。

最后，本书揭示了工作繁荣对员工工作–家庭增益的作用效力。已有研究主要论证了工作–家庭增益对员工工作繁荣的影响机制，鲜少探究工作繁荣对员工工作–家庭增益的作用效力。鉴于此，本书构建了以工作繁荣作为中介变量的作用路径，探析社会支持通过工作繁荣影响员工工作–家庭增益的间接作用，以工作繁荣所发挥的中介效应作为现有研究的一个有益的补充。同时，国内外学术界考察社会支持对员工工作–家庭增益的积极作用的研究尚不多见，其内部作用机制更是缺乏探讨。而来自上级、同事及家庭的不同社会支持因素相互作用，可以通过满足个体的不同心理需求，进一步优化个体的工作繁荣状态。由此，本书从社会支持的三维角度出发，探析了工作繁荣在社会支持与员工工作–家庭增益间的重要关系，进一步阐释了社会支持影响员工工作–家庭增益的内部机理。

### 8.2.3 关于主观幸福感边界效应的理论应用与拓展

本书引入主观幸福感作为调节变量,扩展了社会支持的边界条件,验证了主观幸福感在工作繁荣与工作-家庭增益之间发挥的调节效应,既丰富了主观幸福感在管理学情境中的应用,又拓展研究了个体状态因素的潜在调节作用。

第一,本书进一步丰富了主观幸福感的研究成果。在已有主观幸福感的研究中,较少有学者针对情绪(积极情绪和消极情绪)与生活两个不同维度分别讨论。研究表明,生活满意感与积极情绪显著正相关,与消极情绪显著负相关,且主观幸福感有助于缓解工作倦怠、抑郁倾向等负面效应,有助于增进个体积极情绪和主动投入,推动个体繁荣状态的产生和发展。同时,主观幸福感有益于工作价值和家庭生活质量的提升,推动工作与家庭领域的相互增益。基于此,本书在社会支持与工作-家庭增益的概念模型中引入主观幸福感,并将主观幸福感划分为3个维度,对各维度展开了详细具体的研究,并通过实证分析检验了量表各维度在中国情境下的有效性,拓宽了主观幸福感的研究背景和研究应用。

第二,本书运用主观幸福感这一个体状态变量作为边界条件,丰富了主观幸福感在管理学情境中的应用。国内外学术界对主观幸福感的研究主要集中于社会学和心理学领域,分为生活质量意义上的主观幸福感研究和心理健康意义上的主观幸福感研究,将两类研究整合的趋势从20世纪90年代开始越来越明显,但较少探究主观幸福感在管理实践中的作用。在管理学领域,已有研究发现员工主观幸福感可以正向预测工作投入,员工的主观幸福感越高其工作表现就越投入。因此,本书在企业管理情境中引入主观幸福感这一心理学变量,突破了以往将主观幸福感作为结果变量的研究思路,将其作为探究社会支持对员工工作-家庭增益的作用机制的个体状态条件,这样不仅丰富了主观幸福感在管理学情境中的应用,也有助于更加深入地阐释个体主观幸福感与工作家庭领域中相关变量间的关系。

第三,本书基于资源保存理论与情感事件理论,拓展了对个体状态因素的潜在调节作用的研究。关于工作-家庭增益调节机制的现有实证研究尚很少见，国外研究主要关注个体的性别差异，而国内研究则主要将工作家庭分割偏好以及工作家庭中心性等变量作为研究工作家庭关系的边界条件，国内外的研究都相对忽略了个体状态因素的潜在调节作用。鉴于此，本书从资源保存理论与情感事件理论出发，在建构社会支持对工作-家庭增益的调控模型时，将个体心理资源与状态因素作为重要的边界条件，更加系统地分析了社会支持与工作-家庭增益的作用机理，揭示了社会支持作用效应的个体差异，进一步拓展了工作重塑作为调节变量发挥边界作用的影响范围，丰富了社会支持对员工工作-家庭增益的研究。

## 8.3　实践启示

在社会竞争不断激烈的市场背景下，企业需要不断激发员工的"学习"和"活力"来推动组织发展，以增强企业的市场竞争力。工作与家庭两大领域构成了员工的主要生活场景，有效处理好两者之间的平衡关系、实现领域间的双向增益对个体的发展有着重要影响。本书探索发现了社会支持和工作-家庭增益间的作用机制，寻找到工作繁荣这一中介路径，并拓展研究了主观幸福感的调节作用，为企业管理实践提供了可靠的参考和启示。

### 8.3.1　加大企业内外多维度的社会支持力度

本书验证了不同维度的社会支持对员工工作-家庭增益均具有正向作用，对刘蓉晖等（2017）学者的相关研究进行了补充论证。社会支持可以为员工带来工作和家庭领域所需要的资源，通过资源补偿增强个体活力和学习的行为体验，进而提升个体繁荣状态。随着社会经济的发展和生活品质的提升，韩翼等学者提出员工在工作场所中除了物质要求的不断提高，也愈加注重精神需求的满足。在此背景下，员工渴望在工作场所表现自我，增强个体内在驱动力量，学习更深、更广的专业技能，因此迫切希望可以获取多维度、多层次、多样化的资源支持。本书认为可以从社会支持的3个维度上级支持、同事支持以及家庭支持入手,加大企业内外多维度的社会支持力度。

首先,上级支持是员工感受组织信任和支持最直接的途径之一。在人力资源实践中,管理者需要及时给予员工必要的资源、情感等方面的支持,尊重行为选择和认同价值地位,以关怀员工为中心,提供合适的情感慰藉以帮助员工调整身心状态。通过让员工感受到组织的支持和帮助,提升凝聚力、向心力和信任感,进而激发个体工作繁荣和主观幸福等积极的状态。上下级之间应当形成较为平等的关系,上级要多关注员工的工作和家庭状况。上级应该提高与员工之间的沟通频次,及时对员工的工作成绩给予赞扬和肯定,对员工家庭遇到的困难给予一定的帮助。同时,上级应该协助员工达到工作与家庭生活的平衡,为员工打造整洁的工作环境,争取弹性工作时间,为员工处理家庭中的突发情况提供便利。上级还应当及时发现员工在工作和家庭中的需求,从而为员工及其家人提供及时的帮助,使得员工将从家庭中感受到的满意作用于工作过程中。企业也可以为员工申请更多的家庭生活福利及补贴,如为员工的家人提供医疗、教育等方面的资源支持。这些切实的帮助都能帮助员工减轻家庭生活的负担,从而促使他们愉悦地投入到工作当中。

其次,同事支持是员工获取工作资源的有效途径之一。从员工的视角来看,员工与同事以及组织之间的关系,与其在工作中的价值、对组织的满意度和情感承诺等存在相关关系。当员工感受到同事对其工作的鼓励和帮助时,会希望与同事建立互惠互利的关系,并主动调整自己的行为和态度,更好地与同事构建和谐的人际圈,进而积极投入到工作当中。良好的人际关系也有利于增强员工的组织信任感,可对员工进行沟通技巧方面的培训,促使其以正确的方式表达有建设性作用的意见,提高同事支持的有效性。企业文化应该坚持以人为本的理念,营造友爱、平等、和谐的工作氛围,发挥组织的支持和帮助作用。让员工感知到同事间的支持和信任,有利于形成资源循环利用的形势,进而推动员工将个人所拥有的资源在工作中循环利用。

最后,家庭支持作为非正式的组织支持形式,更能打动员工,从而有效提升员工工作积极性,增进组织与员工的关系质量。由工作-家庭促进原理可知，来自家庭的支持能够提高员工在工作中的效率，对工作绩效产生积极影响。可以说，家庭支持能够降低员工工作和家庭间的压力和冲突，促进工作和家庭间平衡关系的形成，提升员工的工作和家庭满意度。此外，社会认知理论认为个体的态度会影响其行为，工作满意度较高的员工往往工作绩效也比较高，所以员工从家庭支持中获得的满足感可能会影响员工在工作中的行为。同时，由于个体感受到的家庭支持能够通过自身的努力得以加强，所以个体应积极与家人保持良好的沟通，从而最大化获得家人的支持。

### 8.3.2 重视激发员工工作繁荣的意愿和行为

本书发现工作繁荣在社会支持与员工工作-家庭增益之间发挥着中介效应，这表明组织可以利用上级、同事以及家庭提升员工工作繁荣的状态，推动员工在工作中不断保持充满活力的积极行为，从而提高员工的工作效率和业绩表现。本书认为管理者应该主要从以下两个方面激发员工工作繁荣的意愿和行为：

一是管理者作为组织资源的分配者，需要通过制定适宜的管理制度和资源分配机制，保证员工都能享有充沛的资源，进而提升员工保持活力和学习的积极工作状态，增进企业创新效能和推动组织愿景实现。在员工管理过程中，组织可以利用物质奖励与精神激励相结合的措施增进个体胜任感，给予员工一定的工作自主权，从而增强其工作繁荣的体验。此外，管理者可通过优化工作内容、人员安排等方式，丰富员工的工作资源与心理资源，激发员工的活力。

二是管理者要关注员工的工作状态，制定适宜的员工成长和职业发展规划，提供更多学习和培训的机会，包括企业内部员工培训、外部进修培训等多层次的培训机制，促使员工展现积极的工作态度，实现高水平的个体繁荣。与此同时，管理者还需要重视工作繁荣对员工工作-家庭增益的积极驱动作用。因此，管理者应在工作中丰富社会支持所提供的资源以实现激励员工的目的，通过为员工提供更多接触和学习到新知识、新技能的机会，推动员工提升工作热情和活力，促使其尝试探索新的解决方案和工作方式，增强工作与家庭领域的资源流动和补充功能。

形式多样、制度完备的社会支持将为企业增强创新效能、实现健康长足发展奠定坚实的基础。

### 8.3.3 引导员工平衡好工作和家庭双重领域

工作与家庭领域间的角色模糊以及领域渗透常常会给员工的家庭生活带来困扰，即使这不是企业管理的范围，但这种困扰导致的负面影响是企业管理者所不愿看到的。实际上，帮助员工解决家庭方面的困扰，也是在为员工的工作状态提供基础保障条件，家庭生活顺利，员工才能更加专注地投入到工作中。综上所述，组织提供丰富的物质和情感资源，有助于增加员工工作与家庭领域间相互推动和相互促进的积极效应，实现工作与家庭领域的良性循环。因此，本书认为组织需要从以下两个方面引导员工平衡好工作和家庭：

一是在组织日常管理实践中，在关注员工工作表现和业绩水平的同时，要建立起工作-家庭友好文化，通过组织文化的渲染督促员工在工作的同时兼顾好家庭的责任，平衡好工作与家庭间的关系，如增强家庭支持型主管行为。一方面，工作和家庭间的平衡能够帮助员工在工作中减缓工作压力、丰富心理资源；另一方面，工作和家庭间的平衡有利于员工将工作中的资源运用于家庭领域，缓解员工因加班而导致的身体和心理劳累，使有限的资源在工作和家庭领域中流通和传递。此外，组织应重视员工工作家庭平衡的现状问题，关注员工的心理健康状态，切实为员工提供一些来自组织的人文关怀，例如加强上下级沟通交流、组织团建活动等措施。

二是在完善企业文化理念的基础上，企业领导者还需要通过实际行动践行管理理念，拓宽解决员工工作与家庭冲突的渠道。工作领域和家庭领域是个人在生活中必须面对的两个领域，二者之间的关系能否达到平衡状态，对个体的工作绩效、生活质量等有着重要作用。只有在两者平衡的状况下，个体才能在工作和家庭两个领域中平稳发展。一方面，可通过设置弹性工作时间、亲子活动、家庭日等方式，缓解工作与家庭生活上的时间冲突，增进员工亲属对组织的了解和理解。另一方面，可通过工会、员工关系等相关组织部门，及时为员工排忧解难，提供资金、法律、物资等方面的援助，帮助员工解决好家庭方面的顾虑和需求。

### 8.3.4　提升员工个体在工作中的主观幸福感

员工的主观幸福感由生活满意感和情绪体验决定。主观幸福感是衡量个体工作生活质量的关键指标之一，能够反映员工对工作和生活的热爱程度，若个体感知到的主观幸福感低就会对其工作产生不好的效应。但以往人力资源管理领域的研究忽视了员工个体的主观幸福感，而把重点放在员工的工作成果上，所以研究主观幸福感的影响效用对企业管理实践具有重要的价值。本书认为组织应从以下两个方面入手，大力提升员工个体主观幸福感。

一是组织应完善薪酬福利体系，提升员工生活满意感。满意的生活需要一定的物质基础。组织应建立起充满市场竞争力的薪酬管理体系，使得员工的生活需求得到满足，生活质量得到提高，这有利于组织吸引优秀人才，赢得员工忠诚，为组织的长远发展提供保障。

二是组织可以适时为员工提供一定的福利，满足员工的合理诉求（如为新员工提供食宿交通等方面的支持，帮助新员工尽快适应新生活），从而激发员工工作热情，促进业绩提升。组织环境和领导行为对员工的行为和绩效有着重要影响。因此，营造公平和谐的组织氛围，有助于激发员工的积极情绪。公平和谐的工作环境有利于减轻员工的工作压力，帮助员工建立和谐的人际关系（如在招聘过程中坚决反对学历歧视，在工作过程中对所有员工的劳动成果给予公平评价），从而促进员工情绪健康，激发 PE，减少 NE，提升主观幸福感。

## 8.4　研究局限及未来研究展望

### 8.4.1　研究局限

本书基于资源-增益-发展模型和资源保存理论，系统探讨了社会支持和员工工作-家庭增益之间的作用机制，并验证了工作繁荣的中介作用，阐明了主观幸福感在工作繁荣和员工工作-家庭增益之间的边界效应。尽管本书通过实证研究厘清了作用路径，但由于时间、资源以及技术手段的限制，研究仍存在一定的不足，有待完善与改进。

一是样本范围有待拓宽。本书通过问卷调查方式收集了大量的数据，但由于调查会受到一些因素的限制，如交通费用、时间调整、受访者的合作意愿等，使得研究的样本范围存在一定的局限性。同时，本书的研究对象并没有涵盖各行各业，而在不同领域从事不同工作的员工对工作和家庭关系的认知上是存在差异的。

二是研究方法有待完善。员工自评产生的数据与同事、上级、亲属等重要他人的感知也可能存在一定的偏差。本书选取的数据是来自同一时间的截面数据，收集对象包括企业中的领导及员工，分为三个时间点来收集数据，能够一定程度上控制同源误差的产生，但仍然可能会受到一定因素的干扰，且难以观察到随着时间的变化各变量之间的波动和关联机理。

三是研究框架有待充实。研究仅探讨了社会支持对员工工作-家庭增益的作用，尚未考虑员工得到工作与家庭双向增益后对其心理、绩效等产生的作用。工作价值和工作内容等与工作本身相关的因素会影响工作繁荣，人格特质等个体特征因素同样对个体工作繁荣状态造成影响，应考虑将这些因素纳入模型中进行统一分析。

### 8.4.2　未来研究展望

如何在工作域与家庭域中通过适当的社会支持促进个体的工作繁荣，从而提升员工的工作-家庭增益，对于企业的成长以及员工自身的和谐发展都至关重要。虽然本书已经通过实证研究得出了一些有意义的结论，研究结论也具有科学性和真实性，但在研究内容和研究方法等方面也存在一定的局限性。因此，未来的研究可从以下三个方面改进：

一是样本范围的扩大。未来研究可进一步扩大调查问卷的地域范围、目标人群、企业类型等因素，通过多行业、多地域、多群体广泛收集实验数据，对研究结果加以验证和推广，或针对某一特定行业员工对本书结论进行进一步验证，提高研究结论的准确性、普适性和实用性。

　　二是研究方法的拓展。首先，未来研究可引入纵向研究方法，通过考察同一研究对象随时间波动产生的变化，采用多来源与配对相结合的方式进行数据收集，深入准确地探究各变量间的动态演进机理。其次，未来研究也可考虑加入自评与他评结合、情境实验法等更加严谨的研究方法，引入组织或团队层次变量，考虑数据嵌套性，采用多元研究方法建立跨层次分析模型。

　　三是研究内容的探索。本书证实了主观幸福感的调节作用，但随着环境和个体行为的变化，其边界条件可能会产生变化，未来研究可继续深入探索其他变量作用的可能，以期进一步丰富研究的框架模型。同时，未来研究可把研究重点放在工作–家庭增益的结果变量及其影响上，具体探究其带来的企业和社会效益。本书考察了社会支持对个体层面（工作–家庭增益）的影响机理，未来研究可着眼于团队和组织层面的变量，以拓展社会支持的多层次影响研究。

# 企业访谈问题汇总

## 一、请您简要介绍一下您和您所在的公司

1. 请您介绍下您的年龄、学历、专业等个人情况。

2. 请您介绍下公司注册成立时间、人员规模等公司情况。

3. 请您介绍下公司目前的发展情况以及公司的发展历程、重大历史事件。

## 二、请您介绍下您的工作-家庭增益情况

1. 请您谈一下您对工作-家庭增益的理解，请举例说明。

2. 您是否认为工作领域的某些方面对您的家庭生活产生有益影响？如果是，请您谈谈具体包括哪些方面，并举例说明。

3. 您是否认为家庭领域的某些方面对您的工作产生有益影响？如果是，请您谈谈具体包括哪些方面，并举例说明。

### 三、请您介绍一下所在公司是如何给予员工社会支持的

1. 谈谈您对社会支持的理解，请举例说明。

2. 您的上级是否为您提供相应的支持？如果是，提供哪些支持，请详细展开描述。

3. 您的同事是否为您提供相应的支持？如果是，提供哪些支持，请详细展开描述。

4. 您的家人是否为您提供相应的支持？如果是，提供哪些支持，请详细展开描述。

5. 哪些支持对您的帮助比较大？请具体说明。

6. 您认为您获取的社会支持水平如何？这对您的工作-家庭增益有什么影响？

### 四、请您介绍下您的工作繁荣情况

1. 请您谈一下您对工作繁荣的理解，请举例说明。

2. 您在工作中是否会主动学习？学习程度如何？请具体说明。

3. 您在工作中是否感到充满活力和能量？请具体展开描述。

4. 您认为您的工作繁荣水平如何？这对您的工作-家庭增益有什么影响？

### 五、请您介绍下您的主观幸福感情况

1. 请您谈一下您对主观幸福感的理解，请举例说明。

2. 请您谈一下您的生活满意感水平，请详细展开说明。

3. 请您谈一下您多数时候的情绪体验，是否感受到积极情绪，请详细展开说明。

4. 请您谈一下您多数时候的情绪体验，是否感受到消极情绪，请详细展开说明。

5. 您认为您的主观幸福感水平如何？这对您工作-家庭增益有什么影响？

## 社会支持对员工工作-家庭增益影响的实证研究
## 调查问卷

尊敬的先生/女士：

　　您好！本调查问卷是为了完成一项关于社会支持对员工工作-家庭增益影响的相关的学术研究。您提供的回答会对我们的研究非常有帮助。请依据您的真实感受作答。本调查问卷仅作学术研究之用，问卷中不涉及任何隐私，所作答案没有对错、好坏之分，旨在收集真实的数据信息。衷心感谢您的支持和帮助！

本书课题组

### 一、背景信息

1. 性别：□男□女

2. 年龄：□25岁以下□26～30岁□31～35岁□36～40岁
　　　　□41～45岁□46～50岁□50岁以上

3. 文化程度：□本科□硕士研究生□博士研究生□其他

4. 工作年限：□1～5 年□6～10 年□11～15 年□16～20 年
□21～25 年□26～30 年□30 年以上

5. 单位性质：□企业单位□事业单位□公务员系统

## 二、社会支持对员工工作-家庭增益影响的相关问卷

请您根据真实情况和真实体验作答，按同意程度在相应数字后面的"□"打上对号"√"。数字的具体含义说明：1.完全不同意；2.较不同意；3.中等同意；4.很同意；5.非常同意。

（一）社会支持问卷

| | |
|---|---|
| 1. 当我工作完成得不错时，我的上级会给予一定的反馈 | 1□ 2□ 3□ 4□ 5□ |
| 2. 我的上级会为我提供工作上的信息 | 1□ 2□ 3□ 4□ 5□ |
| 3. 无论何时，我的上级都乐于帮助我 | 1□ 2□ 3□ 4□ 5□ |
| 4. 当我感到失望的时候，我的上级会帮助我 | 1□ 2□ 3□ 4□ 5□ |
| 5. 当我遇到个人问题时，我的上级会帮助我 | 1□ 2□ 3□ 4□ 5□ |
| 6. 当我工作完成得不错时，我的同事会给予一定的反馈 | 1□ 2□ 3□ 4□ 5□ |
| 7. 我的同事会为我提供工作上的信息 | 1□ 2□ 3□ 4□ 5□ |
| 8. 无论何时，我的同事都乐于帮助我 | 1□ 2□ 3□ 4□ 5□ |
| 9. 当我感到失望的时候，我的同事会帮助我 | 1□ 2□ 3□ 4□ 5□ |
| 10. 当我遇到个人问题时，我的同事会帮助我 | 1□ 2□ 3□ 4□ 5□ |
| 11. 无论何时，我的家人都乐于帮助我 | 1□ 2□ 3□ 4□ 5□ |
| 12. 当我感到失望时，我知道我的家人会尽力安慰我 | 1□ 2□ 3□ 4□ 5□ |
| 13. 当我遇到工作上的问题时，我的家人会帮助我 | 1□ 2□ 3□ 4□ 5□ |

## （二）工作繁荣问卷

| | |
|---|---|
| 1.我经常学习 | 1□ 2□ 3□ 4□ 5□ |
| 2.随着时间的推移，我学到了越来越多的东西 | 1□ 2□ 3□ 4□ 5□ |
| 3.我不学习 | 1□ 2□ 3□ 4□ 5□ |
| 4.我看到自己不断提高 | 1□ 2□ 3□ 4□ 5□ |
| 5.作为个体，我获得了很大的发展 | 1□ 2□ 3□ 4□ 5□ |
| 6.我感觉生机勃勃 | 1□ 2□ 3□ 4□ |
| 7.我充满能量和精力 | 1□ 2□ 3□ 4□ 5□ |
| 8.我感到警觉和清醒 | 1□ 2□ 3□ 4□ 5□ |
| 9.我不觉得非常有活力 | 1□ 2□ 3□ 4□ 5□ |
| 10.我总期待新的一天的到来 | 1□ 2□ 3□ 4□ 5□ |

## （三）主观幸福感问卷

| | |
|---|---|
| 1.我的生活基本接近理想状态 | 1□ 2□ 3□ 4□ 5□ |
| 2.我对我的生活感到满意 | 1□ 2□ 3□ 4□ 5□ |
| 3.我的生活进展顺利 | 1□ 2□ 3□ 4□ 5□ |
| 4.多数时候我感到积极 | 1□ 2□ 3□ 4□ 5□ |
| 5.多数时候我感到快乐 | 1□ 2□ 3□ 4□ 5□ |
| 6.多数时候我感觉良好 | 1□ 2□ 3□ 4□ 5□ |
| 7.多数时候我感到消极 | 1□ 2□ 3□ 4□ 5□ |
| 8.多数时候我感到不快乐 | 1□ 2□ 3□ 4□ 5□ |
| 9.多数时候我感觉糟糕 | 1□ 2□ 3□ 4□ 5□ |

（四）工作-家庭增益问卷

| a.工作让我有如下感受： | |
|---|---|
| 1.能够帮助我理解不同的观点，这将有助于我成为一名更好的家庭成员 | 1□ 2□ 3□ 4□ 5□ |
| 2.能够帮助我获得更多的知识，这将有助于我成为一名更好的家庭成员 | 1□ 2□ 3□ 4□ 5□ |
| 3.能够帮助我获得更多的技能，这将有助于我成为一名更好的家庭成员 | 1□ 2□ 3□ 4□ 5□ |
| 4.能够让我有好心情，而这将有助于我成为一名更好的家庭成员 | 1□ 2□ 3□ 4□ 5□ |
| 5.能够让我感到幸福，而这将有助于我成为一名更好的家庭成员 | 1□ 2□ 3□ 4□ 5□ |
| 6.能够让我充满积极情绪，而这将有助于我成为一名更好的家庭成员 | 1□ 2□ 3□ 4□ 5□ |
| 7.能够让我感觉到自我满足感，这将有助于我成为一名更好的家庭成员 | 1□ 2□ 3□ 4□ 5□ |
| 8.能够让我感觉到成就感，而这将有助于我成为一名更好的家庭成员 | 1□ 2□ 3□ 4□ 5□ |
| 9.能够让我感觉到成功感，而这将有助于我成为一名更好的家庭成员 | 1□ 2□ 3□ 4□ 5□ |
| b.工作让我的家庭生活变得更好，这一更好的家庭生活让我有如下感受： | |
| 1.能够帮助我获得更多的知识，而这将有助于我成为一名优秀的员工 | 1□ 2□ 3□ 4□ 5□ |
| 2.能够帮助我获得更多的技能，而这将有助于我成为一名优秀的员工 | 1□ 2□ 3□ 4□ 5□ |
| 3.能够帮助我拓展知识，并学到新知识，这将有助于我成为一名更优秀的员工 | 1□ 2□ 3□ 4□ 5□ |
| 4.能够让我有好心情，而这将有助于我成为一名更优秀的员工 | 1□ 2□ 3□ 4□ 5□ |
| 5.能够让我感到幸福，而这将有助于我成为一名更优秀的员工 | 1□ 2□ 3□ 4□ 5□ |
| 6.能够让我充满积极情绪，而这将有助于我成为一名更优秀的员工 | 1□ 2□ 3□ 4□ 5□ |
| 7.能够帮助我在工作时避免浪费时间，而这将有助于我成为一名更优秀的员工 | 1□ 2□ 3□ 4□ 5□ |
| 8.能够鼓励我在工作时专心，而这将有助于我成为一名更优秀的员工 | 1□ 2□ 3□ 4□ 5□ |
| 9.能够让我在工作时注意力更集中，这将有助于我成为一名更优秀的员工 | 1□ 2□ 3□ 4□ 5□ |

　　问卷到此结束，请您再检查一下是否有遗漏的题目，以免造成废卷。再次感谢您的参与和帮助！祝您和家人万事如意，一切顺利！

# 参考文献

[1] 鲍旭辉，黄杰，李娜，等．主动性人格对学习投入的影响：领悟社会支持和积极情绪的链式中介作用［J］．心理与行为研究，2022，20（4）：508-514．

[2] 鲍昭，罗萍．工作-家庭增益对主观幸福感的影响：核心自我评价的调节作用［J］．人口与社会，2015，31（3）：89-95．

[3] 蔡双立，杜立科．冲突氛围、压力感知与员工活力激发：建设性冲突视角［J］．山西财经大学学报，2021，43（4）：88-98．

[4] 曹霞，瞿皎姣．资源保存理论溯源、主要内容探析及启示［J］．中国人力资源开发，2014（15）：75-80．

[5] 陈超，张树满．互动公平差异、团队工作繁荣与团队创造力：基于团队自主权的调节作用［J］．科技进步与对策，2023，40（18）：142-150．

[6] 陈洪安，李乐，刘俊红，等．职场友谊对员工工作繁荣影响的实证研究［J］．华东师范大学学报（哲学社会科学版），2016，48（5）：150-160；195．

[7] 陈慧，杨颖思，王小华．愿景型领导行为与下属绩效的关系：积极情绪与愿景整合的链式中介作用［J］．商业经济与管理，2022（5）：46-56．

[8] 陈明琴，刘发勇．民族院校大学生生活满意感与正负情感、领悟社会支持的相关研究［J］．贵州师范大学学报（自然科学版），2010（3）：50-53．

[9] 陈晓萍，徐淑英，樊景立．组织与管理研究的实证方法［M］．北京：北京大学出版社，2008．

[10]　陈晓暾，杨晓梅，任旭．家庭支持型主管行为对女性知识型员工工作绩效的影响：一个有调节的中介模型［J］．南开管理评论，2020，23（4）：190-200.

[11]　陈耘，赵富强，肖洁，等．AHRP对员工创造力的影响研究：工作繁荣与心理安全感的作用［J］．科研管理，2021，42（9）：193-200.

[12]　董雅楠，张山杉，江静．冲突还是增益？员工资质过剩感知对工作家庭关系的影响［J］．心理科学进展，2023，31（6）：915-931

[13]　杜林致，陈雨欣，齐红梅．金钱对幸福感的影响边界及其机制［J］．湖南大学学报（社会科学版），2020，34（1）：127-135.

[14]　段锦云，傅强，田晓明，等．情感事件理论的内容、应用及研究展望［J］．心理科学进展，2011，19（4）：599-607.

[15]　樊子立，马君．情感事件理论视角下个性化工作协议对员工主动化职业行为的影响［J］．软科学，2022，36（6）：85-92.

[16]　房俨然，魏薇，罗萍，等．员工负性情绪对情绪劳动策略的影响［J］．心理学报，2019，51（3）：353-365.

[17]　谷智馨．基本心理需要的满足对员工工作繁荣的影响［J］．科技创新与生产力，2015（1）：40-42.

[18]　韩翼，刘庚．真实型领导与领导-成员匹配对工作繁荣的影响：社会嵌入视角［J］．商业经济与管理，2020（3）：28-40.

[19]　韩翼，魏文文．员工工作繁荣研究述评与展望［J］．外国经济与管理，2013，35（8）：46-53+62.

[20]　韩翼，肖素芳，张云逸．如何实现工作-家庭共同繁荣：基于资源增益视角［J］．预测，2020，39（1）：1-8.

[21]　韩翼，周空，刘文兴，等．徒弟特征与师傅动机的匹配对工作繁荣的作用机制研究［J］．武汉理工大学学报（社会科学版），2016，29（5）：903-911.

[22]　韩翼，宗树伟，刘庚．组态视角下工作繁荣的形成机制研究［J］．管理学报，2022，19（3）：351-361.

[23]　侯敏，江琦，陈潇，等．教师情绪智力和工作绩效的关系：工作家庭促进和主动行为的中介作用［J］．心理发展与教育，2014，30（2）：160-168.

[24]　胡晓珊，贾玉媛，万广华．婚配状况与幸福：婚恋观念开放下的动态分析［J］．世界经济文汇，2022（6）：38-54.

[25]　黄立清．高校青年辅导员主观职业成功与幸福感的关系［J］．中国青年研究，2020（8）：96-102；82.

[26]　简福平，何仕瑞．同事支持对社会工作者职业认同的影响：集体心理所有

权的中介作用［J］. 重庆社会科学，2022，333（8）：124-139.

［27］ 江红艳，杨军，孙配贞，等. 工作资源对员工离职意向的影响：工作-家庭冲突的中介作用与主动性人格的调节作用［J］. 软科学，2018，32（10）：67-70.

［28］ 姜平，张丽华. 领导幽默与下属前瞻行为：工作繁荣的中介作用与政治技能的调节作用［J］. 管理评论，2022，34（4）：194-203.

［29］ 姜荣萍，何亦名. 组织心理所有权如何影响知识隐藏行为：公民疲劳与变革型领导的作用［J］. 科技进步与对策，2020，37（22）：116-124.

［30］ 金家飞，徐姗，王艳霞. 角色压力、工作家庭冲突和心理抑郁的中美比较：社会支持的调节作用［J］. 心理学报，2014，46（8）：1144-1160.

［31］ 李爱梅，王笑天，熊冠星，等. 工作影响员工幸福体验的"双路径模型"探讨：基于工作要求-资源模型的视角［J］. 心理学报，2015，47（5）：624-636.

［32］ 李超平，毛凯贤. 服务型领导影响工作繁荣的动态双向机制［J］. 心理科学进展，2018，26（10）：1734-1748.

［33］ 李超平，徐世勇. 管理与组织研究常用的60个理论［M］. 北京：北京大学出版社. 2019.

［34］ 李大赛，刘兵，李嫄，等. 家长式领导与新生代员工工作繁荣研究：基于价值观匹配视角［J］. 技术经济与管理研究，2017（9）：64-68.

［35］ 李芳敏，李圭泉，赵励远. 工作外因素对工作旺盛感的影响：资源消耗还是资源补充？［J］. 中国人力资源开发，2022，39（3）：69-81.

［36］ 李慧慧，黄莎莎，孙俊华，等. 社会支持、创业自我效能感与创业幸福感［J］. 外国经济与管理，2022，44（8）：42-56.

［37］ 李晶，张昱城，王丽君. 家庭支持型主管行为与员工睡眠质量的关系：工作-家庭增益、压力知觉的中介作用［J］. 东北大学学报（社会科学版），2020，22（2）：50-57.

［38］ 李力，郑治国，廖晓明. 高校教师职业心理资本与工作绩效：社会支持的中介效应［J］. 心理与行为研究，2016，14（6）：811-816.

［39］ 李燕萍，郑馨怡，刘宗华. 基于资源保存理论的内部人身份感知对员工建言行为的影响机制研究［J］. 管理学报，2017，14（2）：196-204.

［40］ 李永鑫，赵娜. 工作-家庭支持的结构与测量及其调节作用［J］. 心理学报，2009，41（9）：863-874.

［41］ 李原，孙健敏. 工作与家庭的冲突与促进：前因变量与后果变量的研究［R］. 济南：第十二届全国心理学学术大会，2009.

［42］ 李原. 工作家庭的冲突与平衡：工作-家庭边界理论的视角［J］. 社会科学

战线，2013（2）：180-188.

[43] 李志勇，吴明证，张爱群. 心理资本与工作满意度、生活满意感的关系：工作家庭促进的中介作用 [J]. 中国临床心理学杂志，2011（6）：818-820.

[44] 林忠，侯鑫远，夏福斌，等. 家长式领导与员工工作繁荣关系研究：工作-家庭增益的中介效应 [J]. 中国软科学，2021（10）：115-125.

[45] 林忠，鞠蕾，陈丽. 工作-家庭冲突研究与中国议题：视角，内容和设计 [J]. 管理世界，2013（9）：154-171.

[46] 林忠，孟德芳，鞠蕾. 工作-家庭增益方格模型构建研究 [J]. 中国工业经济，2015（4）：97-109.

[47] 林忠，杨阳. 移动互联网时代员工工作-家庭关系增益机理研究 [J]. 财经问题研究，2016（2）：97-105.

[48] 凌文辁，杨海军，方俐洛. 企业员工的组织支持感 [J]. 心理学报，2006，38（2）：281-287.

[49] 刘蓉晖，牛培锦，张振铎. 社会支持水平对"工作-家庭"增益影响分析 [J]. 统计与决策，2017，472（4）：127-129.

[50] 刘润刚，张宏如，刘洪. 工作弹性能否促进员工工作投入？——一个并行三重中介模型 [J]. 经济与管理研究，2022，43（6）：68-79.

[51] 刘西真，赵慧军. 工作幸福感对知识共享的影响 [J]. 首都经济贸易大学学报，2019，21（4）：84-92.

[52] 刘霞，赵景欣，申继亮. 歧视知觉对城市流动儿童幸福感的影响：中介机制及归属需要的调节作用 [J]. 心理学报，2013，45（5）：568-584.

[53] 刘晓，黄希庭. 社会支持及其对心理健康的作用机制 [J]. 心理研究，2010（1）：3-8；15.

[54] 刘玉新，朱楠，陈晨，等. 员工何以蓬勃旺盛？影响工作旺盛感的组织情境与理论模型 [J]. 心理科学进展，2019，27（12）：2122-2132.

[55] 吕峰，李文达. 工作家庭关系研究理论综述及未来展望 [J]. 中国劳动，2016（8）：69-74.

[56] 马丽，马可逸. 工作连通行为与工作-家庭增益的倒U型关系：基于资源保存理论视角 [J]. 软科学，2021，35（2）：96-101.

[57] 苗元江，冯骥，白苏妤. 工作幸福感概观 [J]. 经济管理，2009，31（10）：179-186.

[58] 倪旭东，曾子宁，潘成凯. 工作旺盛感对家庭领域的双刃剑效应 [J]. 中国人力资源开发，2022，39（11）：39-49.

[59] 聂琦，张捷，彭坚，等. 工作连通行为的双刃剑效应：多重任务倾向的调

节作用 [J]. 心理科学，2021，44（2）：347-354.

[60] 秦迎林，林忠，杨嘉雪. 家成业就：家庭支持型主管行为对科技型员工个体繁荣的影响机制研究 [J]. 科技进步与对策，2022，39（9）：151-160.

[61] 曲如杰，朱博琪，刘晔. 职场八卦能带来员工创新吗？工作繁荣与感知上级信任的作用 [J]. 管理评论，2022，34（10）：180-190.

[62] 曲怡颖，徐振亭，闫佳祺. 自我牺牲型领导对员工工作-家庭平衡的影响：链式中介与集体主义倾向的调节 [J]. 管理评论，2021，33（12）：272-283.

[63] 石金涛，王莉. 管理技能的因子分析及其对绩效影响的实证研究 [J]. 管理工程学报，2004（1）：76-80.

[64] 石长慧，王卓妮，赵延东. 研发人员工作压力与工作倦怠的关系：工作自主的调节作用 [J]. 中国科技论坛，2021，No.298（2）：132-140.

[65] 时勘，万金，崔有波. 基于人-情境交互作用的工作旺盛感生成机制 [J]. 中国人力资源开发，2015（17）：65-72；83.

[66] 宋佳萌，范会勇. 社会支持与主观幸福感关系的元分析 [J]. 心理科学进展，2013，21（8）：1357-1370.

[67] 苏敬勤，李召敏. 案例研究方法的运用模式及其关键指标 [J]. 管理学报，2011，8（3）：340-347.

[68] 苏涛，陈春花，宋一晓，等. 基于Meta检验和评估的员工幸福前因与结果研究 [J]. 管理学报，2018，15（4）：512-522.

[69] 孙旭，严鸣，储小平. 基于情绪中介机制的辱虐管理与偏差行为 [J]. 管理科学，2014，27（5）：69-79.

[70] 谭春平，田瑞瑞，张羽琦. 家庭支持型主管行为对员工工作幸福感的影响机理及性别差异研究 [J]. 管理学刊，2022，35（3）：144-158.

[71] 唐汉瑛，马红宇，王斌. 工作-家庭界面研究的新视角：工作家庭促进研究 [J]. 心理科学进展，2007（5）：852-858.

[72] 陶厚永，韩玲玲，章娟. 何以达到工作旺盛？工作支持与家庭支持的增益作用 [J]. 中国人力资源开发，2019，36（3）：117-132.

[73] 滕飞. 个人组织匹配对新进科研人员工作拖延的影响机制：一个整合模型 [J]. 软科学，2020，34（5）：82-87.

[74] 王朝晖. 悖论式领导如何让员工两全其美？——心理安全感和工作繁荣感的多重中介作用 [J]. 外国经济与管理，2018，40（3）：107-120.

[75] 王芳，师保国. 歧视知觉、社会支持和自尊对流动儿童幸福感的动态影响 [J]. 贵州师范大学学报（自然科学版），2014（1）：14-19.

[76] 王洪运，杨阳. 工作-家庭增益对员工个体繁荣的影响：正念的调节作用

[J]. 财经问题研究，2021，451 (6)：137-145.

[77] 王洁菲，姚树洁. 收入差距、努力指数与居民主观幸福感 [J]. 南开经济研究，2022 (4)：3-21.

[78] 王梦凡，周蕾蕾. 职业妥协对工作脱离行为的作用机制：消极情绪与组织认同的链式中介模型 [J]. 中国健康心理学杂志，2022，30 (6)：807-811.

[79] 王宁，秦萌，于玲玲，等. 工作家庭融合对创新行为的影响研究：疫情背景下基于两个时期的研究 [J]. 软科学，2023，37 (2)：137-144.

[80] 王三银，刘洪，林彦梅. 工作边界强度与员工组织认同之间的关系：工作边界偏好的匹配性调节 [J]. 南开管理评论，2016，19 (6)：81-90.

[81] 王三银，王冬冬，陶颖. 工作-家庭增益对称性对员工建言的影响 [J]. 中国人力资源开发，2022，39 (8)：43-57.

[82] 王甜，陈春花，宋一晓. 挑战性压力源对员工创新行为的"双刃"效应研究 [J]. 南开管理评论，2019，22 (5)：90-100，141.

[83] 王振宏，吕薇，杜娟，等. 大学生积极情绪与心理健康的关系：个人资源的中介效应 [J]. 中国心理卫生杂志，2011，25 (7)：521-527.

[84] 王智宁，孟丽君. 团队反思对员工创造力的跨层影响：工作旺盛感的中介作用与工作心理所有权的调节作用 [J]. 科技进步与对策，2019，36 (16)：140-146.

[85] 魏华飞，汪章. 授权型领导对员工工作繁荣和创新行为的影响：领导成员交换的中介作用 [J]. 北京化工大学学报 (社会科学版)，2019 (3)：1-6.

[86] 吴江秋，黄培伦，严丹. 工作繁荣的产生及其对创新绩效的影响：来自广东省高科技企业的实证研究 [J]. 软科学，2015，29 (7)：110-113.

[87] 吴丽民，陈惠雄. 收入与幸福指数结构方程模型构建：以浙江省小城镇为例 [J]. 中国农村经济，2010 (11)：63-74.

[88] 肖晨洁，李爱梅，王海侠，等. 夜不成寐，日不能作：组织成员晚间睡眠不足对日间工作行为的影响及机制 [J]. 外国经济与管理，2018，40 (10)：94-106.

[89] 邢占军. 主观幸福感测量研究综述 [J]. 心理科学，2002 (3)：336-338；342.

[90] 徐姗，张昱城，张冰然，等. "增益"还是"损耗"？挑战性工作要求对工作-家庭增益的"双刃剑"影响 [J]. 心理学报，2022，54 (10)：1234-1247.

[91] 徐小凤，李苗苗，关浩光，等. 家庭和谐对员工韧性的影响：自我效能感

与社会支持的作用 [J]. 中国人力资源开发, 2021, 38 (6): 68-78.

[92] 闫淑敏, 步兴辉. 员工自我效能感与主观幸福感的关系研究: 工作-家庭增益的中介作用 [J]. 经济与管理评论, 2015, 31 (4): 35-41.

[93] 闫淑敏, 金玥莲, 陈颖. 女性知识型员工角色资源与工作-家庭增益的关系研究 [J]. 预测, 2013 (6): 51-55.

[94] 颜爱民, 齐丽雅, 谢菊兰, 等. 员工感知到的企业社会责任对工作繁荣的影响机制研究 [J]. 管理学报, 2022, 19 (11): 1648-1656.

[95] 杨宝琰, 苏少青. 家庭角色认同与工作投入的关系: 有调节的中介模型 [J]. 中国临床心理学杂志, 2022, 30 (1): 134-138.

[96] 杨洁, 常铭超, 张露. 工作场所乐趣对员工创新行为的作用机制研究 [J]. 管理科学, 2019, 32 (3): 28-41.

[97] 杨洁, 战冬梅, 战梦霞. 基于社会支持的自我效能感与工作家庭冲突和增益研究 [J]. 贵州财经学院学报, 2012 (1): 76-82.

[98] 杨阳, 林忠. 员工工作-家庭增益中个体繁荣的形成机理 [J]. 财经问题研究, 2017, 405 (8): 114-121.

[99] 姚柱, 罗瑾琏, 张显春. 时间创造幸福: 时间领导对主观幸福感的作用机制 [J]. 管理工程学报, 2021, 35 (4): 40-50.

[100] 叶宝娟, 李露, 夏扁, 等. 农村幼儿教师的组织公平感与其职业倦怠的关系: 心理授权的中介作用与家庭支持的调节作用 [J]. 心理科学, 2020, 43 (1): 125-131.

[101] 叶蒲, 胥彦, 李超平. 服务型领导如何跨层次影响工作繁荣? ——关系型能量和学习目标取向的作用 [J]. 管理评论, 2022, 34 (7): 224-235.

[102] 袁凌, 王瑶, 张磊磊. 家庭支持型主管行为对员工创新行为的影响: 一个多重调节模型 [J]. 企业经济, 2019 (8): 103-110.

[103] 张柏楠, 徐世勇. 高参与人力资源实践对员工创新行为的影响: 一个中介与调节模型 [J]. 科技进步与对策, 2021, 38 (7): 141-150.

[104] 张光磊, 胡广超. 人力资源管理系统与研发人员留职意愿: 工作家庭促进与工作家庭冲突的中介效应 [J]. 湖南大学学报 (社会科学版), 2015 (5): 65-70.

[105] 张宏宇, 郎艺, 王震. "制度" 与 "人" 是互补还是替代? 高绩效人力资源管理系统和领导支持对员工关系型心理契约的影响 [J]. 管理评论, 2021, 33 (12): 213-229.

[106] 张莉, 钱珊珊, 林与川. 社会支持影响离职倾向的路径模型构建及实证研究 [J]. 科学学与科学技术管理, 2016, 37 (1): 171-180.

[107] 张旭东, 庞诗萍. 中小幼教师职业倦怠对心理生活质量的影响: 主观幸福

感与人生意义的中介作用 [J]. 心理学探新, 2020, 40 (1): 90-95.

[108] 赵富强, 陈耘, 向蝴蝶. 多元包容性人力资源实践对员工创新行为的影响研究: 工作繁荣和共享型领导的作用 [J]. 科研管理, 2022, 43 (8): 192-200.

[109] 赵富强, 陈耘, 杨淑媛. 工作家庭平衡型人力资源实践研究: 中国情境下的结构与测量 [J]. 经济管理, 2018, 40 (2): 120-139.

[110] 赵富强, 黄颢宇, 陈耘, 等. 工作-家庭平衡型人力资源管理实践对工作绩效的影响: 工作-家庭关系的中介作用与心理资本的调节作用 [J]. 中国人力资源开发, 2018, 35 (11): 124-140.

[111] 赵佳丽. 收入、健康与主观幸福感 [J]. 经济问题, 2017 (11): 118-124.

[112] 郑晓明, 卢舒野. 工作旺盛感: 关注员工的健康与成长 [J]. 心理科学进展, 2013, 21 (7): 1283-1293.

[113] 郑晓明, 倪丹, 刘鑫. 基于体验抽样法的正念对工作-家庭增益的影响研究 [J]. 管理学报, 2019, 16 (3): 360-368; 407.

[114] 郑晓明, 余宇, 刘鑫. 配偶情绪智力对员工工作投入的影响: 员工生活幸福感的中介作用和性别的调节作用 [J]. 心理学报, 2022, 54 (6): 646-664.

[115] 周路路, 赵曙明, 战冬梅. 工作-家庭增益研究综述 [J]. 外国经济与管理, 2009 (7): 51-58.

[116] 周愉凡, 张建卫, 张晨宇, 等. 主动性人格对研发人员创新行为的作用机理: 基于特质激活与资源保存理论整合性视角 [J]. 软科学, 2020, 34 (7): 33-37.

[117] 朱农飞, 周路路. 工作-家庭文化、组织承诺与离职意向的关系研究 [J]. 南京社会科学, 2010 (6): 44-50.

[118] 左雅晴, 冯云霞, 郑沛琪. 工作-家庭增益对家庭绩效的影响机制: 家庭满意度的中介作用 [J]. 中国人力资源开发, 2016 (21): 34-43.

[119] 曾练平, 曾小叶, 黄亚夫, 等. 领悟社会支持与中小学教师工作绩效: 有调节的中介模型 [J]. 心理与行为研究, 2022, 20 (3): 404-411.

[120] ABID G, AHMED S, ELAHIET N S, et al. Antecedents and mechanism of employee well-being for social sustainability: A sequential mediation [J]. Sustainable Production and Consumption, 2020, 24: 79-89.

[121] ABID G, ZAHRA I, AHMED A, et al. Mediated mechanism of thriving at work between perceived organization support, innovative work behavior and turnover intention [J]. Pakistan Journal of Commerce and Social

Sciences, 2015, 9 (3): 982-998.

[122] ADAMS G A, KING L A, KING D W. Relationships of job and family involvement, family social support, and work-family conflict with job and life satisfaction [J]. Journal of Applied Psychology, 1996, 81 (4): 411-420.

[123] AFSAR B, BADIR Y. Workplace spirituality, perceived organizational support and innovative work behavior [J]. Journal of Workplace Learning, 2017, 29 (2): 95-109.

[124] AKUNNE C J, ETODIKE C, OKONKWO K I. Social dynamics in the workplace: Does social support enhance thriving at work of newbie employees in the private sector [J]. Asian Journal of Advanced Research and Reports, 2019, 21 (3): 1-9.

[125] AKUNNE C J, ETODIKE C, OKONKWO K I. Directionality of the relationship between social well-being and subjective well-being: Evidence from a 20-year longitudinal study [J]. Quality of Life Research: An International Journal of Quality of Life Aspects of Treatment, Care and Rehabilitation, 2018, 27 (8): 2137-2145.

[126] ALCOVER C M, CHAMBEL M J, FERNÁNDEZ J J, et al. Perceived organizational support-burnout-satisfaction relationship in workers with disabilities: The moderation of family support [J]. Scandinavian Journal of Psychology, 2018, 59 (4): 451-461.

[127] ALIKAJ A, NING W, WU B Q. Proactive personality and creative behavior: Examining the role of thriving at work and high-involvement HR practices [J]. Journal of Business and Psychology, 2021, 36 (5): 857-869.

[128] ALLEN T D. Family-supportive work environments: The role of organizational perceptions [J]. Journal of Vocational Behavior, 2001, 58 (3): 414-435.

[129] AMBROSE M L, SCHMINKE M. Organization structure as a moderator of the relationship between procedural justice, interactional justice, perceived organizational support, and supervisory trust [J]. Journal of Applied Psychology, 2003, 88 (2): 295-305.

[130] ARYEE S, FIELDS D, LUK V. A cross-cultural test of a model of the work-family interface [J]. Journal of Management, 1999, 25 (4): 491-511.

[131] ARYEE S, SRINIVAS E S, TAN H H.Rhythms of life: Antecedents and outcomes of work-family balance in employed parents [J]. Journal of Applied Psychology, 2005, 90 (1): 132-146.

[132] AZMITIA M, SYED M, RADMACHER K.Finding your niche: Identity and emotional support in emerging adults' adjustment to the transition to college [J]. Journal of Research on Adolescence, 2013, 23 (4): 744-761.

[133] BADRI S K Z, YAP W M, RAMOS H M.Workplace affective well-being: Gratitude and friendship in helping millennials to thrive at work [J]. International Journal of Organizational Analysis, 2021, 30 (2): 479-498.

[134] BAKKER A B, DEMEROUTI E, SANZ-VERGEL A I.Burnout and work engagement: The JD-R approach [J]. Annual Review of Organizational Psychology and Organizational Behavior, 2014, 1 (1): 389-411.

[135] BAKKER A B, DEMEROUTI E.The job demands-resources model: State of the art [J]. Journal of Managerial Psychology, 2007, 22 (3): 309-328.

[136] BARNETT R C, HYDE J S.Women, men, work, and family: An expansionist theory [J]. American Psychologist, 2001, 56 (10): 781-798.

[137] BATT R, VALCOUR P M.Human resources practices as predictors of work-family outcomes and employee turnover [J]. Industrial Relations: A Journal of Economy and Society, 2003, 42 (2): 189-220.

[138] BEDYŃSKA S, ŻOŁNIERCZYK-ZREDA D.Stereotype threat as a determinant of burnout or work engagement.Mediating role of positive and negative emotions [J]. International Journal of Occupational Safety and Ergonomics, 2015, 21 (1): 1-8.

[139] BEIGI M, WANG J, ARTHUR M.Work-family interface in the context of career success: A qualitative inquiry [J]. Human Relations, 2017, 70 (9): 1091-1114.

[140] BERGER S, BRUCH H.Role strain and role accumulation across multiple teams: The moderating role of employees' polychronic orientation [J]. Journal of Organizational Behavior, 2021, 42 (7): 835-850.

[141] BERRI B, DONNELLY R.The role of knowledge integration in shaping

the capabilities and success of a charity: An in-depth case study analysis [J]. Journal of Knowledge Management, 2021, 25 (7): 1689-1707.

[142] BEUTELL G. Sources of conflict between work and family roles [J]. Academy of Management Review, 1985, 10 (1): 76-88.

[143] BOOKER J A, WESLEY R, PIERRE N. Agency, identity development, and subjective well-being, among undergraduate students at a central United States university [J]. Journal of College Student Development, 2021, 62 (4): 488-493.

[144] BOYD N M. Organization theory in community contexts [J]. Journal of Community Psychology, 2015, 43 (6): 649-653.

[145] BREAUGH J A, FRYE N K. Work-family conflict: The importance of family-friendly employment practices and family-supportive supervisors [J]. Journal of Business and Psychology, 2008, 22 (4): 345-353.

[146] BROUGH P, O'DRISCOLL M P, KALLIATH T J. The ability of 'family friendly' organizational resources to predict work-family conflict and job and family satisfaction [J]. Stress and Health, 2005, 21 (4): 223-234.

[147] BROWN J D, DUTTON K A. The thrill of victory, the complexity of defeat: Self-esteem and people's emotional reactions to success and failure [J]. Journal of Personality and Social Psychology, 1995, 68 (4): 712-722.

[148] BROWN J S, DUGUID P. Organizational learning and communities of practice: Towards a unified theory of working, learning and innovation [J]. Organizational Science, 1991 (2): 40-57.

[149] BUTLER A, GRZYWACZ J, BASS B, et al. Extending the demands-control model: A daily diary study of job characteristics, work-family Conflict and work-family facilitation [J]. Journal of Occupational and Organizational Psychology, 2005, 78 (2): 155-169.

[150] BUTTON S B, MATHIEU J E, ZAJAC D M. Goal orientation in organizational research: A conceptual and empirical foundation [J]. Organizational Behavior Human Decision Processes, 1996, 67 (1): 26-48.

[151] BYRON K. A meta-analytic review of work-family conflict and its antecedents [J]. Journal of Vocational Behavior, 2005, 67 (2):

169-198.

[152] CARLSON D S, HUNTER E M, FERGUSON M, et al. Work-family enrichment and satisfaction: Mediating processes and relative impact of originating and receiving domains [J]. Journal of Management, 2014, 40 (3): 845-865.

[153] CARLSON D S, KACMAR K M, WAYNE J H, et al. Measuring the positive side of the work-family interface: Development and validation of a work-family enrichment scale [J]. Journal of Vocational Behavior, 2006, 68 (1): 131-164.

[154] CARMELI A, RUSSO M. The power of micro-moves in cultivating regardful relationships: Implications for work-home enrichment and thriving [J]. Human Resource Management Review, 2016, 26 (2): 112-124.

[155] CARMELI A, SPREITZER G M. Trust, connectivity, and thriving: Implications for innovative behaviors at work [J]. The Journal of Creative Behavior, 2009, 43 (3): 169-191.

[156] CARMELI A, RUSSO M. The power of micro-moves in cultivating regardful relationships: Implications for work-home enrichment and thriving [J]. Human Resource Management Review, 2016, 26 (2): 112-124.

[157] CARVER C S. Resilience and thriving: Issues, models, and linkages [J]. Journal of Social Issues, 1998, 54 (2): 245-266.

[158] CHAN X W, KALLIATH P, CHAN C, et al. How does family support facilitate job satisfaction? Investigating the chain mediating effects of work-family enrichment and job-related well-being [J]. Stress and Health: Journal of the International Society for the Investigation of Stress, 2020, 36 (1): 97-104.

[159] CHEN Z, POWELL G N. No pain, no gain? A resource-based model of work-to-family enrichment and conflict [J]. Journal of Vocational Behavior, 2012, 81 (1): 89-98.

[160] CHO E, CHEN T Y. The effects of work-family experiences on health among older workers [J]. Psychology and Aging, 2018, 33 (7): 993-1006.

[161] CINAMON R G, RICH Y. Work-family conflict among female teachers [J]. Teaching and Teacher Education, 2005, 21 (4): 365-378.

[162] COBB S. Social support as a moderator of life stress [J]. Psychosomatic Medicine, 1976, 38 (5): 300-314.

[163] COHEN S, WILLS T A. Stress, social support, and the buffering hypothesis [J]. Psychological Bulletin, 1985, 98 (2): 310-357.

[164] CROUTER A C. Spillover from family to work: The neglected side of the work-family interface [J]. Human Relations, 1984, 37 (6): 425-441.

[165] CUI Z, ZHANG K. Linking proactivity to work-family enrichment: A moderated mediation model [J]. Personnel Review, 2022, 51 (9): 2426-2441.

[166] GOULD D, GREENLEAF C, GUINAN D, et al. A survey of U.S. Olympic Coaches: Variables perceived to have influenced athlete performances and coach effectiveness [J]. The Sport Psychologist, 2002, 16 (3): 229-250.

[167] DAVIS C G, NOLEN-HOEKSEMA S, LARSON J. Making sense of loss and benefiting from the experience: Two construals of meaning [J]. Personality Social Psychology, 1998, 75 (2): 561-574.

[168] DECI E L, RYAN R M. The "what" and "why" of goal pursuits: Human needs and the self-determination of behavior [J]. Psychological Inquiry, 2000, 11 (4): 227-268.

[169] DEMEROUTI E, BAKKER A B, NACHREINER F, et al. The job demands-resources model of burnout [J]. Applied Psychology, 2001, 86 (3): 499-512.

[170] DEMEROUTI E, BAKKER A B. The job demands resources model: Challenges for future research [J]. SA Journal of Industrial Psychology, 2011, 37 (2): 1-9.

[171] DIENER E D, EMMONS R A, LARSEN R J, et al. The satisfaction with life scale [J]. Journal of Personality Assessment, 1985, 49 (1): 71-75.

[172] DIENER E, CHAN M Y. Happy people live longer: Subjective well-being contributes to health and longevity [J]. Applied Psychology: Health and Well-Being, 2011, 3 (1): 1-43.

[173] DIENER E, DIENER C. Most people are happy [J]. Psychological Science, 1996 (7): 181-185.

[174] DIENER E, DIENER M, DIENER C. Factors predicting the subjective

weil-being of nations [J] . Journal of Personality and Social Psychology, 1995, 69 (5): 851-864.

[175] DIENER E, SUH E M , LUCAS R E, et al. Subjective well-being: Three decades of progress [J] . Psychological Bulletin, 1999, 125 (2): 276-302.

[176] DIENER E.New findings and future directions for subjective well-being research [J]. American Psychologist, 2012, 67 (8): 590-597.

[177] DIENER E.Subjective well-being [J]. Psychological Bulletin, 1984, 95 (3): 542-575.

[178] DIJKHUIZEN J, GORGIEVSKI M, VAN VELDHOVEN M, et al. Well-being, personal success and business performance among entrepreneurs: A two-wave study [J]. Journal of Happiness Studies, 2018, 19 (8): 2187-2204.

[179] DUCHARME, MARTIN L J.Unrewarding work, coworker support, and job satisfaction [J]. Work and Occupations, 2000, 27 (2): 223-243.

[180] DWECK C S.Motivational processes affecting learning [J]. American Psychologist, 1986, 41 (10): 1040-1048.

[181] EDMANS A. The link between job satisfaction and firm value, with implications for corporate social responsibility [J] . Academy of Management Perspectives, 2012, 26 (4): 1-19.

[182] EHRHARDT K, RAGINS B R. Relational attachment at work: A complementary fit perspective on the role of relationships in organizational life [J]. Academy of Management Journal, 2019, 62 (1): 248-282.

[183] EISENBERGER R, SINGLHAMBER F, VANDENBERGHE C, et al. Perceived supervisor support: Contributions to perceive support and employee retention [J]. Journal of Applied Psychology, 2002 (87): 565-573.

[184] EISENHARDT K M, GRAEBNER M E. Theory building from cases: Opportunities and challenges [J]. Academy of Management Journal, 2007, 50 (1): 25-32.

[185] EISENHARDT K M. Building theories from case study research [J] . Academy of Management Review, 1989, 14 (4): 532-550.

[186] EMBERLAND J S, RUNDMO T. Implications of job insecurity perceptions and job insecurity responses for psychological well-being,

turnover intentions and reported risk behavior [J]. Safety Science, 2010, 48 (4): 452-459.

[187] FARMER S M, VAN DYNE L, KAMDAR D. The contextualized self: How team-member exchange leads to coworker identification and helping OCB [J]. Journal of Applied Psychology, 2015, 100 (2): 583-595.

[188] FINI A A S, KAVOUSIAN J, BEIGY A, et al. Subjective vitality and its anticipating variables on students [J]. Procedia-Social and Behavioral Sciences, 2010 (5): 150-156.

[189] FINKELSTEIN S, HAMBRICK D C. Top-management-team tenure and organizational outcomes: The moderating role of managerial discretion [J]. Administrative Science Quarterly, 1990 (35): 484-503.

[190] FORD M T, HEINEN B A, LANGKAMER K L. Work and family satisfaction and conflict: A meta-analysis of cross-domain relations [J]. Journal of Applied Psychology, 2007 (91): 57-80.

[191] FREDRICKSON B L. The role of positive emotions in positive psychology: The broaden-and-build theory of positive emotions [J]. American Psychologist, 2001 (56): 218-226.

[192] FREDRICKSON B L. What good are positive emotions [J]. Review General Psychology, 1998, 2 (3): 300-319.

[193] FRONE M R. Handbook of occupational health psychology Washington [M]. DC: American Psychological Association, 2003: 143-162.

[194] FRYE N K, BREAUGH J A. Family-friendly policies, supervisor support, work-family conflict, family-work conflict, and satisfaction: A test of a conceptual model [J]. Journal of Business and Psychology, 2004, 19 (2): 197-220.

[195] FU C K, SHAFFER M A. The tug of work and family: Direct and indirect domain-specific determinants of work-family conflict [J]. Personnel Review, 2001, 30 (5): 502-522.

[196] FURMAN W D, BUHRMESTER D. Age and sex differences in perceptions of networks of personal relationships [J]. Child Development, 1992, 63 (1): 103-105.

[197] FURMAN W D, BUHRMESTER D. Children's perceptions of the qualities of sibling relationships [J]. Child Development, 1985, 56 (2): 448-461.

[198] GHERARDI S D, ODELLA N F. Toward a social understanding of how people learning organizations: Thenotion of situated curriculum [J]. Management Learn, 1998, 29 (3): 373-297.

[199] GOH Z, EVA N, KIAZAD K, et al. An integrative multilevel review of thriving at work: Assessing progress and promise [J]. Journal of Organizational Behavior, 2021, 43 (2): 435-442.

[200] GOMA R P, OKPARA A J. Role of value alignment and work-family enrichment on employee retention among private secondary school teachers in Jos North Local Government Area of Plateau State [J]. Journal of Business Administration Research, 2022, 11 (1): 1-15.

[201] GRANDEY A A, RUSSELL C. The conservation of resources model applied to work-family conflict and strain [J]. Journal of Vocational Behavior, 1999, 54 (2): 350-370.

[202] GRANT-VALLONE E J, ENSHER E A. An examination of work and personal life conflict, organizational support, and employee health among international expatriates [J]. International Journal of Intercultural Relations, 2001 (25): 261-278.

[203] GREENHAUS J H, BEUTELL N J. Sources of conflict between work and family roles [J]. Academy of Management Review, 1985, 10 (1): 76-88.

[204] GREENHAUS J H, POWELL G N. When work and family are allies: A theory of work-family enrichment [J]. The Academy of Management Review, 2006, 31 (1): 72-92.

[205] GRZYWACZ J G, BUTLER A B. The impact of job characteristics on work-to-family facilitation: Testing a theory and distinguishing a construct [J]. Journal of Occupational Health Psychology, 2005, 10 (2): 97-109.

[206] GRZYWACZ J G, CARLSON D S, KACMAR K M, et al. A multi-level perspective on the synergies between work and family [J]. Journal of Occupational and Organizational Psychology, 2007, 80 (4): 559-574.

[207] GRZYWACZ J G, CARLSON D S. Conceptualizing work-family balance: Implications for practice and research [J]. Advances in Developing Human Resources, 2007, 9 (4): 455-471.

[208] GRZYWACZ J G, MARKS N F. Reconceptualizing the work-family interface: An ecological perspective on the correlates of positive and

negative spillover between work and family [J]. Journal of Occupational Health Psychology, 2000, 5 (1): 111-126.

[209] GULL N, ASGHAR M, LIU X, et al. Does a family-supportive supervisor reduce the effect of work-family conflict on emotional exhaustion and turnover intentions? A moderated mediation model [J]. International Journal of Conflict Management, 2023, 34 (2): 253-272.

[210] HALBESLEBEN J R B, WHEELER A R. I owe you one: Coworker reciprocity as a moderator of the day-level exhaustion-performance relationship [J]. Journal of Organizational Behavior, 2011, 32 (4): 608-626.

[211] HALBESLEBEN J R B. Addressing stress and beating burnout. Engaging staff in stress reduction leads to a more productive culture, greater patient satisfaction [J]. Healthcare Executive, 2010, 25 (2): 58-60.

[212] HALBESLEBEN J R B, NEVEU J, PAUSTIAN-UNDERDAHL S C, et al. Getting to the "COR" [J]. Journal of Management, 2014, 40 (5): 1334-1364.

[213] HAMMER L B, KOSSEK E E, ANGER W K, et al. Clarifying work-family intervention processes: The roles of work-family conflict and family-supportive supervisor behaviors [J]. Journal of Applied Psychology, 2011, 96 (1): 134-150.

[214] HAMMER M. The process audit [J]. Harvard Business Review, 2007, 85 (4): 111-128.

[215] HAMMER T H, SAKSVIK P Ø, NYTRØ K, et al. Expanding the psychosocial work environment: Workplace norms and work-family conflict as correlates of stress and health [J]. Journal of Occupational Health Psychology, 2004, 9 (1): 83-97.

[216] HANSON G C, HAMMER L B. Development and validation of a multidimensional scale of perceived work-family positive spillover [J]. Journal of Occupational Health Psychology, 2006, 11 (3): 249-265.

[217] HARTER J K, SCHMIDT F L, ASPLUND J, et al. Causal impact of employee work perceptions on the bottom line of organizations [J]. Perspectives on Psychological Science, 2010 (5): 378-389.

[218] HERAS M L, ROFCANIN Y, ESCRIBANO P I. Family-supportive organizational culture, work-family balance satisfaction and

government effectiveness: Evidence from four countries [J]. Politics & Government Week, 2020, 31 (2): 454-475.

[219] HILL E J, ALLEN S, JACOB J, et al. Work-family facilitation: Expanding theoretical understanding through qualitative exploration [J]. Advances in Developing Human Resources, 2007, 9 (4): 507-526.

[220] HIRST G, VAN KNIPPENBERG D, ZHOU J. A cross-level perspective on employee creativity: Goal orientation, team learning behavior, and individual creativity [J]. Academy of Management Journal, 2009, 52 (2): 280-293.

[221] HOAGWOOD K E, CAVALERI M A, SERENE O S, et al. Family support in children's mental health: A review and synthesis [J]. Clin Child Fam Psychol Rev, 2010, 13 (1): 1-45.

[222] HOBFOLL S E, WATSON P, BELL C C, et al. Five essential elements of immediate and mid-term mass trauma intervention: Empirical evidence [J]. Psychiatry: Interpersonal and Biological Processes, 2007, 70 (4): 283-315.

[223] HOBFOLL S E. Conservation of resources: A new attempt at conceptualizing stress [J]. American Psychologist, 1989, 44: 513-524.

[224] HOBFOLL S E. Social and psychological resources and adaptation [J]. Review of General Psychology, 2002, 6 (4): 307-324.

[225] HOBFOLL S E. Conservation of resource caravans and engaged settings: Conservation of resource caravans [J]. Journal of Occupational and Organizational Psychology, 2011, 84 (1): 116-122.

[226] SHAMIRUL, AMIN M, KARATEPE O M, et al. Leader-member exchange, work-family enrichment and their effects on mental health: the moderating role of remote e-work [J]. International Journal of Workplace Health Management, 2022, 15 (6): 657-676.

[227] JIANG Z. Proactive personality and career adaptability: The role of thriving at work [J]. Journal of Vocational Behavior, 2017, 98 (2): 85-97.

[228] JOSEPH F H, BLACK W C, BABIN B J, et al. Multivariate Data Analysis [M]. 6th ed. Upper Saddle River: Pearson Prentice Hall Press, 2005.

[229] JUN, LIU, HO, et al. Work-to-family spillover effects of workplace ostracism: The role of work-home segmentation preferences [J].

Human Resource Management, 2013, 52 (1): 75-93.

[230] KAHN R L, ANTONUCCI T C. Convoys over the life course: Attachment, roles, and social support [J]. Life-Span Development and Behavior, 1980 (3): 253-286.

[231] KAVANAGH S. The psychological wealth of nations: Do happy people make a happy society? [J]. The Journal of Positive Psychology, 2013, 8 (2): 171-173.

[232] KLEINE A K, RUDOLPH C W, ZACHER H. Thriving at work: A meta-analysis [J]. Journal of Organizational Behavior, 2019, 40 (9-10): 973-999.

[233] KOSSEK E E, PICHLER S, BODNER T, et al. Workplace social support and work-family conflict: A meta-analysis clarifying the influence of general and work-family-specific supervisor and organizational support [J]. Personnel Psychology, 2011 (64): 289-313.

[234] LAM W W T, FIELDING R, MCDOWELL I, et al. Perspectives on family health, happiness and harmony (3H) among Hong Kong Chinese people: A qualitative study [J]. Health Education Research, 2012, 27 (5): 767-779.

[235] LAPIERRE L M, ALLEN T D. Work-supportive family, family-supportive supervision, use of organizational benefits, and problem-focused coping: Implications for work-family conflict and employee well-being [J]. Journal of Occupational Health Psychology, 2006, 11 (2): 169-181.

[236] LAPIERRE L M, LI Y, KWAN H K, et al. A meta-analysis of the antecedents of work-family enrichment [J]. Journal of Organizational Behavior, 2018, 39 (4): 385-401.

[237] LAWRENCE S A, GARDNER M J, CALLAN V J. The support appraisal for work stressors inventory: Construction and initial validation [J]. Journal of Vocational Behavior, 2007 (70): 172-204.

[238] LI M, LIU W, HAN Y, et al. Linking empowering leadership and change-oriented organizational citizenship behavior [J]. Journal of Organizational Change Management, 2016, 29 (5): 732-750.

[239] LIANG Y, LIU Y, PARK Y, et al. Treat me better, but is it really better? Applying a resource perspective to understanding leader-member exchange (LMX), LMX differentiation, and work stress [J].

Journal of Occupational Health Psychology, 2022, 27 (2): 223-239.

[240] LOPES M P, DA PALMA P J, GARCIA B C, et al. Training for happiness: The impacts of different positive exercises on hedonism and eudaemonia [J]. Springer Plus, 2016, 5 (1): 744.

[241] LU L. Personal or environmental causes of happiness: A longitudinal analysis [J]. The Journal of Social Psychology, 1999, 139 (1): 79-90.

[242] LUK D M, SHAFFER M A. Work and family domain stressors and support: Within-and cross-domain influences on work-family conflict [J]. Journal of Occupational and Organizational Psychology, 2005, 78 (4): 489-508.

[243] LYUBOMIRSKY S, KING L A, DIENER E. The benefits of frequent positive affect: Does happiness lead to success? [J]. Psychological Bulletin, 2005, 131 (6): 803-855.

[244] MACDERMID S M, GRZYWACZ J G. Putting the family into work-family enrichment symposium [C]. Vancouver, BC: 65th Annual Conference of the National Council on Family, 2003.

[245] MADJAR N, OLDHAM G R, PRATT M G. There's no place like home? The contributions of work and nonwork creativity support to employees' creative performance [J]. Academy of Management Journal, 2002, 45 (4): 757-767.

[246] MAJOR D A, GERMANO L M. Work-life balance: A psychological perspective [M]. Hove: Psychology Press, 2006: 13-38.

[247] MALECKI C K, DEMARY M K. Measuring perceived social support: Development of the child and adolescent social support scale (CASSS) [J]. Psychology in the Schools, 2002, 39 (1): 1-18.

[248] MARCINKUS W C, WHELAN-BERRY K S, GORDON J R. The relationship of social support to the work-family balance and work outcomes of midlife women [J]. Women In Management Review, 2007, 22 (2): 86-111.

[249] MARIGOLD D C, CAVALLO J V, HOLMES J G, et al. You can't always give what you want: The challenge of providing social support to low self-esteem individuals [J]. Journal of Personality and Social Psychology, 2014, 107 (1): 56-80.

[250] MARKS S R. Multiple roles and role strain: Some notes on human

energy, time and commitment [J]. American Sociological Review, 1977 (42): 921-936.

[251] MASLACH C, SCHAUFELI W B, LEITER M P.Job burnout [J]. Annual Review of Psychology, 2001, 52 (1): 397-422.

[252] MASLOW A H, BENNIS W.Maslow on management [M]. New York: John Wiley, 1998.

[253] MASLYN J M, UHL-BIEN M. Leader-member exchange and its dimensions: Effects of self-effort and other's effort on relationship quality [J]. Journal of Applied Psychology, 2001, 86 (4): 697-708.

[254] MATTHEW R A, WINKEL D E, WAYNE J H.A longitudinal examination of role overload and work-family conflict: The mediating role of interdomain transitions [J]. Journal of Organizational Behavior, 2014, 35 (1): 79-91.

[255] MCCARTHY J M, HESKIAU R.A work-family enrichment intervention: Transferring resources across life domains [J]. The Journal of Applied Psychology, 2020, 106 (10): 236-242.

[256] MCNALL L A, MASUDA A D, NICKLIN J M. Flexible work arrangements, job satisfaction, and turnover intentions: The mediating role of work-to-family enrichment [J]. The Journal of Psychology, 2009, 144 (1): 61-81.

[257] MCNALL L A, NICKLIN J M, MASUDA A D.A meta-analytic review of the consequences associated with work-family enrichment [J]. Journal of Business and Psychology, 2010, 25: 381-396.

[258] MILES M B, HUBERMAN A M.Qualitative data analysis: An expanded sourcebook [M]. Beverly Hills, CA: Sage Publishing, 1994.

[259] MILLER J G, AKIYAMA H, KAPADIA S.Cultural variation in communal versus exchange norms: Implications for social support [J]. Journal of Personality and Social Psychology, 2017, 113 (1): 81-94.

[260] MORAN C M, DIEFENDORFF J M, KIM T Y, et al.A profile approach to self-determination theory motivations at work [J]. Journal of Vocational Behavior, 2012, 81 (3): 354-363.

[261] NEUGARTEN B L, HAVIGHURST R J, TOBIN S S.The measurement of life satisfaction [J]. Journal of Gerontology, 1961, 16 (2): 134-143.

[262] NEVEU J.Jailed resources: Conservation of resources theory as applied to burnout among prison guards [J]. Journal of Organizational

Behavior, 2007, 28 (1): 21-42.

[263] NGUYEN N P, MCGUIRK H. Evaluating the effect of multifactors on employee's innovative behavior in SMEs: Mediating effects of thriving at work and organizational commitment [J]. International Journal of Contemporary Hospitality Management, 2022, 34 (12): 4458-4479.

[264] NIESSEN C, SONNENTAG S, SACH F. Thriving at work—A diary study [J]. Journal of Organizational Behavior, 2012, 33 (4): 468-487.

[265] NIX G A, RYAN R M, MANLY J B, et al. Revitalization through self-regulation: The effects of autonomous and controlled motivation on happiness and vitality [J]. Journal of Experimental Social Psychology, 1999, 35 (3): 266-284.

[266] O'DRISCOLL M P, BROUGH P, KALLIATH T J. Work/family conflict, psychological well-being, satisfaction and social support: A longitudinal study in New Zealand [J]. Equal Opportunities International, 2004 (23): 36-56.

[267] ODLE-DUSSEAU H N, BRITT T W, GREENE-SHORTRIDGE T M. Organizational work-family resources as predictors of job performance and attitudes: The process of work-family conflict and enrichment [J]. Journal of Occupational Health Psychology, 2012, 17 (1): 28-40.

[268] PARKER S K, MORGESON F P, JOHNS G. One hundred years of work design research: Looking back and looking forward [J]. Journal of Applied Psychology, 2017, 102 (3): 403-420.

[269] PATERSON T A, LUTHANS F, JEUNG W. Thriving at work: Impact of psychological capital and supervisor support [J]. Journal of Organizational Behavior, 2014, 35 (3): 434-446.

[270] PAVOT W, DIENER E. Review of the satisfaction with life scale [J]. Psychological Assessment, 1993, 5 (2): 164-172.

[271] PORATH C L, EREZ A. Does rudeness really matter? The effects of rudeness on task performance and helpfulness [J]. The Academy of Management Journal, 2007, 50 (5): 1181-1197.

[272] PORATH C, GIBSON C, SPREITZER G. Antecedents and consequences of thriving at work: A study of six organizations [C]. Anaheim, CA: Paper Presented at the Meeting of Presentation at the Academy of Management Meetings, 2008 (8): 10-13.

[273] PORATH C, SPREITZER G, GIBSON C, et al. Thriving at work: Toward

its measurement, construct validation, and theoretical refinement [J].
Journal of Organizational Behavior, 2012, 33 (2): 250-275.

[274] RAGINS B R, McFarlin D B. Perceptions of mentor roles in cross-gender mentoring relationships [J]. Journal of Vocational Behavior, 1990, 37 (3): 321-339.

[275] RAHAMAN H M S. Formalization and employee thriving at work: A moderated mediation model including work engagement and centralization [J]. Personnel Review, 2022, 51 (9): 2442-2460.

[276] REN S, BABALOLA M T, OGBONNAYA C, et al. Employee thriving at work: The long reach of family incivility and family support [J]. Journal of Organizational Behavior, 2021, 43 (1): 17-35.

[277] RUDERMAN M N, OHLOTT P J, PANZER K, et al. Benefits of multiple roles for managerial women [J]. Academy of Management Journal, 2002, 45 (2): 369-386.

[278] RUSSO M, BUONOCORE F, CARMELI A. When family supportive supervisors meet employees' need for caring: Implications for work-family enrichment and thriving [J]. Journal of Management, 2018, 44 (4) 1678-1702.

[279] RYAN T D, SAGAS M. Coaching and family: The beneficial effects of multiple role membership [J]. Team Performance Management: An International Journal, 2011, 17 (3/4): 168-186.

[280] RYFF C D, SINGER B H, LOVE G D. Positive health: Connecting well-being with biology [J]. Philosophical Transactions-Royal Society of London Series Biological Sciences, 2004, 359 (149): 1383-1394.

[281] RYFF C D, KEYES C L. The structure of psychological well-being revisited [J]. Journal of Personality and Social Psychology, 1995, 69 (4): 719-727.

[282] SARA M. He's working from home and I'm at home trying to work: Experiences of childcare and the work-family balance among mothers during COVID-19 [J]. Journal of Family Issues, 2023, 44 (2): 291-314.

[283] SARASON I G, LEVINE H M. Assessing social support: the social support questionnaire [J]. Journal of Personality and Social Psychology, 1983, 44 (1): 127-139.

[284] SARASON I G, SARASON B R, SHEARIN E N. Social support as an

individual difference variable: Its stability, origins, and relational aspects [J]. Journal of Personality and Social psychology, 1986, 50 (4): 845-855.

[285] SATTERFIELD J M. Happiness, excellence, and optimal human functioning [J]. Western Journal of Medicine, 2001, 174 (1): 26-29.

[286] SCHAIELI W B, BAKKER A B. Job demands, job resources and their relationship with burnout and engagement: A multi-sample study [J]. Journal of Organizational Behavior, 2004, 25 (3): 293-315.

[287] SEALE C. Quality in qualitative research [J]. Qualitative Inquiry, 1999, 5 (4): 465-478.

[288] SHAFFERA M A, HARRISON D A, GILLEY K M. Struggling for balance amid turbulence on international assignments: Work-family conflict, support and commitment [J]. Journal of Management, 2001, 27 (1): 99-121.

[289] SHOCKLEY K M, ALLEN T D. Episodic work-family conflict, cardiovascular indicators, and social support: An experience sampling approach [J]. Journal of Occupational Health Psychology, 2013, 18 (3): 262-275.

[290] SIEBER S D. Toward a theory of role accumulation [J]. American Sociological Review, 1974, 39 (4): 567-578.

[291] SIU O L, LU J F, BROUGH P, et al. Role resources and work-family enrichment: The role of work engagement [J]. Journal of Vocational Behavior, 2010, 77 (3): 470-480.

[292] SIU O L, BAKKER A B, BROUGH P, et al. A three-wave study of antecedents of work-family enrichment: The roles of social resources and affect stress and health [J]. Journal of the International Society for the Investigation of Stress, 2015, 31 (4): 306-314.

[293] SOLTIS S M, AGNEESSENS F, SASOVOVA Z, et al. A social network perspective on turnover intentions: The role of distributive justice and social support [J]. Human Resource Management, 2013, 52 (4): 561-584.

[294] SONNENTAG S, FRITZ C. The recovery experience questionnaire: Development and validation of a measure for assessing recuperation and unwinding from work [J]. Journal of Occupational Health Psychology, 2007, 12 (3): 204-221.

[295] SPREITZER G M, PORATH C. Self-determination as a nutriment for thriving: Building an integrative model of human growth at work [M]. New York: Oxford University Press, 2014.

[296] SPREITZER G M. Psychological empowerment in the workplace: Dimensions, measurement, and validation [J]. The Academy of Management Journal, 1995, 38 (5): 1442-1465.

[297] SPREITZER G, PORATH C L, GIBSON C B. Toward human sustainability: How to enable more thriving at work [J]. Organizational Dynamics, 2012, 41 (2): 155-162.

[298] SPREITZER G, SUTCLIFFE K, DUTTON J, et al. A socially embedded model of thriving at work [J]. Organization Science, 2005, 16 (5): 537-549.

[299] STAINES G L. Spillover versus compensation: A review of the literature on the relationship between work and nonwork [J]. Human Relations, 1980, 33 (2): 11-129.

[300] STEFANIE D, SABINE S. Crossing the borders: The relationship between boundary management, work-family enrichment and job satisfaction [J]. The International Journal of Human Resource Management, 2016, 27 (4): 407-426.

[301] SU R, TAY L, DIENER E. The development and validation of the Comprehensive Inventory of Thriving (CIT) and the Brief Inventory of Thriving (BIT) [J]. Applied Psychology: Health and Well-Being, 2014 (6): 251-279.

[302] SULKOWSKI G M, HAUSER M D. Can rhesus monkeys spontaneously subtract? [J]. Cognition, 2001, 79 (3): 239-262.

[303] TAHERI F, NADERIBENI N, MIRZAMANI A. Subjective well-being in the relationship between workaholism and workplace incivility: The moderating role of gender [J]. Journal of Organizational Effectiveness: People and Performance, 2023, 10 (1): 43-59.

[304] TAN K, SIM A K S, HII I S H, et al. A multigroup analysis of bidirectional work-family enrichment on family satisfaction of hospitality employees during the pandemic: Where religiosity and marital status matter [J]. The Journal of Psychology, 2022, 157 (1): 21-23.

[305] TEN BRUMMELHUIS L L, BAKKER A B. A resource perspective on the work-home interface: The work-home resources model [J].

American Psychologist, 2012, 67 (7): 545-556.

[306] TEWS M J, MICHEL J W, NOE R A.Does fun promote learning? The relationship between fun in the workplace and informal learning [J]. Journal of Vocational Behavior, 2017, 98: 46-55.

[307] UMBERSON D, ANDERSON W K.Selecting outcomes for the sociology of mental health: Issues of measurement and dimensionality ‖ The mental health continuum: From languishing to flourishing in life [J]. Journal of Health and Social Behavior, 2002, 43 (2): 207-222.

[308] VAN DER DOEF M, MAES S.The job demand-control (-support) model and psychological well-being: A review of 20 years of empirical research [J]. Work & Stress, 1999, 13 (2): 87-114.

[309] VINCENT M T P, NIMMI P M, JOSE G, et al.Family incivility and workplace bullying: Mediating and moderating model of psychological safety, optimism and organization-based self-esteem [J]. International Journal of Conflict Management, 2023, 34 (2): 234-252.

[310] VOYDANOFF P.Incorporating community into work and family research: A review of basic relationships [J]. Human Relations, 2001, 54 (12): 1609-1637.

[311] VOYDANOFF P.Linkages between the work-family interface and work, family, and individual outcomes: An integrative model [J]. Journal of Family Issues, 2002, 23 (1): 138-164.

[312] WALLACE J C, BUTTS M M, JOHNSON P D, et al.A multilevel model of employee innovation: Understanding the effects of regulatory focus, thriving, and employee involvement climate [J]. Journal of Management, 2016, 42 (4): 982-1004.

[313] WANG M, LIU S, ZHAN Y, et al.Daily work-family conflict and alcohol use: Testing the cross-level moderation effects of peer drinking norms and social support [J]. Journal of Applied Psychology, 2010, 95: 377-386.

[314] WANG P, WALUMBWA F O.Family-friendly programs, organizational commitment, and work withdrawal: The moderating role of transformational leadership [J]. Personnel Psychology, 2007, 60 (2): 397-427.

[315] WANG Y L, ZHANG Z Y, HE Y.The research on the effects of work-

family support on employees' creativity [J]. Acta Psychologica Sinica, 2012, 44 (12): 1651-1662.

[316] WAYNE J H, GRZYWACZ J G, CARLSON D S, et al. Work-family facilitation: A theoretical explanation and model of primary antecedents and consequences [J]. Human Resource Management Review, 2007, 17 (1): 63-76.

[317] WAYNE J H, MUSISCA N, FLEESON W. Considering the role of personality in the work-family experience: Relationships of the big five to work-family conflict and facilitation [J]. Journal of Vocational Behavior, 2004, 64 (1): 108-130.

[318] WAYNE J H, RANDEL A E, STEVENS J. The role of identity and work-family support in work-family enrichment and its work-related consequences [J]. Journal of Vocational Behavior, 2006, 69 (3): 445-461.

[319] WEISS H M, CROPANZANO R. Affective events theory: A theoretical discussion of the structure, causes and consequences of affective experiences at work [J]. Research in Organizational Behavior, 1996, 18 (3): 1-74.

[320] WESTMAN M, ETZION D, GATTENIO E. International business travels and the work-family interface: A longitudinal study [J]. Journal of Occupational and Organizational Psychology, 2008, 81 (3): 459-480.

[321] WHITELY W, ENGLAND G W. Managerial values as a reflection of culture and the process of industrialization [J]. Academy of Management Journal, 1977, 20 (3): 439-453.

[322] WHITMAN M V, HALBESLEBEN J R B, HOLMES IV O. Abusive supervision and feedback avoidance: The mediating role of emotional exhaustion [J]. Journal of Organizational Behavior, 2014, 35 (1): 38-53.

[323] WOLFF J K, LINDENBERGER U, BROSE A, et al. Is available support always helpful for older adults? Exploring the buffering effects of state and trait social support [J]. Journals of Gerontology, 2016, 71 (1): 23-24.

[324] WRIGHT T A, CROPANZANO R. Psychological well-being and job satisfaction as predictors of job performance [J]. Journal of Occupational Health Psychology, 2000, 5 (1): 84-94.

[325] WRZESNIEWSKI A, DUTTON J E. Crafting a job: Revisioning employees as active crafters of their work [J]. Academy Management Review, 2001, 26 (2): 179-201.

[326] XIANG G, LI Q, LI X, et al. Development of self-concept clarity from ages 11 to 24: Latent growth models of Chinese adolescents [J]. Self and Identity, 2022, 22: 42-57.

[327] XIE L, KHALIL M, DIRANI, et al. Learning culture in a Chinese SME: The unique role of work-family enrichment [J]. European Journal of Training and Development, 2020, 44 (2/3): 145-156.

[328] XU A J, WANG L. How and when servant leaders enable collective thriving: The role of team-member exchange and political climate [J]. British Journal of Management, 2020, 31 (2): 274-288.

[329] YIN R. Case Study Research: Design and Methods [M]. Beverly Hills, CA: Sage Publishing, 1994.

[330] YUAN L. The happier one is, the more creative one becomes: An investigation on inspirational positive emotions from both subjective well-being and satisfaction at work [J]. Psychology, 2015, 6 (3): 201-209.

[331] ZELLARS K L, PERREWÉ P L. Affective personality and the content of emotional social support: Coping in organizations [J]. Journal of Applied Psychology, 2001, 86 (3): 459-467.

[332] ZHAI Q, WANG S, WEADON H. Thriving at work as a mediator of the relationship between workplace support and life satisfaction [J]. Journal of Management & Organization, 2020, 26 (2): 168-184.

[333] ZHAI Y, CAI S, CHEN X, et al. The relationships between organizational culture and thriving at work among nurses: The mediating role of affective commitment and work engagement [J]. Journal of Advanced Nursing, 2022, 79 (1): 194-204.

[334] ZHOU S, DA S, GUO H, et al. Work-family conflict and mental health among female employees: A sequential mediation model via negative affect and perceived stress [J]. Frontiers in Psychology, 2018 (9): 544.

# 索引

工作繁荣—3-6，8-12，14，15，35-41，44-49，58，63-66，71-73，75-78，82，83，85，89-92，95，97，99，103，104，106，124-128，132，133，137，138，144-147，151，152，156，157，163-166，168-171，178-180，182-184，193-210

工作-家庭增益—2-15，20，21，23，26，30-35，44-51，54，58，61，63，69-82，85，88，89，91，92，94，97，99，101，106-108，113，114，116-119，121-125，127-129，133，134，137，138，144，145，147，151-153，157，164，165，193，195-205，207，209-211

社会支持—2-15，25-31，34，40，44-51，54，58，61，69-80，84，85，87，88，91-93，97，99-101，106-112，114-116，118-130，132-135，137-141，143-159，161-163，195-198，200-211

主观幸福感—3-12，14，15，35，36，41-49，58，66，67，69，73-78，84，85，90-92，95-97，99，104-106，164-166，169-171，178，179，181-184，193-196，198-201，204，205，209-211